形象史學

中国社会科学院历史研究所文化史研究室　主办

刘中玉　主编

2017

上半年

（总第九辑）

社会科学文献出版社
SOCIAL SCIENCES ACADEMIC PRESS (CHINA)

本刊更名说明

《形象史学研究》创刊于 2011 年，是由中国社会科学院历史研究所文化史研究室主办、面向海内外征稿的中文集刊，也是目前国内唯一以历史形象材料为主要研究对象的史学集刊。截至本辑，本刊已连续出版了七年，每年出版两辑，每辑约二十五万字。

几年来，在学界师友的鼎力支持与推介下，本刊无论是在文章质量方面还是在装帧设计方面，均获得了较大的提升，得到了学界的广泛认可。2015 年，本刊被中国知网数据库收录，成为国际 DOI 中国出版物注册与服务中心学术期刊会员，并被高等学校创新能力提升计划（“2011 计划”）出土文献与中国古代文明研究协同创新中心认定为该机构重要学术刊物。2017 年，本刊成为中文社会科学引文索引（CSSCI）来源集刊。

作为一种新的历史研究方法论，“形象史学”旨在打破学科界限，在唯物辩证法的指导下，将历史学、考古学、艺术史等学科的共性与特殊性结合起来，将中国古史研究中的考据法与图像学、新文化史等方法论结合起来，从多角度、多层面来梳理人类文明演进的基本脉络，进一步扩展史学研究的路径和视野，以助益于优秀传统文化的研究、传播和普及。

我们认为，以历史形象材料为主要研究对象的“形象史学”，要作为一种方法论推广开来，成为今后史学研究的一个增长点；要形成从整体史的角度来审视人类文明发展的进程性、交融性与全面性，进一步提升史学研究品质的共同认知，不仅需要学界志道相合者的共同参与和共同培育，同时还需要坚持不懈的研究实践和理论探讨。正是基于以上考量，从本辑开始，本刊正式更名为《形象史学》。我们期望在师友们一如既往的关注与支持下，《形象史学》继续秉持求真务实的办刊宗旨和开拓创新的办刊态度，成为相关领域新问题、新方法、新理论的探讨平台，成为跨文化交流、跨学科合作的桥梁性刊物。

三 考古与文献

四 妈祖文化与海洋史研究

目录

一 名家笔谈

二 器物与图像

形象史學

名家笔谈

关于“形象史学”

■ **扬之水**（中国社会科学院文学研究所）

我在《读书》编辑部的时候，曾经编发过金克木先生的一篇文章，题目是《书读完了》。这里当然是借此惊人之语，切入他的话题。我也想借用这句话说另外的意思，即单线条式的阅读结束了，然而换一个角度，改变一下视点，新的一轮又可以重新开始。其实每一次阅读都会有盲点，不断改换视角地重温，不仅会使我们的认识不断完善，同时也会使书变得更加丰满。我以为，“形象史学”也是一种改换视角的阅读。

我在文学所从事名物研究，借用“形象史学”的说法，也可以名作“形象文学”。而诗歌名物的考证也实在不能离开对史料的借重。其实文史自古以来不分家，诗之所谓“言志”与“载道”，都是对社会史也包括生活史的书写。在“形象史学”的概念之下，或许首先应该打破的便是学科界限。朋友在为我的书作序时，用了《诗中物与物中诗》作为题目，我觉得这个意思非常好。诗与物，二者很难说谁是发端，谁是终端，只能是互为渗透，你中有我，我中有你。以诗歌作为最基本的表达方式，本是中国古代读书人的传统。白居易、陆游，诗作更是如同日记一般。因此古代诗歌的注释——思想的，情感的，特别是各种事件（不论社会历史还是日常生活）——尤其要大量利用历史材料。其中的笺证体，更是如此。而在今天，我们比古人优越的是，除了文史打通之外，还可以充分利用文物考古材料。我的理解，“形象史学”所倡导的似乎就是这样一种研究方法。

然而，就目前普遍的研究情况来看，这方面是有不少缺失的。不妨即以文学作品的笺注为例，比如初唐张鷟的《游仙窟》。这是近年在史学界也比较受关注的唐代小说，曾有不少学者利用这篇小说中的材料讨论唐代社会生活，如黄正建《从小说〈游仙窟〉看唐人生活中的衣、食、住》[1]。而列在第一位的“衣”，或曰服饰，与制度史、

1　郑学檬、冷敏述主编《唐文化研究论文集》，上海人民出版社，1994，第 145 ~ 153 页。

生活史都密切相关，自然更离不开“形象”考证。2010 年中华书局出版了《游仙窟校注》一厚册，校注者以皇皇四十多万字的篇幅为此短篇校理疏证，于语辞部分考订细密，注释详明，多有可称道处。但涉及“形象”的部分，却似乎未能尽如人意。

如该书页 133，注“迎风帔子郁金香”曰：“帔子，古代妇女披在肩上的衣饰，亦称‘披帛’‘帔帛’等。形似两条彩练，绕过脖颈，披于胸前，下垂金玉坠子。”又页 384，释“绫帔”曰：“绫子做的披肩。”这是把唐代的帔子或曰帔帛同宋代及之后的霞帔与霞帔坠子弄混了。

唐代女子常穿袖窄而衣短的襦，领口通常开得很低，领边的帔帛便可以自后向前披，也可以由前向后搭过去，后者即如昭陵新城公主墓壁画中的侍女（图 1-1）。当然还可以轻轻拈住它的一角，也不妨任它飞扬或低垂。帔帛又可以很轻——《酉阳杂俎》卷一云：天宝末年，交趾贡龙脑，明皇“唯赐贵妃十枚，香气彻十余步。上夏日尝与亲王棋，令贺怀智独弹琵琶，贵妃立于局前观之。上数子将输，贵妃放康国猧子于坐侧，猧子乃上局，局子乱，上大悦，时风吹贵妃领巾于贺怀智巾上，良久，回身方落。贺怀智归，觉满身香气非常”。风可以把领巾吹落，那么它该是轻薄的纱罗一类。帔帛也可以稍厚——唐传奇《霍小玉传》中小玉的红绿帔子自然是双层的，即如唐太宗昭陵陪葬墓韦贵妃墓壁画中的

图 1-1　唐昭陵新城公主墓壁画

侍女（图 1–2）。至于“下垂金玉坠子”的霞帔，要到宋代才出现，欧阳修等编《太常因革礼》卷二十五曰皇后常服“龙凤珠翠冠，霞帔”，是也。南薰殿旧藏宋宣祖后坐像，其装束正是如此，霞帔角下且系着坠子。宣祖乃太祖和太宗之父，太宗称帝后追封，后杜氏。霞帔同唐代的帔帛虽然不无关系，但从样式到含义，都已经完全不同。

同书页 153，释“在汉则七叶貂蝉”之“貂蝉”曰：“貂尾和蝉羽，皆为古代显官冠上之饰物。”

此释有两点不确。第一，貂蝉之“蝉”，并非“蝉羽”；第二，貂蝉亦非概用于“显官”。貂蝉原为皇帝之近臣或王室贵戚所服。这里的“蝉”，指金制的蝉珰。《续汉书・舆服志》曰：武冠，侍中、中常侍“加黄金珰，附蝉为文，貂尾为饰”。《后汉书・朱穆传》载“假貂珰之饰，处常伯之任”，李贤注：“珰以金为之，当冠前，附以金蝉也。”晋傅咸《赠何劭王济诗》曰：“携手升玉阶，并坐侍丹帷。金珰缀惠文，煌煌发令姿。”所谓“惠文”，指惠文冠。附蝉为文的黄金珰，也可简称蝉珰。庾信《伤王司徒褒》“黄金饰侍蝉”[1]，也是此物。金蝉珰在这一时期的墓葬多有出土，如甘肃张掖高台地梗坡魏晋四号墓[2]（图 2），如南京仙鹤观东晋六号墓[3]，又十六国时期北燕冯素弗墓[4]，等等。陕西蒲城唐惠庄太子墓墓道绘持笏进谒的文臣，其中一人冠前所饰绘作蝉纹的圭形珰亦即蝉珰[5]（图 3），正是与《游仙窟》时代相当的一个真实形象。

同书页 361，“数个袍袴”条：“袍袴，此代指侍女。”下引《急就篇》及颜师古注释袍，继引两汉文献释袴，然后说：“后因以‘袍袴’代指宫人、侍女之服，亦代指宫人、侍女。唐薛逢《宫词》：‘遥见正殿帘开处，袍袴宫人扫御床。’和凝《宫词百首》：‘袍袴宫人走迎驾，东风吹送御香来。’《太平广记》卷二六七引张文成《朝野佥载》：‘周岭南首领陈元光设客，令一袍袴行酒，光怒，令拽出，遂杀之。’又卷四四八‘李参军’引《广异记》：‘初，二黄门持金倚床延座，少时萧出，著紫蜀衫，策鸠杖，两袍袴扶侧，雪髯神鉴，举动可观。’均其例。《汉语大词典》据上引张文成《朝野佥载》例释‘袍袴’曰：‘战袍，袴靴。军戎之服。亦指穿着军服的人。’显然未确。”

《汉语大词典》释“袍袴”固然有误，《游仙窟校注》的释义也未得其要。此所

1 （清）倪璠《庾子山集注》卷四注此句云：“侍蝉，谓侍中之冠饰以蝉也。‘黄金饰侍蝉’者，谓王俭。俭子骞，骞子规，皆为侍中也。”

2 高台县博物馆藏，本文照片为博物馆参观时所摄。

3 南京市博物馆：《六朝风采》，文物出版社，2004，图一四五。

4 辽宁省文物考古研究所：《三燕文物精粹》，辽宁人民出版社，2002，图七。

5 陕西省考古研究所：《陕西新出土唐墓壁画》，重庆出版社，1998，第 168 页。

图 1-2　红绿帔子　唐昭陵韦贵妃墓壁画

图 2　金珰　甘肃张掖高台地梗坡四号墓出土

图 3　唐惠庄太子墓壁画

谓“袍袴”，特指一身男装的侍女，故曰“异种妖娆”。这也是唐代石刻、雕塑和壁画中经常出现的形象。山西万荣县皇甫村唐薛儆墓出土的石椁，其表线刻侍女群像，女装者十，男装者七。前者或侍立，或拈花，又或手持团扇，姿容婉雅，乃至微呈娇媚；后者则除一人拱手侍立之外，均手中奉物，或袱，或盏，或匣[1]（图 4–1）。墓主人薛儆系鄎国公主之夫，亦即睿宗之婿，卒于开元八年（720），与《游仙窟》的时代大体相当。从图像的表现来看，是同为侍女，而地位尚有分别。由校注者所引《宫词》“袍袴宫人扫御床”，也可微见其意。

又，页 363，“绿袜细缠腰”条，谓此句“意即腰间紧束着绿色的抹胸”。

按，“绿袜细缠腰”，乃言女装侍女，其下尚有伊人作为，道是“时将帛子拂，还捉和香烧”。且不言抹胸是内衣，在如此场景之中不会坦露于外，即“细缠腰”的样式也与抹胸不符。马缟《中华古今注》卷中释“袜肚”曰：“盖文王所制也，谓之腰巾，但以缯为之。宫女以綵为之，名曰腰綵。至汉武帝以四带，名曰袜肚。至灵帝赐宫人蹙金丝合胜袜肚，亦名齐裆。”此节考证，疑信参半。“周文王”云云、“汉武帝”云云，羌无实据，自难凭信，但曰袜肚即“腰巾”“腰綵”，且为宫人所服，应该是不错的。它是南北朝至隋唐女子常见的装束。庾信诗《梦入堂内》句云“小衫裁裹臂，缠弦掐抱腰”，《游仙窟》“红衫小撷臂，绿袜细缠腰”，正与诗中的形容相同。其形制，也有图像可见，如前举薛儆墓出土石椁外表线刻画中的侍女（图 4–2）。

顺便提及与“住”相关的一件室内陈设用物。同书页 356，注“四角垂香囊”曰：“香囊，盛香料的小袋，悬于帐上以为饰物。”这里的香囊却并非“小袋”，而是金属制作的小毬。外壳一般镂空做成花鸟，内心用轴心线相互垂直的内外两层持平环支承一个小香盂，以圆环转轴的彼此制约和香盂本身的重心影响，使香盂随炉辗转而总能保持平衡。慧琳《一切经音义》卷六：“香囊者，烧香圆器也，巧智机关，转而不倾，令内常平。”又卷七：“香囊者，烧香器物也，以铜铁金银昤昽圆作，内有香囊，机关巧智，虽外纵横圆转而内常平，能使不倾，妃后贵人之所用之也。”元稹有题作《香毬》的一首小诗，所咏正是此物：“顺俗惟团转，居中莫动摇。爱君心不恻，犹讶火长烧。”短短二十字，香毬的结构却描写分明；语带双关，又正是咏物诗的本色。香囊之称也见于唐诗，元稹另一首《友封体》句云“雨送浮凉夏簟清，小楼腰褥怕单轻。微风暗度香囊转，胧月斜穿隔子明”；又白居易《青毡帐二十韵》曰：“铁檠移灯背，银囊带火悬。深藏晓兰焰，暗贮宿香烟”。“香囊”“银囊”，自是一物[2]。从诗意来看，它是悬于卧室中，与《游仙窟》中的情形正是相同。

1　山西省考古研究所：《唐代薛儆墓发掘报告》，科学出版社，2000，第 51 页。

2　法门寺地宫出土的两件香毬在同出的《随真身衣物账》中记作“香囊二枚，重十五两三分”，更是最好的证据。

图 4-1　唐薛儆墓石椁线刻画（摹本）

图 4-2　唐薛儆墓石椁线刻画（摹本）

再举诗歌笺证一例。中华书局2015年版《韩偓集系年校注》，是很优秀的一个注本，然而注释《香奁集》中涉及女子形象的词语，却稍稍有失。如韩诗《席上有赠》“小雁斜侵眉柳去”，注云：“小雁，比喻笑时两眉形如小雁状。眉柳，即柳眉。形容女子细长秀美之眉。”既是“细长秀美之眉”，笑时如何会“两眉形如小雁状”呢？此注愈使人不解。其实这里的“小雁”，原是贴在面颊上的花子，也称面靥。李贺《恼公》句有“匀脸安斜雁”，正是同一物。或释李贺此句曰“斜雁，即钗钿”[1]，也是于唐代女子妆容未觑得真确。敦煌莫高窟第98窟东壁壁画（五代）女供养人群像（图5），个个“犀玉满头花满面”（《云谣集杂曲子·天仙子》），花子式样且有成对的小鸟，正可由此画笔映发诗意[2]。唐段公路《北户录》卷三“鹤子草”一则说道：“鹤子草，蔓花也，其花麹尘色，浅紫蒂，叶如柳而小短，当夏开，南人云是媚草。……采之曝干以代面靥，形如飞鹤状，翅羽觜距无不毕备。”可见飞鹤样原是唐代面靥的流行式样之一，而如此别有功用的岭南奇草，当日大约是面靥中的珍物了。

同书页899，《春闷偶成十二韵》“醉后金蝉重”，注云：“金蝉，古代妇女所用金色蝉形的贴面饰物。唐李贺《屏风曲》‘团回六曲抱膏兰，将鬟镜上掷金蝉’；前蜀薛昭蕴《小重山》词‘金蝉坠，鸾镜掩休妆’。”这里的“金蝉”，却不是“贴面饰物”。很可惜，注者已经拿在手里的证据却放在了一边——由“掷金蝉”“金蝉坠”，正可解得这是指簪钗。浙江长兴下莘桥晚唐银器窖藏中有一件银钗，钗首虽残，但仍可见出是一只蝴蝶[3]（图6），此即唐五代诗词中的蝉钗。蝶与蛾，唐人常称之为蝉，王建《宫词》句云“缏得红罗手帕子，当中更画一双蝉”；秦韬玉《织锦妇》“合蝉巧间双盘带，联雁斜衔小折枝”，都是指对蝶。宋熊克《中兴小纪》卷五引朱胜非《闲居录》曰：“绍圣间，宫掖造禁缬，有匠者姓孟，献新样两大蝴蝶相对，缭以结带，曰‘孟家蝉’，民间竟服之。”“两大蝴蝶相对”而曰“孟家蝉”，可证也。类似的情况，又见同书页780。韩诗《咏浴》“再整鱼犀拢翠簪”，注云：“鱼犀，此处指鱼犀带。”以下援引犀带故事数则，却全与女子服饰无涉。其实同条注“拢”字引前蜀李珣《南乡子》“拢云髻，背犀梳”，才是“鱼犀”之解，即犀梳。

最后特别要说的是，以“形象”为证，并不是读史、读诗唯一的“法宝”，而只是“法宝”之一。通过“形象”解决“问题”者，不过“问题”的千分之一或更少，并且同任何研究方法一样，它需要使用者多方面的知识积累和辨析能力。

1　吴企明笺注《李长吉歌诗编年笺注》，中华书局，2012，第347页。

2　谭蝉雪编《敦煌石窟全集·服饰画卷》，商务印书馆（香港）有限公司，2005，图二一九。

3　今藏长兴博物馆，承馆方惠允，得以观摩并拍照。

图 5　敦煌莫高窟第 98 窟东壁壁画（范文藻摹）

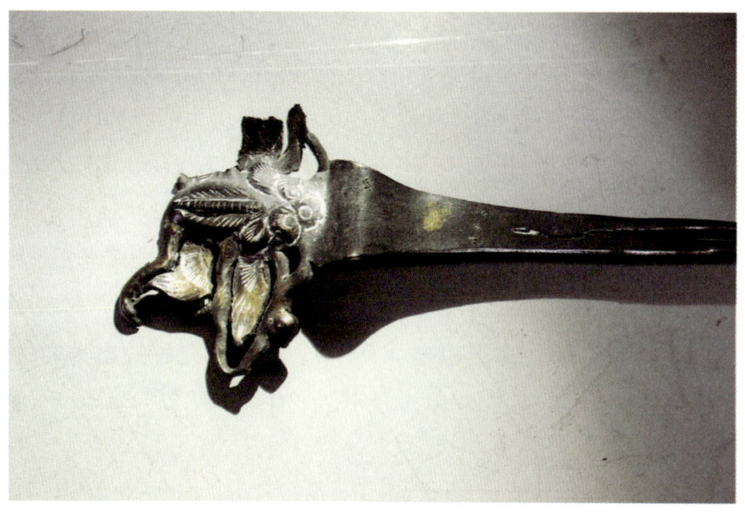

图 6　银钗钗首　浙江长兴县下莘桥晚唐银器窖藏

中国古书画艺术中的“别体之作”
——谈扇面上的诗书画字

■ **胡振宇**（中国社会科学院历史研究所）

中国的书画艺术源远流长，在中国书画发展史中具有特殊地位的扇面书画艺术，因其独特的形制和艺术表现，被誉作古书画艺术中的“别体之作”，在中国漫长的历史上，历代书画家都喜在扇面上作画或书写，以抒情达意或赠诗留念。扇面上的诗书画字成为中国古代书画中极富特色的艺术形式。

在中国，扇子的历史可谓久远。关于扇子的最早记载是舜帝作“五明扇”。五明扇古称“箑”，形如“阖”。《说文》有曰“阖，门扇也”，由他人持之，立张拥身，以示广开求贤之门。《尔雅》中有：“以木曰扉，以苇曰扇。”西晋崔豹《古今注》记载，最早的扇子出现在商代，是用五光十色的雄雉尾羽制成的，故称之为“翟扇”。那时的扇子并不是用来拂凉驱暑的，而是用作遮阳挡风，插在车上也是一种仪仗。到了周代，从障扇仪仗便知尊卑，“天子八扇，诸侯六扇，大夫四扇，士二扇”。所以“障扇”亦称“仗扇”。战国时期，短柄的扇子开始在民间使用，原材料也从单一的羽制扩展到竹制，真正具备“引风逐暑”的作用。西汉刘安《淮南子》、董仲舒《春秋繁露》、东汉班固《竹扇赋》，均有扇子物件之载。晋代陆机《羽扇赋》言：“昔者武王玄览，造扇于前。而五明安众，世繁于后。各有诧于方圆……安众方而气散，五明圆而风烦。”

中国目前所见最早的竹编实物，是2006年12月30日发现的江西靖安李洲坳东周墓葬出土的短柄竹扇（图1），又被称作便面。竹扇其形如古代之单边门扇，有如今日之厨刀形状，用精细的竹篾编成。考古专家鉴定，竹扇产生于距今2500年至2600年的春秋晚期，这是中国出土年代最早、保存最完好的扇类实物证据，也被称为“中华第一扇”[1]。

1　江西省文物考古研究所、靖安县博物馆：《江西靖安李洲坳东周墓发掘简报》，《文物》2009年第2期，第12页。

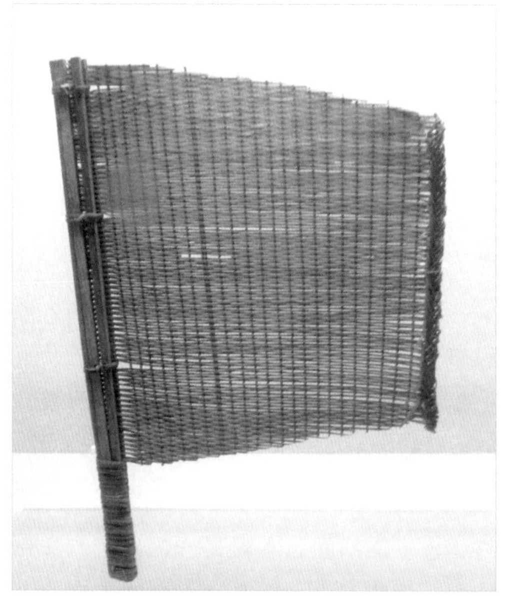

图 1　江西靖安李洲坳东周墓扇

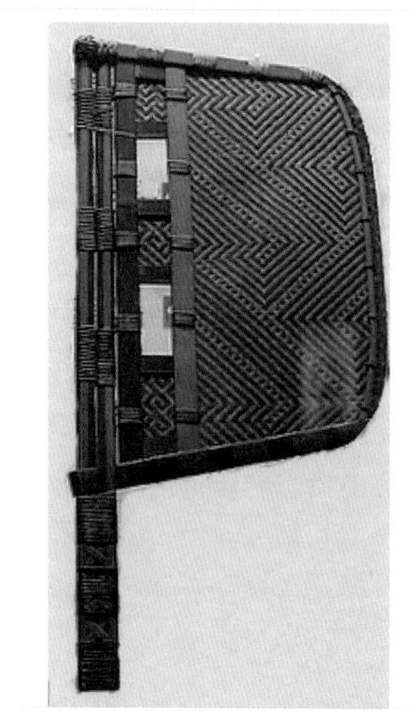

图 2　湖北江陵马山砖厂楚墓扇

此前，1982 年 3 月湖北沙洋县十里铺镇马山砖厂一号战国墓出土了一件精美的竹编短柄扇（图 2），年代为公元前 278 年左右的战国中晚期。竹扇亦是近似厨刀形状，用极细薄的红、黑两色篾片编成矩形纹，靠近柄的一侧有两个长方形孔，周边夹以较宽厚的竹片，纹饰十分规整，是一件工艺水准极高的竹编制品[1]。

这种扇子又称作“户扇”。古代先民在烈日炎炎的夏季，随手摘取植物叶或禽类羽，进行简单加工，用以障日引风，故扇子有“障日”之称。战国秦汉时期，一种半规形的“便面”—— 形似单门扇的扇子（亦称“户扇”，单抱门扇半遮面，便于窥视）成为当时扇子的主流。

西汉后期，又出现了一种名为“合欢”的扇子。合欢扇又称“纨扇”，或称“宫扇”“团扇”“平扇”，其扇面的材料主要采素色真丝，以扇柄为中轴，左右对称似圆月。纨扇以竹木为架，面成圆或椭圆形，用薄丝绢制成。当时有所谓“齐纨楚竹”之说，讲的就是以山东的绢面和湖南的竹子制成的纨扇。汉五言诗《怨歌行》有“新裂齐纨素，鲜洁如霜雪，裁为合欢扇，团团似明月，出入君怀袖，动摇微风发”句，写的即是成帝妃班婕妤手执“合欢扇”的情景。

书扇，史书记载始于东晋，《晋书・王羲之传》记述：羲之“性爱鹅，会稽有孤

1　彭浩：《湖北江陵马山砖厂一号墓出土大批战国时期丝织品》，《文物》1982 年第 10 期，第 4 页。

居姥养一鹅，善鸣，求市未能得，遂携亲友命驾就观。姥闻羲之将至，烹以待之，羲之叹惜弥日。又山阴有一道士，养好鹅，羲之往观焉，意甚悦，固求市之。道士云：‘为写《道德经》，当举群相赠耳。’羲之欣然写毕，笼鹅而归，甚以为乐。其任率如此。尝诣门生家，见棐几滑净，因书之，真草相半。后为其父误刮去之，门生惊懊者累日。又尝在蕺山见一老姥，持六角竹扇卖之。羲之书其扇，各为五字。姥初有愠色。因谓姥曰：‘但言是王右军书，以求百钱邪。’姥如其言，人竞买之。”[1]

画扇，唐人张彦远于《历代名画记》中有记东汉末年的杨修为曹操画扇，误点成蝇的记载。宋代苏东坡有云：“展之广尺三四，合之止两指许，所画多作仕女乘车跨马踏青拾翠之状，又以金银屑饰地面，及作云汉星月人物，粗有形似，以其来远摩擦故也。” 宋郭若虚《图画见闻志》中则记折扇较详，曰：“折叠扇，用鸦青纸为之，上画本国豪贵，杂以妇人鞍马，或临水为金沙滩……极可爱，谓之倭扇，本出于倭国也，近岁尤秘惜，典客者盖稀得之。”

隋唐之后，羽扇与纨扇大量出现，此一时期，扇子成了文人墨客的“怀袖雅物”，他们时常边轻摇纨扇，边吟诗作赋。

折扇真正大为流行，应在明朝永乐年间。初时宫中不过使用竹骨茧纸薄面折扇，日后朝廷亲制，每年重金制作进贡御前。如此一来，制折扇俗日盛。永乐年间，帝命内务府大量制作，并于扇面之上题诗赋词，分赠大臣，手执折扇一时成为显贵象征。由于折扇方便携带，更为文人雅士所喜。于扇上作画、赋诗、题字，作为相互赠送之礼，成就了扇面的一种特有艺术表现形式。

折扇本是拂暑纳凉的工具，然而，一旦有书画名家在扇面上进行创作，进而配上精巧的扇骨，其价值就远超工具本身，成为文化的载体。

中国扇面书画艺术随折扇出现而大行其道，一幅扇面艺术就是一幅典雅的文化长卷。古往今来，许多文人骚客于扇面上挥洒写作，为后人留下丰富多彩的艺术珍品。扇面画的内容非常广泛，神话故事、人物形态、峰峦叠石、曲溪流水、村舍楼阁、闲花野草等皆能入画，明清扇面画则高度反映了这个领域的艺术成就。明代的沈周、文徵明、唐寅，清代的“四王，吴、恽”六家和“八大山人”、“扬州八怪”等都有扇面佳作传世。

在中国书画中，书法的用笔一直是评判画作的重要标志。尤其是在宋元时期，以苏东坡为代表的文人画家于理论与实践中均发展了张彦远 “以书入画”之论，确立“写”画的新意境。明代画家的创作深受宋元绘画及书法的影响。扇面书画因形状的限定，具有独特的构图样式，外形上是上下呈半圆弧状，左右呈向下内收，形成上宽下窄的平面，

1　（唐）房玄龄等：《晋书》卷八十《王羲之传》，中华书局，2015，第 2100 页。

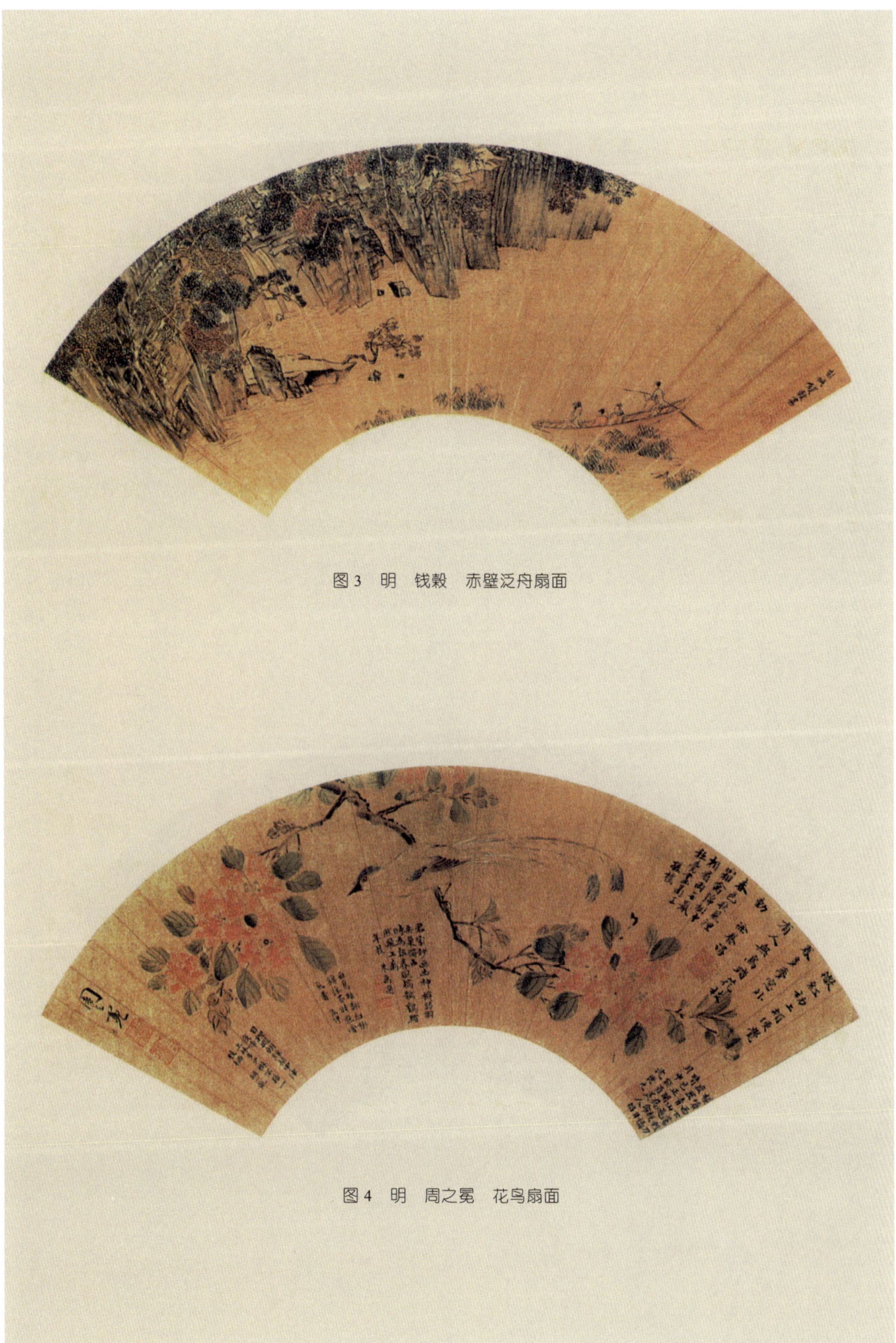

图3　明　钱榖　赤壁泛舟扇面

图4　明　周之冕　花鸟扇面

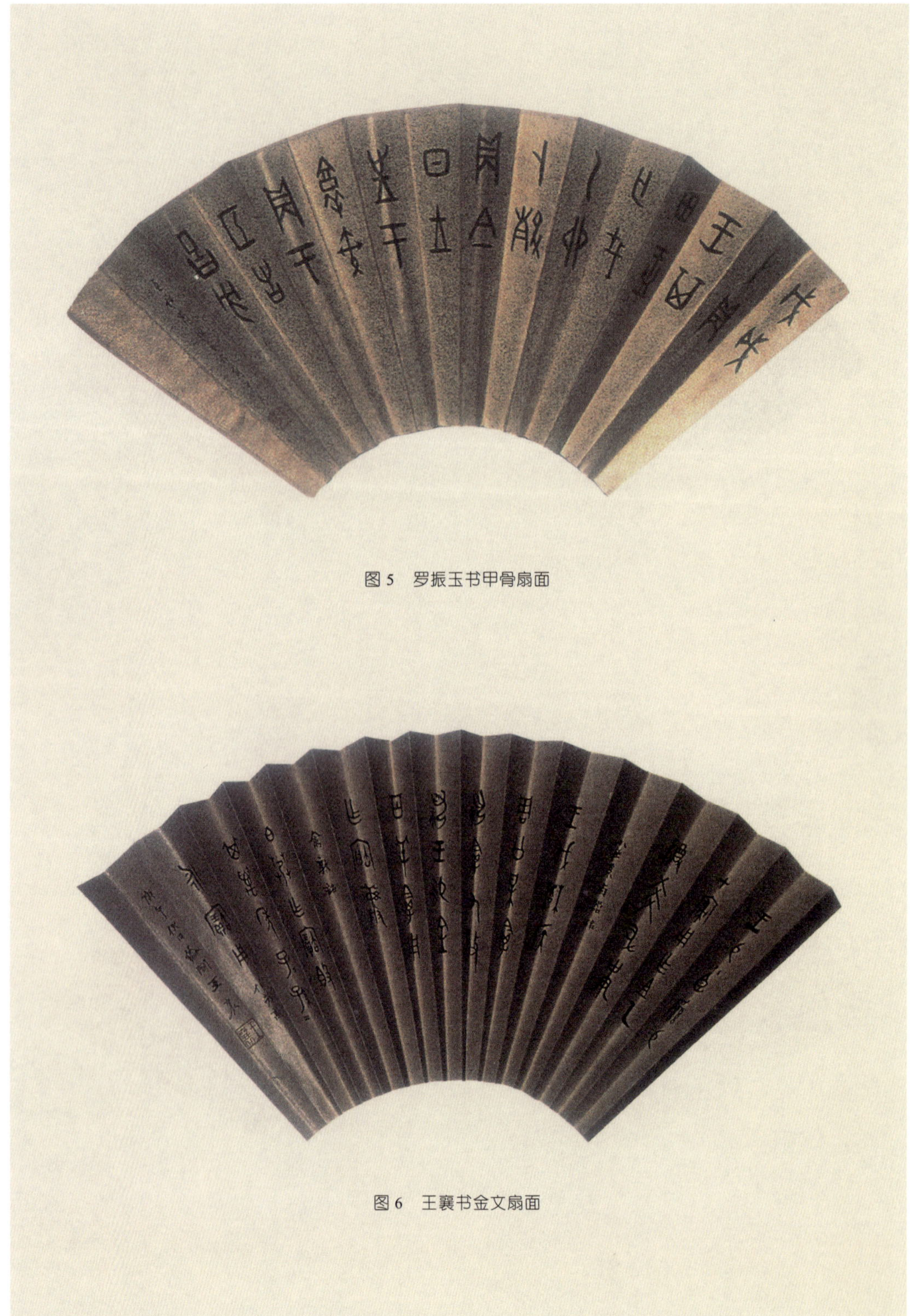

图 5　罗振玉书甲骨扇面

图 6　王襄书金文扇面

就要把握山水人物字体的重心，以避免随扇形而倾斜（图3、图4）。

清末发现的甲骨文是中国目前考古发现最早的成文资料。甲骨始于殷商，是商朝后半期的商人遗物。甲骨文已经是一种相当成熟的文字，如果用文字学上的“六书”来判断，可以说已大抵具备。殷商时期的甲骨文已经由原始的绘画，发展到可以用线条作为符号，像有许多兽类的象形文字，本来应该是横着画的，到了商甲骨文中已经变得可以直立起来，可以四脚腾空。当然这也是因为中国文字是上下直行的关系，但也是为了行款美观，不得不直写。同时甲骨文的书法也已经成为一种美术，你可以欣赏它的结构和比例，还可以认为这就是文字的魅力，而不是图画的美。

甲骨文自被王懿荣发现后，其史料价值，使得中国的学术文化进入了空前发展的时期。甲骨文的早期刊布者和研究者罗振玉就感言道：“天不出神物于我生之前，我生之后，是天以畀予也！举世不之顾，而以委之予，此人之招我也。天与之，人与之，敢不勉夫！”[1]

甲骨文自被发现后，亦迅速成为书家的取法对象。甲骨文作为一种精美的艺术品，许多学人都曾予以临摹，也演绎出多种风格，有的还集为对联、诗词以供欣赏。1921年，罗振玉“取殷契文字可识者，集成偶语，三日夕得百联，存之巾笥，用佐临池”，开甲骨文书法创作滥觞。这百副对联后由罗氏以《集殷虚文字楹帖》名义问世。此后1927年，他又与章钰、高德馨、王季烈三家所集，合编为《集殷虚文字楹帖汇编》。但总体看来，此一时期的书家多以小篆笔法来写甲骨，得字形架构，笔法却不够精到。一方面是因为对甲骨文字本身的认识不到位，另一方面与甲骨文著作的稀有有关。

同样，扇面书法艺术之中，早期的甲骨文搜集大家也运用甲骨文来进行写作。罗振玉是甲骨文入书第一人，其书法善篆、隶、楷、行，他的甲骨文书法亦用于扇面之上（图5）。此外，早期参与收藏甲骨的王襄，也有钟鼎文扇面之作（图6）。

从一幅小小的扇面能够折射出中国书画的流变。虽说扇面书画不像主流书画一样受到世人追捧，但作为清玩小品，其以特有的形制为中国历代文人墨客所喜爱。扇面书画历经朝代的传承与发展，逐渐形成一种极具特色的笔墨表达情趣，它所带来的审美与艺术的价值均远超书画本身。

今天，折扇已不再如当年那样盛行，但它依然散发出独特的文化内涵。闲暇之余，手持一柄古色古香的折扇，欣赏扇面上精美的书画作品，仍是难得的艺术享受。

1　罗振玉编《殷虚书契后编》，中华书局，2015，第751页。

器物与图像

汉代的多角石柱

■ **杨爱国**（山东省石刻艺术博物馆）

在谈及汉代中外文化交流的时候，人们想到较多的是裂瓣纹银豆（盒）、玻璃器、石狮、外来的珠子等珍贵物品以及佛像等与信仰相关的文物，建筑构件并未引起足够的重视。事实上，虽然目前可以确认是外来的汉代建筑构件数量有限，但它们同样也是中外文化交流的见证。在这些建筑构件中，较为明显的外来物是多角石柱。

汉代建筑，或建筑图像上的柱子多是圆形或方形、长方形的，如广州南越王宫署建筑遗存中的柱子。不仅地面建筑，石室墓出现之后，墓中的石柱也多是正方体、长方体，少见其他形体，北寨村画像石墓中除了前室和中室里的分间立柱为八角柱外，其他门柱都是长方体。

圆形石柱虽不如方柱（含正方体和长方体）多见，但也有所见。如山东安丘董家庄墓后室分间柱[1]，平阴孟庄墓前室和中室东西侧室门柱、中室和后室门柱[2]，泰安大汶口墓前室分间柱、西后室门中柱[3]等，柱身都是圆柱体。除画像石墓外，其他石器上也能见到圆柱，如河南淮阳北关1号东汉墓中随葬的石天禄承盘的柱子就是圆柱[4]。

除此之外，还有不常见的多角的柱子，如八角柱、十六角柱等。这些多角的柱子与我们传统的柱子外形有明显区别，虽不常见，分布区域却相对广阔，其中还蕴含着中外文化传播与交流的信息。因此，在对它们收集整理的基础上，对相关问题进行分析探讨有一定的学术意义。

1　安丘县文化局、安丘县博物馆：《安丘董家庄汉画像石墓》，济南出版社，1993，第21页，图9。

2　济南市文化局文物处、平阴县博物馆：《山东平阴孟庄东汉画像石墓》，《文物》2002年第2期，第38～52页；第39页，图一。

3　程继林：《泰安大汶口汉画像石墓》，《文物》1989年第1期，第48～58页。

4　周口地区文物工作队、淮阳县博物馆：《河南淮阳北关一号汉墓发掘简报》，《文物》1991年第4期，第34～46页。第39页，图九-1；图版陆-2。

考古发现的汉代的多角石柱，依据外形，可以分成三类：八角柱、十六角柱、束竹柱。这三类多角石柱柱身皆近圆形，只是表面处理略有不同。另外，江苏徐州青山泉白集画像石墓中室通往西耳室的立柱柱身刻成委角长方体也比较罕见。柱上有栌斗，下为绵羊形柱础，柱身未刻图像。中室通往其他各室的门旁的倚柱皆刻成类似形象，柱身亦未刻图像，见有涂朱现象[1]。这类石柱属于上述方形石柱之列，不在本文讨论之列。不过，不是所有方柱都是我们自身的传统，有一类表面多棱、四角委去的方柱的处理方式可能是受到多角柱的影响，也有外来因素，如上述白集画像石墓前室中的立柱，山东长清大街东汉画像石墓中也有类似的委角长方体石柱[2]（图 1）。

图 1　长清大街东汉画像石墓立柱

一　八角石柱

八角柱是把石柱表面刻成等分的八个面，表面平滑或近平，一般上端略细，下端略粗。表面或光平无纹，或刻有画像。

八角柱是何时出现的，文献中未见明确记载。考古发现较早的一例不是真正的房屋立柱，而是立在房顶上的柱子，它就是浙江绍兴坡塘公社狮子山 306 号战国初期墓随葬的铜屋模型。这件铜屋模型屋顶为四角攒尖式，顶心立一八角柱，高 7 厘米，柱顶塑一大尾鸠。柱顶中空，但不与

1　南京博物院：《徐州青山泉白集东汉画像石墓》，《考古》1981 年第 2 期，第 137 ~ 159 页。图片承徐州汉画像石艺术馆武利华先生提供，在此诚致谢意。

2　党浩、李胜利、李勇：《山东长清大街村发现汉代画像石墓》，《中国文物报》2006 年 1 月 18 日，第 1 版。

图 2　绍兴狮子山战国墓铜屋模型

图 3　广州南越王宫署曲流石渠北次间里的八角石柱

图 4　孝堂山石祠（20 世纪 70 年代建覆屋时拍摄）

屋顶相通[1]（图 2）。牟永抗认为，屋顶之柱为图腾柱。图腾之所以常常见于屋脊或专门建立的图腾柱上，不仅仅是为了表现人们对它的崇敬，在古代东方，还与那种认为图腾来自天上的天命观念有关。铜屋图腾柱上雕饰的云纹，显然是象征柱身高入云端和图腾（鸠鸟）居住上苍之意。而铜房屋模型应是越族专门用作祭祀的庙堂建筑的模型[2]。

学界对这件房屋模型关注较多的是其功能及其中人物的族属，对屋顶的立柱主要关注的也是它的功能。至于它为何不与南面立柱一样呈圆形，而是呈罕见的八角形，则未引起学界注意。

不过从这件房屋模型南面的立柱看，当时真正的房屋立柱还多呈圆形，八角形的立柱要到石材用于建筑上之后才出现。

时代较早的八角形石柱出现在广州南越王宫署建筑遗址里，如蕃池遗迹出土的 12 件残石望柱都是八角形[3]，曲流石渠中的弯月形石池南北两个次间里各立一根八角形石柱[4]（图 3）。

济南长清孝堂山石祠门中间的八角柱是东汉时期多角石柱中年代较早的一件。孝堂山石祠虽无纪年，但据祠堂内东汉永建四年 (129) 的题记和画像风格推断，石祠应是建于公元 1 世纪。该八角柱上下两端均有一个大斗，上斗口向上，有如栌斗，下斗口向下，有如柱础，斗近正方形，斗欹内鰤。柱与斗系一块石头刻出，通高 141 厘米。其中八角柱高 85 厘米，直径 26 厘米（图 4)。八角柱石各面原均刻有竖向菱形斜条纹，现为后人刻字，其中有北宋元丰六年（1083）杨景略出使高丽的题记。上栌斗四面都刻有上下两道花纹，上道为菱形斜条纹，下道为浅浮雕垂幛纹。下斗四面已残，纹饰不清。上斗支撑三角石隔梁和挑檐枋石。现在上斗的南面，下斗的四面，因后人加固支撑木架和门槛石，皆被凿残。因斗与柱用一块整石凿成，非常坚固，石祠得以保存至今，八角石柱起了极其重要的作用。[5]

江苏东海昌梨水库 1 号画像石墓前室如同北寨村墓前室，由过梁和立柱分为两间。立柱下的覆盆形柱础素面无纹，八角形柱身上下略有收分，柱身残存 70 厘米，复原

1　浙江省文物管理委员会、浙江省文物考古所、绍兴地区文化局、绍兴市文管会：《绍兴 306 号战国墓发掘简报》，《文物》1984 年第 1 期，第 10 ～ 26 页。图见彩色插页；图版壹 -1；第 24 页，图三七～三九。

2　牟永抗：《绍兴 306 号越墓刍议》，《文物》1984 年第 1 期，第 30 ～ 35 页。

3　南越王宫博物馆筹建处、广州市文物考古研究所：《南越宫苑遗址》（上），文物出版社，2008，第 50 页；第 51 页，图三二；图版一九。

4　南越王宫博物馆筹建处、广州市文物考古研究所：《南越宫苑遗址》（上），第 79、124 页；第 125 页，图九二，1、2；图版三五，2、3；图版三七，2、3。

5　蒋英炬、杨爱国、信立祥、吴文祺：《孝堂山石祠》，文物出版社，2017，第 24 页。

高度为 101 厘米，底径为 26 厘米、顶径为 19.5 厘米。[1]

山东临沂市博物馆里藏有一件八角形画像石柱，具体出土地点不详。该石柱仅存断为两截的柱身，柱身上下略有收分。八面皆刻图像，内容比较简单，每面仅刻上下两个画像，为头向上的龙、虎，或龙、羽人等，图像的雕刻技法与沂南北寨村画像石墓前室中立柱上图像雕刻技法相同，都是深剔地平面线刻（图 5）。

山东沂南北寨村画像石墓中有两件八角柱，一件位于前室，一件位于中室。前室中的八角形擎天柱柱身高 110 厘米，柱下端直径 25.5 厘米，上端直径 23.5 厘米，有收分。柱础分上下两部分，上圆下方：上圆作覆盆状，并有盆唇，盆高 12 厘米；下作正方形，边长 48 厘米，高 12 厘米。柱上有栌斗，与柱身为整块石材雕成，栌斗上有拱及二散斗，二散斗之间有一蜀柱，散斗与蜀柱的上面紧接过梁，这一部分亦为整块石材雕成[2]（图 6）。中室里的八角擎天柱柱身没有收分，直上直下，高 107 厘米，直径 27 厘米，柱础大小与前室相同。柱上的栌斗跨度比前室小，中间的蜀柱省去，在拱的两旁增加了两个倒衔的半身龙，使载承重量的短狭的拱延长了，同时缩短过梁跨距并补助它的应剪力，在结构上有重要作用，又富有装饰意味。这两条龙都有角、有翼、有鳞，在拱南面的是独角，在拱北面的是双角，龙身曲而向上。过梁、散斗、拱和双龙都是由一块石料雕成[3]（图 7）。

山东莒县沈刘庄画像石墓前室内不仅分间立柱是八角柱，两端的倚柱也是八角柱，这些八角立柱皆有明显的收分，上细下粗，素面无画[4]（图 8）。

此外，四川彭山崖墓中也有用八角柱的，如彭山 530 号墓和 500 号墓，画像上也有刻八角柱的，如彭山 40 号崖墓后室门倚柱[5]。

上述汉代八角石柱，除了广州南越王宫署建筑遗存中有发现外，其余东汉石柱，都与丧葬建筑有关，或是祠堂立柱，或是画像石墓、崖墓中的擎天柱或倚柱。

八角柱在后代仍有使用，且与丧葬有关。如山西大同北魏太和元年（477）幽州刺史宋绍祖墓中仿房屋结构的石椁前的四根廊柱都呈八角形，高 103 厘米。柱础上圆下方，雕刻盘龙和覆莲。栌斗上承阑额，额上施一斗三升及人字补间铺作[6]（图 9）。

---

1 南京博物院：《昌梨水库汉墓群发掘简报》，《文物参考资料》1957 年第 12 期，第 29 ～ 43 页。

2 曾昭燏、蒋宝庚、黎忠义：《沂南古画像石墓发掘报告》，文化部文物管理局，1956，第 5 页，插图 7。

3 曾昭燏、蒋宝庚、黎忠义：《沂南古画像石墓发掘报告》，第 6 ～ 7 页；第 7 页，插图 12。

4 苏兆庆、张安礼：《山东莒县沈刘庄汉画像石墓》，《考古》1988 年第 9 期，第 788 ～ 799 页。

5 唐长寿：《乐山崖墓和彭山崖墓》，电子科技大学出版社，1993，第 51 页。

6 山西省考古研究所、大同市考古研究所：《大同市北魏宋绍祖墓发掘简报》，《文物》2001 年第 7 期，第 19 ～ 39 页；第 25 页，图一一。

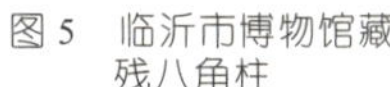

图 5　临沂市博物馆藏残八角柱

图 6　沂南北寨村墓前室八角立柱

图 7　沂南北寨村墓中室立柱

图 8　莒县沈刘庄画像石墓前室中的八角柱

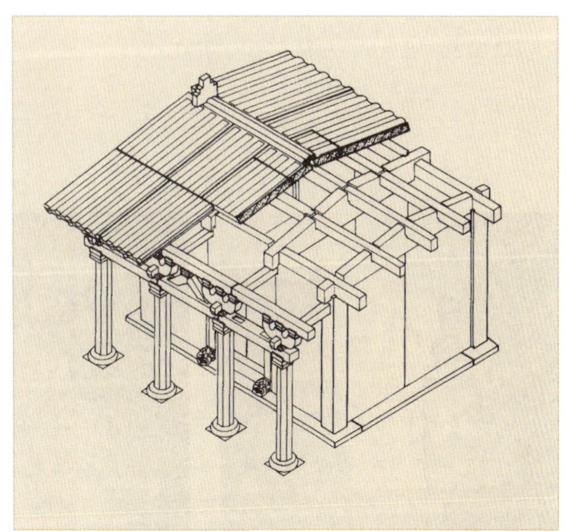

图 9　大同北魏宋绍祖墓石椁结构透视

图 10　临沂吴白庄墓前室十六角柱

图 11　沂南里宏汉墓立柱

图 12　滕州前毛堌村墓中室立柱

图 13　滕州前毛堌村墓中室立柱顶上的过梁与十字拱

图 14　北京石景山书佐秦君神道石柱

二　十六角柱

十六角柱是把石柱表面刻成等分的十六个面，表面平滑或微下凹，一般上端略细，下端略粗。

山东临沂吴白庄画像石墓、山东沂南砖埠镇里宏东汉墓、山东滕州羊庄镇前毛堌村东汉墓等墓中都发现了形制各异的十六角柱。北京石景山东汉幽州书佐秦君石柱也是十六角柱，但它不在墓中。

吴白庄画像石墓前室有两件形制相同[1]、尺寸一致的十六角柱，柱身高 120 厘米左右，上端略细，下端略粗。十六角之间形成的十六面，微下凹，光素无纹，其上的栌头与其下的柱础上雕刻画像（图 10）。

沂南砖埠镇里宏东汉墓是一座残墓，未经考古发掘，残存的石构件上无画像，十六角柱是凸棱式[2]（图 11）。

滕州羊庄镇前毛堌村东汉墓是一座被盗的墓，尚未经考古发掘，墓室除墓门被拆外，结构完好保存，主室分前、中、后室，前室西侧能看到连通中室西边的耳室。是否为围绕墓室的回廊，因东侧有积土，暂时还看不清，但可能性是存在的。中室分左右两间，十六角柱是分间过梁下的立柱。立柱表面棱角分上下两部分，上部棱角刻成近螺旋式，下部为竖直式，中间以凹槽相隔（图 12）。柱顶的过梁也有特色，一般墓里的过梁，如沂南北寨村画像石里的过梁是直的，而前毛堌村墓中室的过梁是弧形的，两端低，中间高。过梁上面，与下面立柱对应处，还有十字拱支撑墓顶[3]（图 13）。

北京石景山东汉幽州书佐秦君石柱是一对，自铭“汉故幽州书佐秦君之神道”，铭文刻于柱顶部位，其下为圆柱，表面浮雕双兽，柱身主体的十六角，光素无纹，柱下有圆榫，插在柱础的卯内（图 14）。由同出的石阙铭可知，石柱的雕刻时间为东汉元兴元年（105）[4]。

三　束竹柱

束竹柱是在圆形石柱的表面刻出竹节状，其上刻索状纹，使柱身呈束竹状。

束竹柱发现的数量很少，分布区域却较广：有山东博物馆藏琅玡相刘君石柱、青州五里镇马棚崖村石柱、四川彭山江口东汉

1　管恩洁、霍启明、尹世娟：《山东临沂吴白庄汉画像石墓》，《东南文化》1999 年第 6 期，第 45 ~ 55 页。

2　该墓信息是美国友人秋麦到现场考察后告知并传来的照片，他对墓室结构不了解，因墓内有积土，柱础情况亦不明。

3　2017 年 5 月 18 日下午，滕州市文物局张桑，滕州汉画像石馆李慧、燕燕燕、朱绍鸿等陪同现场考察，在此表示衷心感谢。

4　北京市文物工作队：《北京西郊发现汉代石阙清理简报》，《文物》1964 年第 11 期，第 13 ~ 22 页。

画像崖墓里的石柱等。另外，四川乐山柿子湾Ⅱ区 14 号崖墓画像上刻有束竹柱图[1]。

山东博物馆藏琅玡相刘君石柱早年发现于济南历城，除此石柱，未见其他相关的共存物。该柱柱身除作束竹状外，上部还有高浮雕双龙(图 15)。

青州五里镇马棚崖村石柱表面装饰分八层,自上而下分别是:一层为三排圆点纹;二层纹样不清;三层为连弧纹;四层为绹纹，似束住竹纹顶端；五层为圆弧式的竹纹；六层为绹纹，似束住竹纹底端；七层为奇禽异兽；八层为卷云纹。其中六、七两层所占面积较大(图 16)。

作为墓表的石柱如今虽然发现无多，但当年所立数量并不在少数，文献中也偶有所见。如《水经注》“清水”条载，获嘉县“城西有汉桂阳太守赵越墓,冢北有碑。越字彦善，县人也，累迁桂阳郡、五官将、尚书仆射，遭忧服阙，守河南尹，建宁中卒。碑东又有一碑，碑北有石柱、石牛、羊、虎，俱碎，沦毁莫记”。同书“洧水”条载，洧水“东南流，迳汉弘农太守张伯雅墓，垒石为垣，隅阿相降，列于绥水之滨。庚门、表二石阙。夹对石兽于阙下。冢前有石庙，列植三碑，碑云：德字伯雅，河南密人也。碑侧树两石人，有数石柱及诸石兽矣”。“睢水”条：汉太尉桥玄墓“庙南列二石柱，柱东有二石羊，羊北有二石虎，庙前东北有二石驼，驼西北有二石马，皆高大，亦不甚雕毁”。文中的石柱皆立于墓地，极可能是墓表，从现存的东汉至南北朝时期的墓表实物看，文中所谓的石柱是束竹柱或多角石柱的可能性很大。

作为墓表的束竹石柱，后代也在使用。如河南博爱县聂村大队就曾出土总高 3.1 米的晋代墓表，上有“晋故乐安相河内笥府君神道”铭刻，这件墓表上半段表面刻三十六角，下半段刻十六角，其间刻绳索状横束[2]。南朝陵墓前的华表亦是多角柱或束竹柱[3]。

四川彭山江口东汉画像崖墓里的石柱在正式报告中未见，四川美术学院秦臻教授曾传过一幅照片，照片只是石柱的下部。从照片上看，柱为束竹式，立于兽座上，不倚墙壁，可能是崖墓中的擎天柱。

四　多角石柱与中外文化交流

上文提到的这些汉代多角石柱，除广州南越王宫署建筑遗存中的八角石柱为生人用建筑遗存外，其余东汉时期的多角石柱皆与丧葬有关，少量是墓前石表，多数是墓中的立柱或倚柱。从其上铭文或墓室规模看，

1　唐长寿：《乐山崖墓和彭山崖墓》，图版 4。

2　刘习祥、张英昭：《博爱县出土的晋代石柱》，《中原文物》1981 年第 1 期，第 63 页。

3　何汉南：《南朝陵墓石柱的来历》，《文博》1992 年第 1 期，第 36 ~ 40 页。

墓主人在当时都有一定的社会地位和相当的经济实力，其中身份明确的是北京石景山东汉幽州书佐秦君，遗憾的是当年只清理了墓表和墓阙，墓室未发掘，详情不明。其他墓葬虽然墓主不可确知，但从墓室规模和结构看，至少东海昌梨水库 1 号墓、临沂吴白庄墓、沂南北寨村墓和滕州前毛堌村墓的墓主身份不低于幽州书佐，这四座墓都是石结构的前中后三室墓，附数量不等的耳室，吴白庄墓还有回廊。其他墓葬的墓主身份即使低于幽州书佐，其经济实力也不会太差，否则无力修建这样的墓葬。总之，用多角石柱的人在当时社会上应属中上层，而社会中上层中的一部分人对异域的东西充满好奇。皇帝享受异域的贡献是常事，如东汉顺帝永建六年(131)，叶调国(今印尼爪哇岛)遣使进献。桓帝延熹九年(166),“大秦王安敦遣使自日南徼外献象牙、犀角、玳瑁”[1]。而灵帝好胡物尤甚，并带动京都达官贵人效仿。《后汉书·五行志》载：“灵帝好胡服、胡帐、胡座、胡饭、胡空侯、胡笛、胡舞，京都贵戚皆竞为之。”[2]灵帝所好之胡物可能有周边民族之物，但其中当有来自远方异域的物件。

大臣们则可用购买或交换的方式，获得异域之物。外戚窦宪即是。班固在给弟弟班超的信中说:“窦侍中前寄人钱八十万，市得杂罽十余张也。”又“令载杂采七百匹、白素三百匹，欲以市月氏马、苏合香及毾㲪。月氏毾㲪大小相杂，但细好而已”。[3]晚于窦宪的另一位外戚梁冀则“遣客出塞，交通外

图 15　山东博物馆藏琅玡相石柱

图 16　青州五里镇马棚崖村墓表

1　(南朝宋)范晔撰,(唐)李贤等注《后汉书》卷八十八《西域传》，中华书局，1965，第 2920 页。

2　(南朝宋)范晔撰,(唐)李贤等注《后汉书》卷一〇三《五行志》，第 3272 页。

3　(汉)班固：《与弟超书》，载严可均辑校《全上古三代秦汉三国六朝文·全后汉文》，中华书局，1958，第 609 页下。

国，广求异物”[1]。好殊方异物的，绝不止此二人，中国境内历年来发现的域外文物，如玻璃器、玻璃珠、多面金珠、银盒、其他器物，以及青金石、非洲象牙、乳香等多有遗存[2]，表明喜好的人数量比较可观。

多角石柱的雕造，不论是外来工匠的作品，还是本土工匠听到传闻后的创新[3]，都不同于传统的外形，表明它是舶来品，但因为是技术舶来，而非产品舶来，汉代的多角石柱与其参照的原型会有所差异。

在山东和四川，不仅有多角的石柱，还有多角的佛像，如沂南北寨村墓中室八角擎天柱南北两面上的类佛像[4]（图 17）、四川乐山麻浩 1 号崖墓门楣上的坐佛像[5]等。由此，我们推测，东汉时期，江苏、山东、北京、四川等地的多角石柱不一定是广州南越王宫署八角柱北传的结果，很有可能是伴随着佛教从印度传过来的，印度公元前 2 世纪巽伽时代石窟中就有八角石柱（图 18），稍晚的安达罗时代（公元 1 世纪末叶至 2 世纪初叶）的卡尔利石窟继承了这一传统[6]（图 19）。东汉时期与佛教相关的文物已多有发现，这些文物多与丧葬有关[7]，北寨村墓中室八角柱的画像即是一例。不止佛像，北寨村墓中室东壁门楣上的倒立和“都卢寻橦”等类似今天杂技的表演项目也有可能是从境外传来的[8]。

不止这些，还有一种狮座圆柱也应是外来的。这种狮座圆柱，柱身一般刻有画像，如山东兰陵东纸坊九女墩汉墓里的两根狮座圆柱。一根狮有双翼，圆柱上刻有羽人、翼兽和仙树（图 20）；一根狮身左侧刻一胡人，柱身刻多龙盘结[9]（图 21）。临沂市博物馆藏狮座圆柱的狮子作蹲坐式，圆柱紧贴狮颈，柱身刻奇禽异兽（图 22）。四川彭山江口东汉画像崖墓里的束竹石柱的兽座也有可能是狮座。狮子非中国原有动物，是随丝绸之路开通之后进贡才来到

---

1 （南朝宋）范晔撰，（唐）李贤等注《后汉书》卷三十四《梁统传附梁冀传》，第 1181 页。

2 中国社会科学院考古研究所：《中国考古学·秦汉卷》，中国社会科学出版社，2010，第 911 ~ 928 页。

3 由于缺少相关证据，目前尚不能定论。

4 俞伟超：《东汉佛教图像考》，《文物》1980 年第 5 期，第 38 ~ 77 页；仝涛：《东汉“西王母＋佛教图像”模式的初步考察》，《四川文物》2003 年第 6 期，第 75 ~ 79 页；王趁意：《沂南汉画像石墓“童子佛像”辨》，《大众考古》2014 年第 8 期，第 44 ~ 46 页。

5 乐山市文化局：《四川乐山麻浩一号崖墓》，《考古》1990 年第 2 期，第 111 ~ 115 页。

6 〔美〕罗伊·C. 克雷文：《印度艺术简史》，王镛、方广羊、陈聿东译，中国人民大学出版社，2004，第 38 ~ 39 页；第 39 页，图 27；第 42 ~ 44 页，第 44 页，图 31。

7 杨爱国：《东汉时期佛教参与丧葬礼俗的图像证据》，载山东博物馆编《齐鲁文物》第 1 辑，科学出版社，2012，第 6 ~ 20 页。

8 宿白：《考古发现与中西文化交流》，文物出版社，2012，第 48 页。

9 金爱民、王树栋：《兰陵汉画像石》，山东美术出版社，2017，第 66 ~ 69 页。原书称前者为“天禄镇墓石兽石柱”、后者为“辟邪镇墓石兽石柱”。

图 17 沂南北寨村墓中室八角立柱画像

图 18 印度巽伽时代石窟中的八角柱

图 19 印度卡尔利石窟中的八角柱

图 20　兰陵东纸坊九女墩汉墓狮座羽人圆柱

图 21　兰陵东纸坊九女墩汉墓狮座胡人圆柱

图 22　临沂市博物馆藏狮座圆柱

中国的。石雕的狮子在嘉祥武氏墓群石刻有一对，山东博物馆还藏有一对洛阳刘汉造的石狮子（图 23），山东兰陵博物馆藏有一只石狮子，传原在萧望之墓前[1]。这些石狮皆是东汉之物，可见当年在山东地面上，石狮即使不很普遍，但也不是罕见之物，孙宗和刘汉很可能是专雕石狮的工匠，其中孙宗作一对石狮要价"四万"[2]。

多角柱与佛像、乐舞等是同时传入的呢，还是分别传入，后来汇合到一起的呢？由于缺少证据尚难究明。

还有一点需要注意，印度并非多角石柱的故乡，印度的多角石柱也是外来的，多角石柱的故乡可能是古希腊，帕特农神庙的多角石柱是古希腊多角石柱的代表，除帕特农神庙石柱外（图 24），古希腊多角石柱还有其他样式。继古希腊而起的罗马继承了多角石柱的传统，在建筑上也大量使用，如公元前 1 世纪上半叶罗马博阿留姆广场上的圆庙外廊石柱[3]（图 25）。多角石柱随着罗马势力的扩张，向外传播，印度石柱应是从古希腊罗马传播而来。

还有一地的古代建筑也采用了多角石柱，这就是波斯。由大流士一世于公元前 518 年开始建造的波斯波利斯宫殿中的阿

图 23　山东博物馆藏刘汉造石狮子

图 24　帕特农神庙的多角石柱

图 25　罗马博阿留姆广场上的圆庙外廊石柱

1　林梅村认为"东汉石狮的艺术源头可能也在关中地区"。林梅村：《古道西风——考古新发现所见中西文化交流》，生活·读书·新知三联书店，2000，第 163 页。

2　蒋英炬、吴文祺：《汉代武氏墓群石刻研究》（修订本），人民美术出版社，2014，第 10 页。

3　〔英〕约翰·B. 沃德－帕金斯：《世界建筑史丛书·罗马建筑》，吴葱、张威、庄岳译，中国建筑工业出版社，1999，第 12 页，图 12。

图 26　波斯波利斯宫殿多角石柱

图 27　沂南北寨村墓前室八角立柱画像

帕达纳宫就用了36根高达12米的柱子支撑木制的屋顶（图26）。这种集中使用柱子的建筑理念可能来自埃及，底座和柱头的植物花纹也是埃及元素，但带有凹槽的细长支柱的柱身外形则像希腊爱奥尼亚石柱[1]。因此，山东临沂吴白庄画像石墓等建筑中的十六角柱也有可能是波斯艺术的东传。而立于墓前的多角石墓表，如幽州书佐秦君神道柱可能是印度阿育王石柱的转译和变形[2]。印度等地的多角石柱很有可能是通过波斯、安息等传到中国的。汤用彤曾指出：“佛法来华，先经西域。在汉代，我国佛法渊源，首称大月氏、安息与康居三国。”[3]

考虑到多角石柱在地中海东部沿岸及西亚出现较早，且已达到相当成熟的程度，我们推测，浙江绍兴坡塘公社狮子山306号战国墓随葬铜屋模型顶上和广州南越王宫署建筑遗存中的八角柱也应是早期文化交流的结果。

林梅村先生在研究秦汉时期大型金石雕像流行的原因时，认为：“三种文化因素对中国大型金石雕像起了关键作用。首先，基于中国本土文化因素；第二，受欧亚草原文化，尤其是阿尔泰语系游牧人古代艺术的影响；第三，张骞通西域后，中国金石雕像艺术又得以和中亚希腊化艺术乃至波斯艺术进行交流。”[4]赵超在研究东汉碑石形制的定型与流行时，也认为：“石室墓，尤其是画像石墓的流行，直接促进了碑石的产生及广泛应用，而墓碑等碑石形制的定型，可能还受到西亚北非等外来文化因素的影响。”[5]两位先生所谓的“金石雕像”或“碑石”虽然未明确包括多角石柱，但对我们思考多角石柱的来源极有启发。就多角石柱而言，林梅村总结的三个因素中，第三个因素的作用更大。一方面我们传统的柱子中不流行多角石柱，另一方面游牧人古代艺术中也罕见多角的石柱，唯中亚希腊化艺术和南亚佛教艺术中流行多角的石柱。

还有一种现象值得注意。多角石柱的柱式是外来的，但其上的图像，除了个别与佛教有关者外，其他奇禽异兽、羽人之类则多是自身的传统，与其他画像石构件如过梁、方柱等上的画像别无二致。如山东沂南北寨村墓前室擎天柱身八面刻满画像，内容虽各不相同，但主体都是鹿、虎、

1 〔美〕H.W.詹森著，戴维斯等修订《詹森艺术史》，艺术史组合翻译实验小组译，世界图书出版公司，2013，第40～41页；第41页，图2.28。

2 常青：《西域文明与华夏建筑的变迁》，湖南教育出版社，1992，第61页。

3 汤用彤：《汉魏两晋南北朝佛教史》（增订本），北京大学出版社，2011，第47页。

4 林梅村：《古道西风——考古新发现所见中西文化交流》，生活·读书·新知三联书店，2000，第165页。

5 赵超：《中国古代石刻概论》，文物出版社，1997，第11页。

鸟等奇禽异兽和羽人，柱顶的斗拱与柱下的础上也刻满花纹或画像[1]（图 27）。中室擎天柱身南面和北面顶端刻有与佛教相关的图像[2]，其他图像为东王公坐山形高座上和旁边的小座上有羽人捣药、龙持带缨的棨戟、龟举钺和钩镶、鸟背螺、鸟衔绶带、羽人握卷草、虎持剑、双人头、龙虎交颈等画像[3]。江苏东海昌梨水库 1 号墓擎天柱柱身用阴线刻满菱格、卷云、圆圈[4]、人物、虎头、鸟、鹿等画像或花纹[5]（图 28）。由这些例子可以看出，八角柱在进入汉朝的版图后不久，就与当地的传统结合在一起了。这种现象在当时并不是孤例，还有一些文物，看似是外来的，其上却有明显的本土元素。如西汉时期的裂瓣纹银豆（盒），中国境内发现的这类器物多有座，是明显的豆式（图 29），与境外同类产品有所不同。再如沂南北寨村墓中室八角擎天柱南北两面带项光的人像，也不是标准的佛像，如果没有项光，我们很难想象他俩与佛教相关。因此，这些外来的东西在进入汉朝版图之后，并没一个标准的模板，人们可以把它们与自身的传统融合而创造出一个新的亦中亦外、不中不外的东西。

要之，汉代的多角石柱是当时中外文化交流的见证，是众多外来物中的一种，同时，它进入中国之后，就与中国传统的建筑、图像等结合在一起，成为中国古代建筑的组成部分[6]。诚如鲍鼎等先生在数十年前就已经指出的那样："在文化史上，前后两汉，是上承殷周以来的传统文化，孳育发达，到中叶以后，始渐渐接受西域和印度等异国趣味的渲染，下启六朝佛教昌盛的先声，这可说是我国固有文化第一次转变的一个重要时期。它的建筑和装饰雕刻，恐怕多少也受同样影响，不免接触许多外来的新资料，新题材和新的表现方法。"[7]

附记：本文在形成过程中，中国社会科学院考古研究所徐龙国先生、华东师范大学朱浒先生、山东省石刻艺术博物馆王海玉女士都提了很好的修改意见，在此一并致谢。

1 曾昭燏、蒋宝庚、黎忠义：《沂南古画像石墓发掘报告》，第 16 ~ 18 页。

2 原报告认为是童子，王趁意细观其有须。参见王趁意《沂南汉画像石墓"童子佛像"辨》，《大众考古》2014 年第 8 期，第 44 ~ 46 页。

3 曾昭燏、蒋宝庚、黎忠义：《沂南古画像石墓发掘报告》，第 26 ~ 27 页。

4 原报告称绣球纹，但线图上仅能看出圆圈，第 38 页附图。

5 南京博物院：《昌梨水库汉墓群发掘简报》，第 29 ~ 43 页。

6 有学者甚至认为，汉代的砖石拱券顶建筑本身也受到中亚东伊朗同类建筑的影响。见常青《两汉拱顶建筑探源》，《自然科学史研究》1991 年第 3 期，第 288 ~ 295 页。

7 鲍鼎、刘敦桢、梁思成：《汉代建筑的式样与装饰》，《中国营造学社汇刊》第 5 卷 2 期，1934 年 6 月，第 1 ~ 27 页。

图 28　东海昌梨水库 1 号墓前室中柱画像

图 29　临淄大武镇西汉齐王墓出土银豆

山东长岛王沟东周墓所出提梁壶壶腹“投壶图”性质考*

■ 宁江英（咸阳师范学院资源环境与历史文化学院，西北大学历史学院）

山东长岛县东周一号墓出土了一件提梁（链）壶，“侈口，平唇，鼓腹，圈足。盖为插口，盖顶设二铺首衔环以穿链。盖顶中央设一环钮，颈部置一对半环耳。腹壁饰两通凸弦纹，腹一侧有一半环钮。提梁由七节组成。通高 34.8 厘米”[1]（图 1、图 2）。这件提梁壶壶腹上不仅有两通凸弦纹，而且还绘制有上中下三个部分图像，其中部所绘图像被称之为“投壶图”[2]（图 3）。本文拟对这一“投壶图”的性质提出一点不成熟的观点以求教于方家。

一 提梁壶壶腹所绘“投壶图”与投壶活动存在着较大的差异

文献中能见到的最早关于投壶的记载是春秋时期晋侯与齐侯在宴饮时投壶。《左传·昭公十二年》：“晋侯以齐侯宴。中行穆子相。投壶。晋侯先，穆子曰：‘有酒如淮，有肉如坻，寡君中此，为诸侯师。’中之。齐侯举矢曰：‘有酒如渑，有肉如陵，寡人中此，与君代兴。’亦中之。伯瑕谓穆子曰：‘子失辞。吾固师诸侯矣，壶何为焉？’”

文中所论提梁壶的年代据发掘人员考证，“M1 的铜提链壶、铜舟形制与莒南大店莒国一号墓同类器相同……故 M1、M2 的时代应在战国早期偏早，甚至接近春秋晚期”。[3]“投壶图”与早期中原的投壶活动共存，从表象上看，两者均由投壶者手执杆状物，以“壶”为目标投掷。然而，细加考证就可发现它们之间存在着较大的差异。

---

* 本文为陕西省教育厅专项科研项目（编号：12JK0192）的阶段性成果，得到咸阳师范学院省重点扶持学科专项科研基金项目（编号：SZXKY1210）和 2016 年“青年骨干教师”项目（编号：XSYGG201608）的资助。

1 李步青等：《山东长岛王沟东周墓群》，《考古学报》1993 年第 1 期，第 57 ~ 93 页。

2 郭贤坤：《刻纹提梁壶与战国时代的投壶礼》，《体育文史》1995 年第 3 期，第 61 页。

3 李步青等：《山东长岛王沟东周墓群》，《考古学报》1993 年第 1 期，第 82 ~ 83 页。

图 1

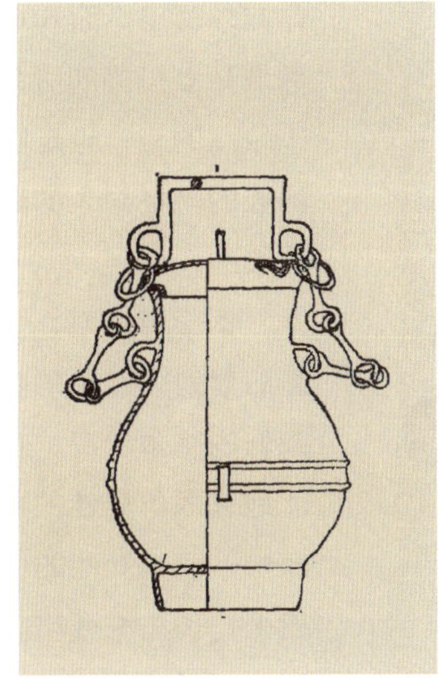

图 2

图 3

（一）从“壶”高来看，双方存在着较大的差异

《礼记·投壶》载投壶所用之壶的高度是“径修七寸，腹修五寸”，约合 27.6 厘米。考古所见投壶的壶高为 23 ~ 60 厘米，见表 1。

而山东长岛王沟提梁壶上“投壶图”中所用之“壶”高度应该远远超过 60 厘米。图 3 中的投壶者拿着杆状物先向后撤一步，再以类似于我们今天投掷标杆的动

表 1　考古所见投壶统计

序号	名称	壶高（厘米）	来源	备注
1	春秋中期莒国陶投壶一件（图 4）	23	吴文祺：《莒南大店莒国春秋时期莒国殉人墓》，《考古学报》1978 年第 3 期，第 330 页	该投壶出土于二号墓，属春秋中期（同篇第 335 页），一号墓当为春秋晚期（同篇第336页）
2	战国中山王墓铜投壶一件（图 5）	59	石志廉：《中山王墓出土的铜投壶》，《文博》1986 年第 6 期，第 77 页	——
3	西汉晚期绿釉投壶一件（图 6）	26.6	河南省博物馆：《济源泗涧沟三座汉墓的发掘》，《文物》1973 年第 3 期，第 47 页	此种投壶，曾见于河南南阳汉代画像石上的投壶图（同篇 47 页）
4	东汉晚期商州东龙山汉墓投壶（图 7）	37.2	王昌富等：《商州市东龙山汉墓》，《文博》2001 年第 7 期，第 39 页	此种投壶与河南南阳汉代画像石上的投壶图相似
5	河南南阳汉画像砖投壶图（图 8）	目测至少 60	闪修山等：《南阳汉代画像石刻》，上海美术出版社，1981，图 12	——

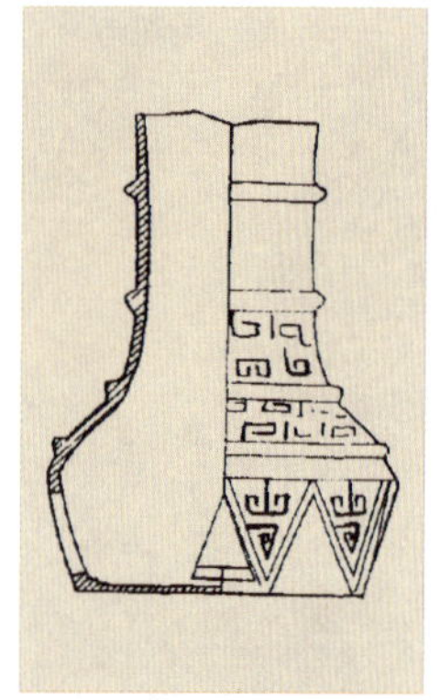

图 4

图 5

图 6

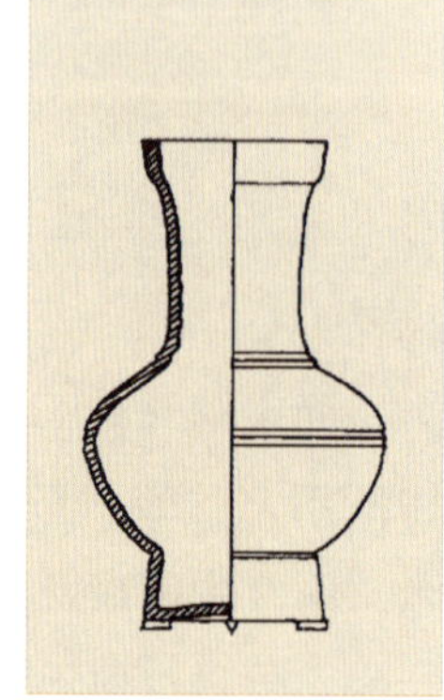

图 7

作向外掷出。而 60 厘米的壶，不论高低，原地站立投掷即可，这样的投掷姿势适用于较高的壶，也足以佐证此图所反映出来的壶的规格与人的高度之间的比例是足以信赖的。

据彭卫考察，“秦汉人的身高延续了新石器时代以来的基本态势，呈现出北高南低的基本状况。秦汉时期黄河流域和以北地区成年男性的中等身高为 166 ~ 168 厘米，成年女性的中等身高为 150 ~ 152 厘米。长江流域和以南地区成年男性的中等身高大约为 161 厘米，成年女性的中等身高大约为 150 厘米”[1]。对比“投壶图”，壶口大约与人的下巴平齐，其高度有 130 ~ 140 厘米，壶腹最大的地方有两人并立那么宽，其口沿部分至少有一人那么宽，这样又高又大的壶与《礼记》所载的投壶所用之壶的高度差别较大。甚至可以说，这样的高度很难将其称之为“壶”。迄今为止，在我国境内出土的两周时期的

图 8

1　彭卫：《秦汉人身高考察》，《文史哲》2015 年第 6 期，第 20 ~ 44 页、164 页。

壶数量不可胜数，要将其高度一一整理出来是一项艰巨的工程。俞伟超《考古类型学的理论与实践》[1]一书对20世纪90年代以前考古发掘出土的壶进行了分类整理，而且在附表中罗列了壶的类型、出土地及参考资料，虽然未涉及高度，未进行统计学分析，然而对于考察壶的高度已经提供了一个难能可贵的标本，具有参考价值。以此为目录，笔者对20世纪90年代以前考古发掘出土的壶的高度予以统计和分类整理后发现以下特点。

从壶的类型上来看，与方壶和提梁壶相比，两周时期圆壶的高度覆盖面较宽，10 ~ 115厘米的范围内均有分布。其中，最为常见的高度集中在31 ~ 35厘米，占到圆壶总量的44.9%，最高的一个壶是湖北随县曾侯乙墓出土的联坐壶，其高度为111厘米[2]，这样的联坐壶在考察范围内仅此一例。方壶的高度较为多样化，51 ~ 55厘米的方壶略多，占到方壶总量的24%，最高的一个壶是故宫博物院藏春秋中期晚段鹤莲方壶[3]，其高度为122厘米。提梁壶的高度分布于21 ~ 55厘米，36 ~ 40厘米高度的较多，占到提梁壶总量的24%。

从两周不同时期的壶高分布比例来看，与山东长岛王沟提梁壶同时代的战国时期的壶大多数集中在31 ~ 35厘米的范围内，占到同时代壶总量的52.2%，这与山东长岛王沟提梁壶壶腹“投壶图”中的“壶”高度差异过大。从全国范围内壶的地域分布情况来看，山东所出的壶分布于10 ~ 51厘米的范围内。其中，最高的是山东肥城小王庄陈侯方壶，高度为51厘米，与长岛王沟提梁壶壶腹“投壶图”中的“壶”高同样存在较大的差别。

目前可知，高度超过1米的壶有3个，

图9

1　俞伟超：《考古类型学的理论与实践》，文物出版社，1989，第224 ~ 233页。

2　随县擂鼓墩一号墓考古发掘队：《湖北随县曾侯乙墓发掘简报》，《文物》1979年第7期，第1 ~ 32页。

3　李米佳：《莲鹤方壶》，http://www.dpm.org.cn/shtml/117/@/4760.html?query=%E9%B9%A4%E8%8E% B2%E6%96%B9%E5%A3%B6。

图 10

分别是湖北随县曾侯乙墓出土的联坐壶（图 9）[1]、河南省博物院与故宫博物院藏春秋中期晚段莲鹤方壶（图 10）[2]。它们有一些共同的特征，比如均有底座，壶身和口沿都装饰有繁复的立体花纹，底座与口沿的装饰占去了约1/3的壶高。而山东长岛王沟提梁壶壶腹“投壶图”中的“壶”，其形制为圆壶，壶身及口沿部分简单朴素，并无繁杂的花纹与装饰，其 130 ~ 140 厘米的高度是研究范围内其他壶难以企及的。我们很难肯定地将其定义为“壶”。

所以，山东长岛王沟提梁壶壶腹“投壶图”中的“壶”的高度不仅异于投壶，而且远远高于考察范围内发现的所有的壶。将这幅图定义为“投壶图”过于牵强。

（二）从姿势来看，两者完全不同

虽然《左传·昭公十二年》记载了迄今为止所见最早的投壶活动，考古出土所发现的投壶也越来越多，但未专门提到投壶者的姿势。而《礼记·投壶》有“壶去席二矢半”之语，此“席”为跽坐所用，投壶者断不可能以长岛提梁壶壶腹所绘姿势直立仰身投掷。东汉时期出土的南阳画像砖所绘投壶图亦说明了这一点。两者姿势完全不同，很难将长岛提梁壶壶腹所绘图与投壶图等同。

（三）从服装上来看，双方有着较大的差别

战国时期的投壶是一项贵族活动。《左传·昭公十二年》所载投壶的参与者是晋侯与齐侯，《礼记·投壶》所载亦是贵族投壶的仪式，汉代以前的投壶参与者为贵族无疑。

《史记·田敬仲完世家》载：“宣公卒，子康公贷立。贷立十四年，淫于酒妇人，不听政。太公乃迁康公于海上，食一城，以奉其先祀。”康公十四年为公元前391年，时代当为战国早、中期，与王沟墓群二期墓之年代相合。“迁康公于海上”之“海上”为何处，至今尚无定论。长山岛孤悬海中，进出不便，将被废黜的王室旧族迁居于此，无异于天然牢笼，极利于监视封锁，以断其卷土重来之可能。故“海上”可能就是这个长山岛。二期墓中几座大墓出土器物群的整体风格，与临淄郎家庄一号墓几乎完全一致，显然二者同属齐国。M1、M2、M10的巨大规模和出土的大批重要礼器又表明这些大墓墓主较高的地位，有的或许是康公的宗族成员，有的也可能是负有监视职责的卿士。[3] 出土于 M1 的提梁壶壶腹上的图案，若为投壶图，其参与

---

1 随县擂鼓墩一号墓考古发掘队：《湖北随县曾侯乙墓发掘简报》，《文物》1979 年第 7 期，第 1 ~ 32 页。

2 李米佳：《莲鹤方壶》，http://www.dpm.org.cn/shtml/117/@/4760.html?query=%E9%B9%A4%E8%8E% B2%E6%96%B9%E5%A3%B6。

3 李步青等：《山东长岛王沟东周墓群》，《考古学报》1993 年第 1 期，第 57 ~ 93 页。

者应为贵族。

然而，从服装上看，画中人身穿便于活动的连裆裤。这与战国时期流行于贵族间的深衣或下裳形制明显不同。河南信阳春秋战国之际楚墓出土的漆瑟上绘制了猎人着紧身连裆裤[1]，秦始皇陵秦俑所着裤子也为连裆裤。[2]这样的衣着多为猎人和军人所穿，士阶层以下一般以布衣、低等裘皮和短衣紧身袴为服[3]。着裤子而非深衣参与投壶活动对贵族来讲是不可能的，所以将这幅图看作投壶图有些不太合理。

二　提梁壶壶腹所绘“投壶图”的性质

长岛四面环海，岛内草木葱郁，有着较为丰饶的陆地动物资源和海产资源供古人衣食所需。提梁壶壶腹所绘“投壶图”中之人手中拿着长长的杆状物，尖端虽不清晰，但其形制应类似于长矛、戟一类的狩猎工具或者鱼叉一类的渔猎工具。

（一）提梁壶壶腹所绘“投壶图”与狩猎活动的对比研究

两周时期狩猎的方法主要有车攻、犬逐、焚山、矢射、布网、设阱、弋射等。[4]1952年湖南长沙颜家岭三十五号墓出土的漆奁上有一幅彩绘狩猎图，左侧一猎犬与野猪据地对峙，右侧有分持箭戟的两猎人围捕林中犀牛（图 11）。[5]又有 1972 年江川李家山 13 号墓出土的猎鹿铜扣饰：二猎人骑于马上，手执长矛向鹿猛刺；马前一只猎犬，正咬着一兽。[6]猎人手中所持的长矛和戟是用来刺杀猎物的，其动作与投掷似乎无关。湖南长沙颜家岭三十五号墓所出狩猎图中的猎人手中持有箭和戟，箭是用来远程射杀，戟则是用来与野兽近距离拼杀，一般情况是不会用来投掷的。汉代画像石中也出现了众多的猎人用矛和戟来捕杀猎物的场景，尤其是在南阳汉画像石墓中，出现了一个猎人挺矛肩弩追赶一鹿的画面（图 12）。[7]这些都说明，长杆状的狩猎工具如矛、戟等在使用时是用通过手执刺杀猎物而非通过投掷刺杀

1　沈从文：《中国古代服饰研究》（增订本），商务印书馆，1992，第 24 页。

2　陈春辉：《秦俑服饰二札》，《文博》1990 年第 5 期，第 5 页。

3　宋镇豪：《中国春秋战国习俗史》，人民出版社，1994，第 183 页。

4　陈绍棣：《中国风俗通史》（两周卷），上海文艺出版社，2003，第 435 页。

5　湖南省博物馆：《长沙楚墓》，《考古学报》1959 年第 1 期，第 41 ~ 75 页。

6　云南省博物馆：《云南江川李家山古墓群发掘简报》，《考古学报》1975 年第 2 期，第 7 ~ 18 页。

7　王建中、闪修山：《南阳两汉画像石》，文物出版社，1990，图五。

图 11

图 12

图 13

猎物，与提梁壶壶腹所绘“投壶图”中投掷动作不同，该图应与狩猎无关。[1]

（二）提梁壶壶腹所绘“投壶图”与渔猎活动之间的对比研究

两周时期的捕鱼工具趋于多样化，除了一般称之为网的工具外，还有罛、九罭、汕、罩、罜、麗、罶、笱、罾、钓具、叉、射等多种工具。[2]可惜的是，陈绍棣并未提到叉作为捕鱼工具的实例。汉代存在用叉来捕鱼的渔猎方式，这在汉画像石中有所反映。山东嘉祥县城东北五老洼画像石第 1 石第三层刻泗水升鼎的故事，“水上有船一只，船上二人，一人撑船，一人叉鱼，水中有鱼八条”（图 13）。[3]这块画像石表现的是泗水升鼎的时候，一部分人将鼎打捞上来，为避免水中蛟鱼阻挠，事先安排人用长矛一类的工具叉水中大鱼，以防不测。虽非渔猎生产活动，但反映出叉鱼这样的渔猎方式是存在的。蒋英炬也称“有在岸上或船上执矛或铁叉刺鱼

1　虽然东北的柯尔克孜民族狩猎文化中也存在扎枪这样的狩猎工具（《黑龙江省满族、朝鲜族、回族、蒙古族、柯尔克孜族社会历史调查》，黑龙江朝鲜民族出版社，1987，第 167 页），但时间界限模糊、用法不明，资料匮乏，无从考证。

2　陈绍棣：《中国风俗通史》（两周卷），第 438 页。

3　朱锡禄：《嘉祥汉画像石》，山东美术出版社，1992，第 66 页图 85，第 129 页。

的，用这种办法可捕捉大的鱼鳖”。[1]山东微山两城出土的画像石[2]中也出现人们手拿长长的杆状物捕鱼的情形。

其实，早在旧石器时代晚期，我国先民就开始使用鱼镖和长木杆的组合工具捕鱼。1983年发掘的辽宁海城小孤山仙人洞遗址所发现的鱼镖头是我国发现最早的鱼镖。安家瑗称“小孤山骨鱼镖属于脱柄鱼镖”[3]，即鱼镖、绳索、木杆组合成的捕鱼工具，采用投掷的方式捕鱼，投中以后，鱼的挣扎容易导致镖与柄分离，人们拽弋与镖相连的绳索将鱼捕获。宋兆麟称之为“带索标”，并认为“在江险流急、天寒水冷的自然条件下，带索标使人们不必下水，只要利用绳索就能把鱼捉上岸来，因此是一种较好的投掷武器，在渔猎工具史上占有重要的地位”[4]。吕遵谔对安家瑗的看法持不同意见，经过细致的复原骨鱼镖、两种装置方法、三次叉鱼实验后，认为“小孤山鱼镖头是有效的叉鱼复合工具，可以捕体长65厘米的大型鱼类。……固定式的鱼镖是有效的叉鱼工具”。[5]他对小孤山鱼镖头是否是带索镖持怀疑态度。

新石器时期的北辛文化中，也出现了鱼镖，尤其是在山东滕县的北辛文化遗址中出土的骨鱼镖（图14）[6]“是叉鱼的工具。器形与镞体相似，前锋断面多呈扁圆形、三角形和马蹄形，铤部较长而偏于一侧，尾部外撇，便于安柄或系绳。体与铤分界处有棱或倒钩，以防鱼体脱落。……大点的骨鱼镖则绑于长木杆上做投枪使用，投枪杆上系有长索，发现大鱼后，可以远掷，一旦击中，由于倒钩作用，鱼很难挣脱鱼镖，加之长木杆的重量，鱼在挣扎时易疲劳，只要拽动长索，便可将鱼牵回”（图15）。[7]

所以，手执长杆、鱼镖，也可包括绳索的组合工具，以投掷的动作来抓捕鱼类早已有之。山东长岛提梁壶壶腹所绘“投壶图”所反映出的手执长长的杆状物，虽然无法看清楚尖部，但其投掷动作和滕县北辛文化中长木杆与骨鱼镖组成复合工具叉鱼的形制和动作如出一辙。长岛四面环海，鱼类资源丰富，这幅图应该与使用鱼镖进行的渔猎活动紧密相关。

1　蒋英炬：《略论山东汉画像石的农耕图像》，《农业考古》1981年第2期，第42～49页。

2　山东博物馆：《山东汉画像石选集》，齐鲁书社，1982，图8、图39。

3　安家瑗：《小孤山发现的骨鱼镖——兼论与新石器时代骨鱼镖的关系》，《人类学学报》1991年第2期，第12～18页。

4　宋兆麟：《古老的捕鱼技巧》，《化石》1979年第7期，第23～24页。

5　吕遵谔：《海城小孤山仙人洞鱼镖头的复制和使用研究》，《考古学报》1995年第1期，第1～17页。

6　中国社会科学院考古研究所山东队等：《山东滕县北辛遗址发掘报告》，《考古学报》1984年第2期，第159～201页。

7　李光雨：《北辛文化中的渔猎工具》，《农业考古》1996年第9期，第190～194页。

提梁壶“投壶图”下方绘制的是多人划船的场景，看样子不是捕鱼或行船的重现，倒更接近于划船的训练。考虑到“投壶图”与使用鱼镖捕鱼投掷方式相同、目标不同，应该不是叉鱼的重现。合理的推测是人们为叉鱼这种渔猎活动进行的训练活动。因叉鱼一般适用于比较大的鱼，所以其投掷目标物设定的远远大于投壶所用之壶，如前文所述，以一个大到前所未见的壶的规格作为训练目标。所以，山东长岛提梁壶壶腹“投壶图”所展示的不是投壶活动，极有可能是人们进行渔猎活动的一幅训练图，其使用的工具应与鱼镖捕鱼所用工具类似。

在两周甚至秦汉时期，渔猎业在人们的物质生产生活中扮演了非常重要的角色，尤其是在山东临海地区是生活物资的主要来源。关于捕鱼的方式，如前所述，学界研究颇丰。其中，鱼镖捕鱼是一种必不可少的早期捕鱼方式，它给我们的历史遗留如文献、考古出土的鱼镖以及画像石资料已经为研究者所关注。然而，存在于器物上的相关资料却几乎无人涉及。如不至谬误，山东长岛王沟东周墓所出提梁壶壶腹图案则为我们认识这种渔猎方式、研究当时人们的物质生产生活方式提供了新的载体。

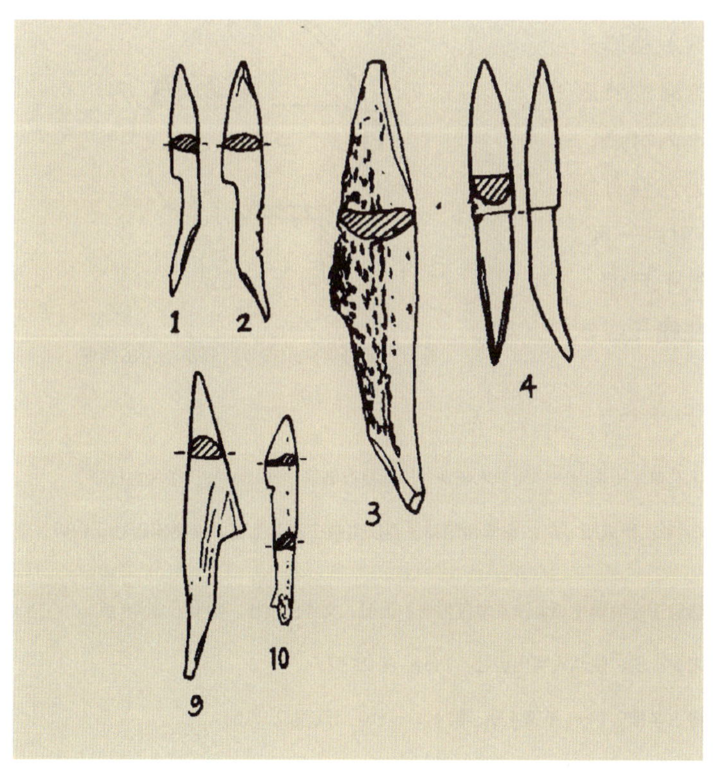

图 14

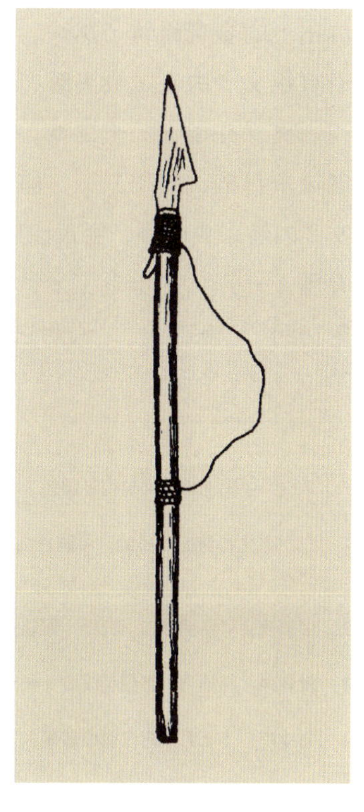
图 15

汉代金黄涂竹节熏炉造型考 *

■ **练春海**（中国艺术研究院工艺美术研究所）

在汉代，以博山为饰的器物不胜枚举。例如，南越王墓出土的鎏金铜瑟枘，[1]满城汉墓出土的仪仗顶饰和博山炉，[2]西北医疗设备厂墓葬出土的博山奁，[3]以及新野樊集汉画像砖墓群出土的陶鼎、陶仓和陶壶等（图 1）。[4]而在所有考古发掘带有博山饰的器物中，年代最早的是茂陵陪葬坑出土的金黄涂竹节熏炉，该熏炉盖口外沿有铭文“内者未央尚卧，金黄涂竹节熏卢一具，并重十斤十二两，四年内宫造，五年十月输，第初三”，座圈足外沿有铭文“内者未央尚卧，金黄涂竹节熏卢一具，并重十一斤，四年寺工造，五年十月输，第初四”（图 2）。[5]说明它是在建元四年（前 137）制作的。博山饰不仅最先出现在汉代博山炉上，而且从考古发掘的情况来看，最具代表性的以博山为饰的器物非博山炉莫属。这点提示我们，汉代博山炉的“横空出世”有其特殊的背景。

图 1　新野樊集汉画像砖墓群出土的陶鼎

* 本文为中国艺术研究院院级课题“中国工艺美术史前沿研究与学术梳理”（项目批准号：20160228）阶段性成果。

1 广州市文物管理委员会、中国社会科学院考古研究所、广东省博物馆编《西汉南越王墓》上册，文物出版社，1991，第 44 ~ 46 页。

2 中国社会科学院考古研究所、河北省文物管理处编辑《满城汉墓发掘报告》上册，文物出版社，1980，第 90 页。

3 程林泉、韩国河、张翔羽编著《长安汉墓》上册，陕西人民出版社，2004，第 25 页。

4 赵成甫：《新野樊集汉画像砖墓》，《考古学报》1990 年第 4 期，第 475 ~ 509 页及图版 13-20。

5 负安志：《陕西茂陵一号无名冢一号从葬坑的发掘》，《文物》1982 年第 9 期，第 1 ~ 17 页及图版 1-4；负安志：《谈“阳信家”铜器》，《文物》1982 年第 9 期，第 18 ~ 20 页。“金黄涂竹节”中的“涂”读成“镀”，本字为“塗”。参看练春海《汉代车马形像研究——以御礼为中心》，广西师范大学出版社，2012，第 109 ~ 114 页。

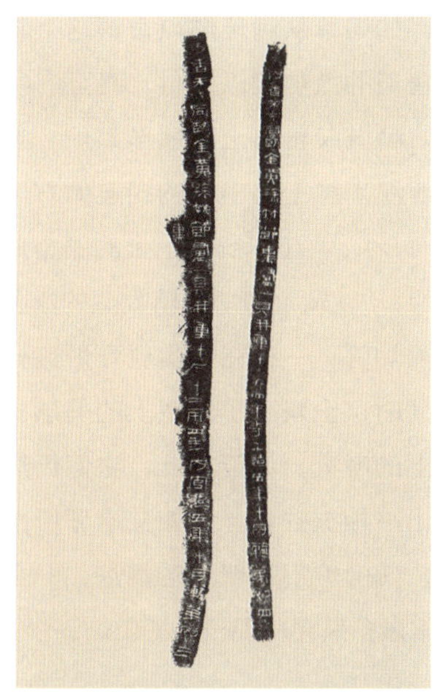

图 2　金黄涂竹节盖口与炉座上的铭文

图 3　金黄涂竹节熏炉局部

一　皇家背景

考古资料显示，目前发现的博山炉中，年代最早且制作精良的博山炉大都制作于汉武帝执政时期（前 141 ~ 前 87），与汉武帝或汉代宗室关系密切，出土这些精美博山炉墓葬的墓主基本都是汉代诸侯王，[1]证实了“汉朝故事诸王出阁则赐博山香炉”[2]之说可信。故南宋赵希鹄也说博山炉“乃汉太子宫所用，香炉之制始于此。”[3]这句话虽说未必完全可信，但迄今为止还找不到更有力的反驳证据。本文所要讨论的茂陵陪葬坑出土的金黄涂竹节熏炉，制作于建元四年（前 137），于建元五年（前 138）十月被赏赐给武帝姊阳信长公主之家。[4]这件熏炉高柄竹节豆形，子母口。炉盘与炉身分铸铆合。通体鎏金银。底座为圈足，座上透雕两条蟠龙，翘首张口，竹节形柄出自龙口，龙身满饰鎏金细纹鳞甲，眼、须、爪鎏银。炉柄分五节，节上刻出竹叶枝杈。柄上端又铸出三条蟠龙，龙头承托炉盘。龙身鎏金，爪鎏银。盘腹下部有十组三角形，内饰蟠龙纹（图 3）。这十组蟠龙纹，底色鎏银，龙纹鎏金。中部突出鎏银带一圈。上部浮雕四条金龙，龙首回望，龙身从波涛中腾出。盘口沿有鎏银宽带纹一圈。炉盖透雕多层山峦，云雾缭绕。整件作品非常精致。同样精美的还有出自汉武帝同父异母兄弟刘胜夫妇合葬墓的错金博山炉，从形制上来

1　惠夕平：《两汉博山炉研究》，硕士学位论文，山东大学历史文化学院，2008，第 12 页。

2　（明）周嘉胄：《香乘》卷二六《香炉类 • 博山香炉》，雍琦点校，浙江人民美术出版社，2016，第 404 页。

3　（宋）赵希鹄：《洞天清禄集 • 古钟鼎彝器辨》，中华书局《丛书集成初编》本，1985，第 14 页。

4　負安志：《谈“阳信家”铜器》，《文物》1982 年第 9 期，第 18 ~ 20 页。

看，它应该是一件生器，制作时间不晚于公元前113年（图4），艾素珊（Susan N. Erickson）推断它很可能“在长安城制作，或在长安的宫殿中使用过”。[1]弗利尔美术馆亦收藏有一件精美的汉代博山炉，博山型盖的山峦上点缀着各种宝石，是中国流落在境外最精美的博山炉之一，据学者宗像清彦（kiyohiko Munakata）和斯蒂文斯（Serstevens）判断，它是西汉皇帝或诸侯王的御用之物。劳福尔（Berthold Layfer）还提出了一个可能是非常接近事实的观点，博山炉兴起于“一个有限的区域内，是汉武帝时期一小批技艺高超的工匠的个人作品”。[2]

博山饰最早出现在工官，然后才慢慢传播开来，并且逐渐出现了熏炉之外的器物也开始应用博山饰的情况，这基本在考古学上得到了证明。汉代的工官分为中都官与地方官，其中如内官、寺工等都是专门为皇家制作日用器物的手工作坊，为属少府管辖的中都官。而那些饱受赞誉、精彩绝伦的博山炉无不由少府督造而成。实际上，如果单从满足燃点香料这个功能来看，普通的熏炉足以应付，甚至有些熏炉——如满城汉墓出土的鼎形熏炉、盆形熏炉，西汉南越王墓出土的四连体方形铜熏炉（图5），[3]江苏铜山出土的鎏金透雕虎纹熏炉，[4]以及上海博物馆收藏的鎏金透雕蟠龙熏炉等——在充分实现香炉这一种功能的同时，也兼顾了造型上的美感与制作工艺上的考究。尽管如此，它们仍然无法与博山炉相提并论。正如艾素珊所指出的那样，博山炉不是普通的熏炉，一个墓葬中通常最多只会发现一件博山炉。[5]

二　造型源起

基于博山炉与汉代皇族关系密切的缘故，有些研究试图通过探讨博山炉与汉武帝求仙活动之间的联系，从而证明博山炉可能具有的升仙功能与造型渊源。他们的依据如下：一是博山炉出现的时期与汉武帝开始狂热求仙活动的时间基本平行。汉武帝“年四

1　〔美〕Susan N. Erickson：《答威利之疑：论弗利尔美术馆馆藏汉代博山炉的风格和年代》，宋莉译，《西北美术》2002年第3期，第42～44页。

2　参看〔美〕Susan N. Erickson《答威利之疑：论弗利尔美术馆馆藏汉代博山炉的风格和年代》，《西北美术》2002年第3期，第42～44页。

3　广州市文物管理委员会、中国社会科学院考古研究所、广东省博物馆编辑《西汉南越王墓》上册，第82～84页。

4　中国社会科学院考古研究所、河北省文物管理处编辑《满城汉墓发掘报告》上册，第66、255页。

5　〔美〕Susan N. Erickson：《答威利之疑：论弗利尔美术馆馆藏汉代博山炉的风格和年代》，《西北美术》2002年第3期，第42～44页。

图 4　满城汉墓出土错金博山炉

图 5　西汉南越王墓出土的四连体方形熏炉

岁”就被“立为胶东王”，[1]“胶东王”的身份无疑喻示了他日后的“尤敬鬼神之祀”。[2]汉武帝执政时期也是西汉求仙活动发展进入鼎盛的时期，这个时期的求仙活动为汉代文化注入了浓厚的升仙信仰观（至少从墓葬发掘情形来看如此）。二是博山炉的原型来自西汉王朝的东部地区。先秦时期不同地区都有具有地方特色的熏炉出现，但大多数熏炉器型（如镂孔型熏炉）在战国末期就已绝迹，唯有山东以及南方地区的豆型香炉在汉代得以流行。[3]这两个地区也是升仙观念最为盛行的地区。尤其是山东地区，不仅有传说中神仙所居住的海上三山，而且汉武帝所重用的方士李少君、齐人少翁、栾大、公孙卿等几乎都来自这个地区。然而，这两个依据都不能直接说明问题，不能说明“博山”就是“蓬莱、方丈、瀛洲”这三座海上仙山中的一座

1　（汉）班固撰，（唐）颜师古注《汉书》卷六《武帝纪》，中华书局，1962，第 155 页。汉代诸侯王受封后一般应该就封国，倘若年纪尚幼，也可能留在京城的国邸中，但即便这样，我们也有理由相信刘彻有更多的机会了解和熟悉胶东地区的民俗风情。参看张功《汉代邸之研究》，硕士学位论文，首都师范大学历史学院，2002，第 7 ~ 8 页。

2　（汉）司马迁撰《史记》卷二八《封禅书》，中华书局，1959，第 1384 页。

3　惠夕平：《两汉博山炉研究》，第 45 页。

或全部，[1]以艾素珊的观点来看，最早的博山炉可能根本就不表现著名的仙岛，而是表现五岳中的某一座或者只是表现了普通的环山仙岛。[2]“博山”与“海上三山”之间没有必然的关系，更不能据此说明博山炉的造型渊源。至于以豆为原型设计博山炉的原因，韩波提出了一个比较新鲜的观点，认为这是因为“豆的阔口收腰的造型，十分便于把持和移动”，与升仙活动没有太大的关系，[3]解释具有一定的合理性。

在对博山饰造型来源的探讨中，众多研究者之所以会不由自主地把“博山”与“仙山”联系起来，其中的原因可能是使用博山炉燃点熏香时会产生烟雾缭绕，让身处其中者产生如临仙境的视觉体验。我们不能否认，烟雾缭绕的效果在视觉上极为曼妙——这也是王公贵胄们对它推崇备至的主要原因——其意象也与文献中所描述的“仙山”相去不远。但我们不要忽略了汉代装饰博山的器物并不止熏炉一种，退一步说，其他更早产生的熏炉形制也同样可以满足这种需要，由此说来，产生烟雾缭绕的效果并不是熏炉饰博山的关键。

这种对博山作如是解析的原因无疑是，受到了“博山”是“山”或者与山有关这种思维定式的制约。在这种情形下，他们只会从现实中的华山[4]到想象中的蓬莱仙境，再到“世界山”或“宇宙山”[5]，一路找下去，却始终不得要领。当然也有研究者不从“山”角度来寻找答案，他们从“博”字入手，提出它可能与六博有关。[6]诸如此类望文生义、先入为主的方式都不能找到博山炉形制的起源问题的答案。

以上几种思路都基于博山饰发源于中国本土的假设，与此相对的是外来说，他们认为博山炉乃是对草原制品的仿制。杰西卡·罗森（Jessica Rawson）在她的论文中指出：“博山炉是更为明显的混杂品种，

1　笔者相信，把博山与海上三山联系起来的研究者，无形中把“博”字解释成了“多”，而“三山”即“多山”，通过这样的一系列概念转换，从而建立起“博山”与“蓬莱、方丈、瀛洲”三座仙山的联系。如巫鸿《汉代道教美术试探》，载氏著《礼仪中的美术：巫鸿中国古代美术史文编》，生活·读书·新知三联书店，2005，第463～464页；林小娟：《博山炉考》，《四川文物》2008年第3期，第65～67页。也有学者可能通过阅读诸如东汉李尤等人的文学作品产生这样的认识。李尤所写《熏炉铭》：“上似蓬莱，吐气委蛇，芳烟布写，化白为香。”见《全后汉文》卷五〇，收入（清）严可钧辑《全上古三代秦汉三国六朝文》第2册，上海古籍出版社，2009年影印本，第53页下栏。

2　Susan N. Erickson, “Boshanlu-Mountain Censers of Western Han Period: A Typological and Iconological Anylysis”, *Archives of Asisan Art*, Vol. 45 (1992), pp. 6-28.

3　韩波：《汉代宫廷香薰活动及香薰器具的艺术成就》，《艺术百家》2010年第5期，第217～221页。

4　惠夕平：《两汉博山炉研究》，第7页。

5　指早期萨满教或萨满文化中的“世界山”或“宇宙山”。林小娟：《博山炉考》，《四川文物》2008年第3期，第65～67页。

6　惠夕平：《两汉博山炉研究》，第43页。作者的依据是《神仙传》的记载：卫度世遇父获得仙方时，其父正与众仙人玩六博。因此得出六博与升仙有关的结论，较为牵强。

融合了伊朗、西伯利亚大草原以及中国的特点”。[1]虽然我们没有理由去否认博山炉在设计时可能存吸收了某些异域文化的精华，但是通读罗森的论文，不难发现作者主观上的偏见与论述逻辑上的矛盾。她说“中国人经常采用外来物品并将其发展成中国自身的东西”，而另一方面又说“这些物品几乎毫无例外地采取中国的传统工艺”，而且“一旦被采用，异国的特征就会被淹没”。

图 6　茂陵陪葬坑出土金黄涂竹节熏炉

（一）熏炉的植物特征

从“山”的角度出发确实很难对博山炉形制来源做出令人信服的解释。实际上，如果摆脱这种定式思维的束缚，从图像学的角度，不难发现，博山炉可能与植物有着密切的关系。博山炉的植物特征表现在两个方面：一是指博山炉整体上看起来就像是一株植物，二是博山炉的局部采用了植物的造型。除了本文讨论的金黄涂竹节熏炉（图 6）之外，我们还可以举几个例子来进行佐证。

（1）1980 年在江苏邗江甘泉出土了三件鎏金博山炉（有一件缺盖），器物的盖部作含苞待放的荷蕾形，而圆底承柱亦设计成竹节状。[2]

（2）山东博物馆馆藏的一件东汉博山

1　〔英〕杰西卡·罗森:《异域魅惑——汉帝国及其北方邻国》，载巫鸿等主编《古代墓葬美术研究》第 2 辑，湖南美术出版社，2013，第 55 ~ 72 页。

2　纪仲庆:《江苏邗江甘泉二号汉墓》，《文物》1981 年第 11 期，第 1 ~ 11 页及图版 2-4。

炉（图7）。该作品托盘内蜷卧着一条龙，龙口衔着炉柄，炉柄、炉盖、炉盘整体设计成一株植物的造型，炉炳长着四片叶子，炉盖与炉盘看起来更像是一朵花苞而不是山峦。

（3）在广州汉墓出土的几件博山炉中，有两件“器盖如一花蕾形状，盖面的镂空图突破了以前的格调，以瓣叶形立体图案为主体，造型新颖。”它们的盖面镂空气孔与常见的博山炉不同，直接做成“花蕾形”。[1]

孙机在《汉代物质文化资料图说》中特别讨论了金黄涂竹节熏炉的竹柄。他认为金黄涂竹节熏炉通常情况下应使用竹柄，但该器中使用了铸铜仿造的竹柄。[2]孙机所做的横向比较其实没有什么意义。实际上博山炉的炉柄设计成竹节或树枝状，用意很可能在于把博山炉塑造成一个相当于“建木”一样的神树，赋予它沟通天地的功用。不过它的样式与文献中所描述的“建木”略有出入。《山海经》载：“有木，青叶紫茎，玄华黄实，名曰建木，百仞无枝，上有九欘，下有九枸，其实如麻，其叶如芒。”[3]建木有九道弯折，但没有枝叶。在设计熏炉炉柄之时，工匠们做了一些改变，采用了“竹节”来表现“九欘”，利用“节”的形式来构建梯级的概念。

（二）熏炉上的龙纹

至于金黄涂竹节熏炉上的龙纹，其重要性往往为研究者所忽视。因为汉武帝未央宫所使用的熏炉上饰有龙纹会被认为再自然不过的事情。但龙纹出现在博山炉上，还有另一层意义，即它最初是构成博山炉装饰的基本元素之一。考古材料显示，龙在博山炉上存在的方式多种多样，炉盘、炉柄、托盘、炉盖等位置均有出现，位置十分灵活。其中有一个共同点，即但凡有龙的博山炉都会制作得比较精致。我们据此大致可以推断出博山炉最初是专供皇室及其宗亲使用的一种器物，随着时间的推移，它可能逐渐扩散到了豪富与显贵阶层。

博山炉的原始形制不仅与植物有关，而且还与龙有关，不像已有研究的结论所说的那样，即博山这种装饰的起源与海中仙山有关，山的造型虽然有可能在设计之初就作为熏炉的造型一个要素加以考虑，但其所贡献的意义当属于补充性的，而不是根本性的，仅在于丰富熏炉的形式美感。这种与龙有关的植物实际上很可能是一种“复合物”，糅合了“尺木”和“建木”等事物的特征。关于尺木，我们今天所能

1 中国社会科学院考古研究所、广州市文物管理委员会、广州市博物馆编《广州汉墓》（上册），文物出版社，1981，第221页。

2 孙机：《汉代物质文化资料图说》，文物出版社，1991，第364页。

3 《山海经》卷一八《海内经》，方韬译注，中华书局，2009，第274～275页。

图 7　山东博物馆藏汉代博山炉

图 8　红山文化的猪龙

见到的有如下几则记录，但没有线索指示它到底是不是植物。

> 《新论》曰："龙无尺木，无以升天。圣人无尺土，无以王天下。"[1]
>
> 《短书》言："龙无尺木，无以升天。"又曰"升天"，又言"尺木"，谓龙从木中升天也。[2]
>
> 《三国志·吴书·太史慈传》注引《江表传》："龙欲腾翥，先阶尺木者也。"[3]

这几则记录反映了汉人的当时观念：龙欲升天，须凭依尺木，有无尺木是判断龙是否可以升天的标志。关于博山与尺木的关系，唐人段成式在《酉阳杂俎》中说：

> "龙，头上有一物如博山形，名尺木。龙无尺木，不能升天。"[4]

有些研究者认为博山即后来的龙角，这种"龙"形象（假如是的话）至多也就是付维鸽所谓的"熊首蛇身龙"，即人们常说的"猪龙"。[5]邱瑞中从龙的起源角度探讨了"博山"这一事物。他提出了龙的原型来源于脊椎动物初期胚胎的假说，认为早期的猪龙与脊椎动物的胚胎十分相似，而汉代人所谓的"尺木"正是这种猪龙"头顶的隆起"。[6]尽管其说值得商榷，但是他所提到的几件有"博山"造型的玉猪龙倒是与金黄涂竹节熏炉上的博山饰有几分神似（图 8）。博山（或尺木）造型在中国文化史上其实可以追溯到非常久远的过去。晁福林曾对甲骨文中的"礲"字进行探讨，指出 [illegible] 实指"受帝令驱使的龙神"，同时也是古人心目中唯一可以升天的龙，而这种龙最重要的标志就是龙字头上还有一个博山形的隆起，这个符号即所谓的"尺木"。[7]前文的讨论已经说明了，汉代博山炉是由汉代的工官首先设计制作出来的，而且设计博山炉形制的时候，正当汉武帝求仙活动进行得最频繁的时候，要说博山炉的设计没有考虑到这层因素不大可能。何况从出土的汉代用具来看，大多都会雕刻或描绘升仙或祈福之类的吉祥图案。

---

1 （唐）马总：《意林》卷三，《景印文渊阁四库全书》第 872 册，台湾商务印书馆，1986，第 240 页下栏。

2 黄晖：《论衡校释》卷六《龙虚篇》，中华书局，1990，第 289 页。

3 （西晋）陈寿：《三国志》卷四九《吴书·太史慈传》，中华书局，1964，第 1189 页。

4 （唐）段成式：《酉阳杂俎》前集卷一七《鳞介篇》，方南生点校，中华书局，1981，第 163 页。

5 付维鸽：《红山文化"玉猪龙"原型及功用新探》，《赤峰学院学报》（汉文哲学社会科学版）2013 年第 9 期，第 5 ~ 8 页。

6 邱瑞中：《龙的始原》，《内蒙古师大学报》（哲学社会科学汉文版）1988 年第 3 期，第 53 ~ 63 页。

7 晁福林：《补释甲骨文"[illegible]"字并论商代与之相关的社会观念》，《中华文史论丛》2007 年第 2 期，第 21 ~ 52 页。

另一方面，后人对“博山”这个概念的使用可能源于语言在传播过程中所产生的变异。前文说到金黄涂竹节熏炉的造型可能与一种神树有关。在汉人熟悉的神树中，除了建木还有若木、扶桑等，他们都具有沟通天地的功能，是为天梯。[1] 其中“扶桑”在文字与读音上与“博山”有着关联。《说文》中“榑”字条：“榑桑，神木。日所出也。”[2] 段玉裁注：“从木，尃声。防无切。”可见“榑桑”即扶桑。又见“叒”部：“叒，日初出东方汤谷所登榑桑。象形。”[3] 根据段玉裁的注释，可知象形字“叒”实取象于树之“枝叶蔽翳”的外形。实际上，博山炉的盖饰确有“枝叶蔽翳”的意象。而与“榑桑”发音非常相近的“博山”，即尺木。这种字面意义上的巧合使得“榑桑”替代了“尺木”，而“榑桑”最终又被“博山”这样一个说不清来源的概念替代，成了晋以后人们所熟悉的名字。

劳福尔甚至提出博山炉可能是司马迁在《史记》中提到的为封禅而作的新器物。[4] 据司马迁所言，“上为封禅祠器示群儒，群儒或曰‘不与古同’。”[5] 不过，拙以为，这批为封禅专门设计和制作的礼器中并没有包括金黄涂竹节熏炉。从汉武帝封禅泰山的时间（前 110 年）来看，茂陵陪葬坑出土的金黄涂竹节熏炉（制作于前 137 年）早就制作出来了。再说，作为封禅的礼器，尤其是专门为封禅而设计的博山炉，肯定不会在施行封禅祭奠之前将它（或复制品）轻易地赏赐或赠送给王公贵族。虽然不是封禅秘器，但作为可能的“诸王出阁”赏赐，它是为汉代宗室、龙子龙孙们生产的特供物品，因此在设计博山炉时，那些设计师们一定考虑到这些因素，对包括“龙升尺木”等典故在内的图像系统进行了全面的研究。所以当他们设计这个新器物时，选择了与“尺木”（博山或建木）最为接近，同时又具有美观等特征的豆型熏炉加以改造。这就是何以汉代以后先秦时期不同地区所出现的熏炉造型都相继绝迹，唯独山东等地区的豆型熏炉广泛流行的缘故。[6]

1　练春海：《汉代艺术与信仰中的天梯》，《民族艺术》2009 年第 4 期，第 43 ~ 54 页。

2　（清）段玉裁：《说文解字注》六篇上《木部·榑字条》，浙江古籍出版社，1998，第 252 页下栏。

3　（清）段玉裁：《说文解字注》六篇下《叒部·叒字条》，第 272 页下栏。

4　参看〔美〕Susan N. Erickson《答威利之疑：论弗利尔美术馆馆藏汉代博山炉的风格和年代》，《西北美术》2002 年第 3 期，第 42 ~ 44 页。

5　（汉）司马迁撰《史记》卷二八《封禅书》，第 1397 页。

6　参看惠夕平《两汉博山炉研究》，第 45 页。

北魏平城“一人二龙”图案的渊源与流变

■ 张海蛟（山西彩塑壁画研究保护中心）

公元398～494年，拓跋鲜卑都于平城，历96年，有学者称之为“平城时代”。[1]北魏平城考古事业的发展——尤其是纪年墓葬的不断发现和学术界对北魏平城考古学文化（遗址、墓葬、石窟）研究的不断深入，使得我们有可能对一些考古发现的细节进行更为深入的探讨，“一人二龙”图案即为其中之一。北魏平城“一人二龙”图案形式有两种，一种呈圆形或椭圆形，一种呈倒三角形。构图均为一人居中，处于主导或控制地位，二龙则分列人物两侧，处于辅助或被控制的地位，此图案装饰于云冈石窟窟壁、建筑、葬具、日用品上。关于该图案，郭物、[2]长广敏雄、[3]王雁卿、[4]古顺芳[5]等学者均从不同角度进行过论述，但对北魏平城“一人二龙”图案的渊源与流变述及较少。本文拟对该图案在北魏平城的出现和发展过程进行梳理和考察，求教方家。

需要说明的是：云冈石窟大量二龙返顾龛楣和佛、菩萨的双狮座，不在本文讨论之列。

1　李凭：《北魏平城时代》，社会科学文献出版社，2001，第1页。

2　郭物：《“一人二兽”母题考》，《欧亚学刊》第四辑，中华书局，2004，第1～33页。

3　［日］长广敏雄、水野清一：《云冈石窟装饰的意义》，王雁卿译，《文物季刊》1997年第2期，第93～102页。

4　王雁卿：《云冈石窟的忍冬纹装饰》，《敦煌研究》2008年第4期，第43～48页。

5　古顺芳：《一对北魏时期的龙形金耳饰》，《收藏家》2013年第11期，第38页。

一　考古发现及类别

“一人二龙”图案在北魏平城已发现多例，主要见于云冈石窟第6窟、第10窟，[1]大同南郊窖藏遗址，[2]阳高下深井北魏墓，[3]大同湖东北魏一号墓，[4]大同北朝艺术研究院藏铺首，[5]恒安街北魏墓[6]等处。据图案本身特征，分两类。

第一类：图案整体呈圆形或椭圆形，见于云冈中期洞窟装饰图案、铺首衔环装饰、日用品。目前发现11例。

（1）第10窟窟门南柱东西两侧

整体呈环状纵向相连，二龙尾部缠绕、前爪相抵或做相抵状、龙身拱起相对呈环状，环内二龙头部上方雕刻游戏坐人物。人物逆发，具头光，裸上身，双臂缠绕飘带，下身着犊鼻裈（图1）。

（2）第6窟北壁龛楣

整体呈横向连续的椭圆形环状，环由尾部缠绕、前爪相抵的二龙构成，环内二龙头部上方置高髻、着对襟上衣的飞天（图2）。

（3）下深井北魏墓出土的铜鎏金衔环

1件。整体呈椭圆形，环身为头部相对、尾部相接的二龙，二龙口吐三叶忍冬，并各出一爪将之捧住；二龙之间、忍冬之上立一人物，双手高举握龙后爪肘毛，双腿分立于龙角之上；人物逆发，上身赤裸，披缠十字斜向交叉帛带，双臂戴钏，下身着犊鼻裈（图3–1、图3–2）。

（4）湖东北魏一号墓出土的铜鎏金饰牌

1件。形制与下深井北魏墓出土的铜鎏金衔环相似。整体呈椭圆形，二龙头部相对、尾部相接，身体拱起构成环形，二龙口吐三叶忍冬，并各出一爪将之捧住；二龙之间、忍冬之上交脚坐一夜叉，逆发，上身赤裸，双臂戴钏，下身着犊鼻裈，双手叉腰，龙后爪肘毛垂及其头（图4–1、图4–2）。

（5）大同北朝艺术研究院藏铜鎏金铺首衔环

共6对，其中4对完整，形制相同。“一人二龙”图案装饰于衔环，衔环形制与下深井北魏墓出土的铜鎏金衔环相同。铺首兽面上部犄角内饰相背返顾的二瑞兽，瑞兽背部各有一人物，逆发，上身赤裸，下身着犊鼻裈（图5）。

1　〔日〕水野清一、长广敏雄：《云冈石窟——公元五世纪中国北部佛教石窟寺院的考古学调查报告》，京都大学人文科学研究所，1952，第三卷，第78页；第七卷，第28页。

2　大同市博物馆：《山西大同南郊出土北魏鎏金铜器》，《考古》1983年第11期，第97页。

3　大同市考古研究所：《山西大同下深井北魏墓发掘简报》，《文物》2004年第6期，第29页。

4　大同市考古研究所：《大同湖东北魏一号墓》，《文物》2004年第12期，第26页。

5　大同北朝艺术研究院编著《北朝艺术研究院藏品图录·青铜器》，文物出版社，2016，第33页。

6　大同市考古研究所：《山西大同恒安街北魏墓（11DHAM13）发掘简报》，《文物》2015年第1期，第13页。

图 1　云冈石窟第 10 窟窟门南柱东西两侧的装饰

图 2　云冈石窟第 6 窟北壁龛楣（张海雁摄）

图 3-1　下深井北魏墓出土的铜鎏金衔环（采自《文物》2004 年第 6 期）

图 3-2　下深井北魏墓出土的铜鎏金衔环（采自《文物》2004 年第 6 期）

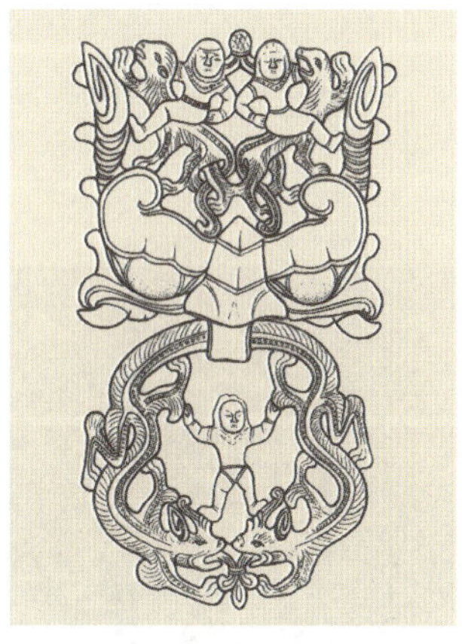

图 5　大同北朝艺术研究院藏铺首（采自《北朝艺术研究院藏品图录·青铜器陶瓷器墓葬壁画》，第 34 页）

图 4-1　湖东北魏一号墓铜鎏金饰牌（采自《文物》2004 年第 12 期）

图 4-2　湖东北魏一号墓铜鎏金饰牌（采自《文物》2004 年第 12 期）

（6）大同市恒安街北魏墓出土金耳饰

耳饰繁缛，其主体图案整体呈圆形，二龙头部相对、尾部相接构成环状，二龙皆张嘴，两嘴之间为一化生。该化生卷发、深目、高鼻，额头有一圆形装饰，颈佩莲花项饰，脑后头发自中间梳向两侧（图6）。

第二类：图案整体呈倒三角形，见于铺首兽面犄角内装饰图案。目前发现1例，即大同南郊窖藏遗址出土的铜鎏金铺首。

南郊窖藏Ⅱ式铺首（原文编号），犄角内饰相缠绕的二龙，中间蹲坐一人物（图7）。该遗址可能为北魏平城的一处建筑遗址。

二　北魏平城“一人二龙”图案中的人物定名和时代

上文所举诸例均见于平城本地。二龙间的人物形象不一，身份不同，有飞天、化生、夜叉（表1）。

云冈石窟第6窟北壁龛楣图案中的人物为飞天，大同市恒安街北魏墓金耳饰中的人物为化生，从面部特征和发式来看，与新疆出土的一件南北朝时期头像泥范[1]（图8）比较相似，定名为化生应该不错。

云冈石窟第10窟窟门南柱东西两侧装饰中的人物，有学者认为是“童子”[2]，据其姿态与所处空间来看，应为夜叉。下深

图6　大同市恒安街北魏墓金耳饰（采自《文物》2015年第1期）

图7　南郊窖藏Ⅲ式铺首

1　新疆维吾尔自治区博物馆编《新疆出土文物》，文物出版社，1975，第41页。

2　云冈石窟文物保管所编《云冈石窟》第2册，文物出版社，1991，第246页；王雁卿：《云冈石窟的忍冬纹装饰》，《敦煌研究》2008年第4期，第43～48页。长广敏雄在《云冈图像学》一文中称“天之童子”，同时也指出“第九、十窟前室柱基的童子，与其说是天之童子，倒不如说是由夜叉转化而来”。

井北魏墓出土的铜鎏金衔环中的人物，发掘者认为是武士。[1] 今从其形象和衣着来看，也是夜叉，其上身着十字斜向交叉的帛带在云冈石窟第 7 窟主室东壁第三层南柱下方的地夜叉上身亦可见到。大同南郊窖藏遗址出土的铜鎏金铺首及衔环中的人物原报告称“童子”，湖东北魏一号墓铜鎏金饰牌上的人物原报告称“化生童子”，其逆发、袒上身、着犊鼻裈、交脚坐，前三点特征更为符合北魏平城夜叉图像的特点，但交脚坐的夜叉又少见于北魏平城，我们反而在克孜尔石窟第 38、17、14 等洞窟内的“弥兰本生故事”中发现，弥兰形象亦为袒上身、着犊鼻裈、交脚坐 [2]（图 9），但其头一般有高髻，考虑到克孜尔本生故事多是依据源于中亚的民间传说绘制而成，弥兰的交脚坐姿可能也是流行于中亚一带的坐姿，所以笔者以为该人物形象还是暂时定名为夜叉更妥。

据相关学者研究考证，云冈石窟中期石窟开凿时间为公元 471 ~ 494 年，第 10 窟为太和八年至十三年（484 ~ 489），第 6 窟晚于第 10 窟，其设计可能在太和十年（486）以后。[3] 湖东一号墓出土遗物极少，简报发布者将其下限定在太和年间。倪润安认为该墓年代约在献文帝至孝文帝初期（466 ~ 476 年）。[4] 笔者亦认为该墓葬时代不晚于太和初年。其他单位依其墓葬形

表 1　北魏平城“一人二龙”图案人物定名和图案时代一览

序号	名称	人物形象	时代
1	云冈石窟第 10 窟窟门南柱东西两侧装饰	夜叉	太和八年至十三年（484 ~ 489）
2	云冈石窟第 6 窟北壁龛楣装饰	飞天	设计可能在太和十年（486）以后
3	大同南郊窖藏遗址出土的铜鎏金铺首	夜叉	太和八年（484）以后
4	下深井北魏墓出土的铜鎏金衔环	夜叉	太和八年（484）以后
5	湖东北魏一号墓铜鎏金饰牌	夜叉	不晚于太和初年（477）
6	大同北朝艺术研究院藏铜鎏金铺首衔环	夜叉	太和八年（484）以后
7	大同市恒安街北魏墓金耳饰	化生	太和以后

1　大同市考古研究所：《山西大同下深井北魏墓发掘简报》，《文物》2004 年第 6 期，第 29 页。

2　马世长：《弥兰不孝入地狱》，《紫禁城》1997 年第 1 期，第 4 页。

3　宿白：《云冈石窟分期试论》，《考古学报》1978 年第 1 期，第 28 页。

4　倪润安：《北魏平城时代平城墓葬的文化转型》，《考古学报》2014 年第 1 期，第 59 页。

图 8　新疆出土南北朝时期头像泥范
（采自《新疆出土文物》，第 41 页）

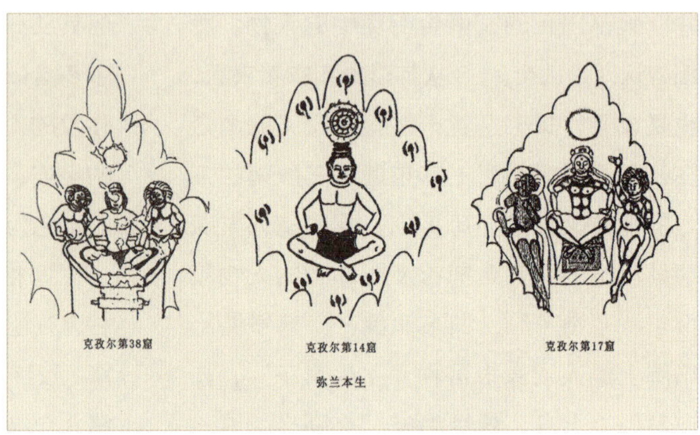

图 9　克孜尔石窟第 38、14、17 窟弥兰本生
（采自《紫禁城》1997 年第 1 期）

图 10　内蒙古通辽科尔沁左翼中腰林毛都苏木北哈拉吐出土的金牌饰
（采自《内蒙古文物考古》2005 年第 2 期）

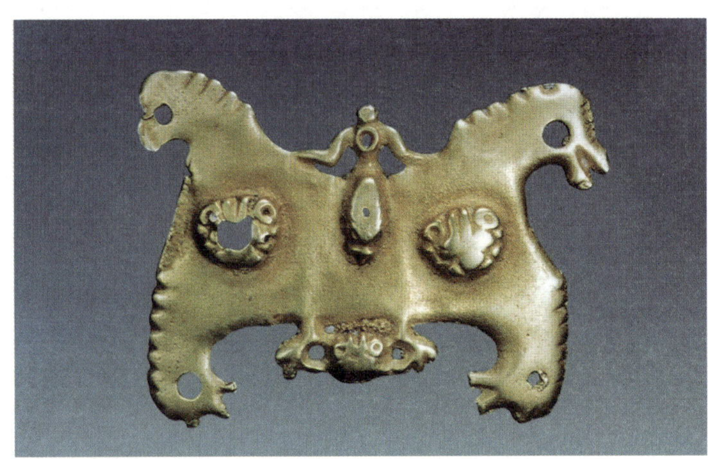

图 11　凉城出土的金牌饰（采自《文物》2002 年第 8 期）

制和出土器物（陶器）判断，时代均在太和年间。但饰牌的制作年代应比墓葬时代更早。因此，从现有资料来看，“一人二兽”题材传至平城应早于太和初年。

三 北魏平城“一人二龙”图案来源蠡测

北魏平城之外（国内），在内蒙古发现2例早于北魏平城时期的“一人二兽”装饰的器物，一例为内蒙古通辽科尔沁左翼中腰林毛都苏木北哈拉吐出土的金牌饰[1]（图10），一例为凉城出土的金牌饰[2]（图11），均是拓跋鲜卑向南迁徙过程中的遗物。

通辽出土的金牌饰图案为“一人二狮”，中间为一胡人形象，左右各分立一狮。为鲜卑族遗物，时代为公元1世纪。凉城金牌饰为四马形状，四马对角排列，头、颈部刻有鬃毛，身躯连在一起，铸出眼，形成马面上铸直立的人。牌饰的背面刻凿有“猗㐌金”三字，是拓跋鲜卑始祖力微之子猗㐌的遗物，时代属公元3世纪后期。[3]但是，这种题材在拓跋鲜卑并不占主流，发现数量很少，出土更多的是透雕的双兽或三兽并排的矩形配饰和马蹄状带具。[4]所以，我们推测北魏平城的“一人二龙”图案并非拓跋鲜卑固有的文化因素，而是另有渊源。

古代西亚和中亚长期流行一种人兽题材，最集中的发现是两河流域的卢里斯坦（前2000年到前1000年，图12）。郭物先生称之为“一人二兽”，并对其母题进行过考证。[5]“一人二龙”图案的构图方式与“一人二兽”题材可能有着一定的渊源。北魏定都平城期间，与西亚、中亚的交流十分频繁，且贯穿平城时代始终。对此，张庆捷先生已进行过精到的考证。[6]这种交流主要是通过不同身份的人来实现的，见于史籍的、早于太和初年抵达平城的西亚和中亚人主要有吐火罗、粟特、波斯、悉万斤、嚈哒等。

---

1 王大方：《“人物双狮纹金饰牌”考》，《内蒙古文物考古》2005年第2期，第94页。

2 张景明：《内蒙古凉城县小坝子滩金银器窖藏》，《文物》2002年第8期，第51页。

3 宿白：《盛乐、平城一带的拓跋鲜卑—北魏遗迹—鲜卑遗迹辑录之二》，《文物》1977年第11期，第40页。

4 王大方：《“人物双狮纹金饰牌”考》，《内蒙古文物考古》2005年第2期，第94页。

5 张景明：《内蒙古凉城县小坝子滩金银器窖藏》，《文物》2002年第8期，第51页。

6 宿白：《盛乐、平城一带的拓跋鲜卑—北魏遗迹—鲜卑遗迹辑录之二》，《文物》1977年第11期，第40页。

图 12　卢里斯坦出土的一人二兽牌饰（采自《敦煌研究》2012 年第 4 期）

嚈哒是继贵霜之后兴起的中亚大国，自太安以后（太安初年，455），每遣使朝魏。[1] 公元 4 世纪 60、70 年代后，嚈哒征服粟特；5 世纪 30 年代，击败贵霜残部，入主大夏；公元 470 ~ 500 年，占有康居、粟特、吐火罗、富楼沙等地，盛极一时。[2] 但嚈哒对这些地区的统治比较松散，在自己积极与北魏交往的同时，也允许落入其势力范围内的中亚国家遣使朝贡。如北魏和平五年（464）“十有二月，……吐呼罗国遣使朝献（《魏书》卷五《高宗纪》）”。此时的吐火罗可能是嚈哒人扶植的一个傀儡政权。[3] 又如粟特，被嚈哒征服后，仍拥有独立的外交权，多次遣使北魏。所以该时期粟特、吐火罗与北魏的交往，应该属嚈哒与北魏交往的范畴。

19 世纪 70 年代在阿富汗席巴尔甘发现的“黄金之丘”中便有多例“一人二兽”题材（图 13）的图案。林梅村先生认为该墓地是大月氏人入主大夏时期的墓葬遗存，时代为公元前 1 世纪到公元 1 世纪，体现了其本族的文化艺术（笔者注：双马神崇拜）。[4] 嚈哒人

1　余太山：《嚈哒史研究》，齐鲁书社，1986，第 122 ~ 124 页。

2　余太山：《嚈哒史研究》，第 74、163 页。

3　余太山：《嚈哒史研究》，第 123 ~ 124 页。

4　林梅村：《大夏黄金宝藏的发现及其对大月氏考古研究的意义》，《西域文明考古、民族、语言和宗教新论》，东方出版社，1995，第 271 页。

图 13　阿富汗席巴尔甘黄金之丘金耳饰（采自 *The Golden Hoard of Bactria* 图版，第 99 页）

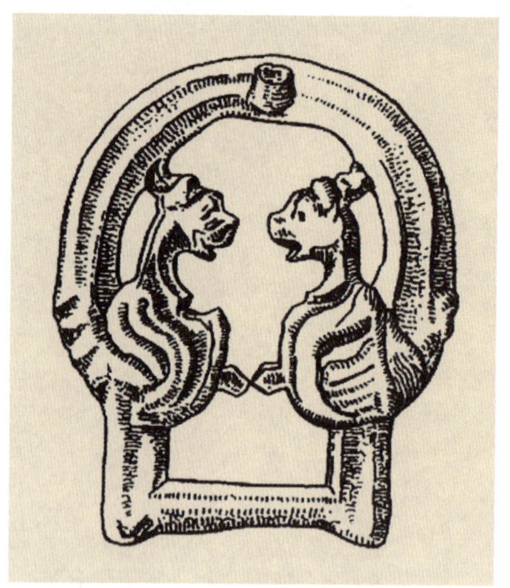

图14　图尔克哈尔出土的双兽黄铜腰扣（采自《从青金石之路到丝绸之路：西亚、中亚与亚欧草原古代艺术溯源》，第447页）

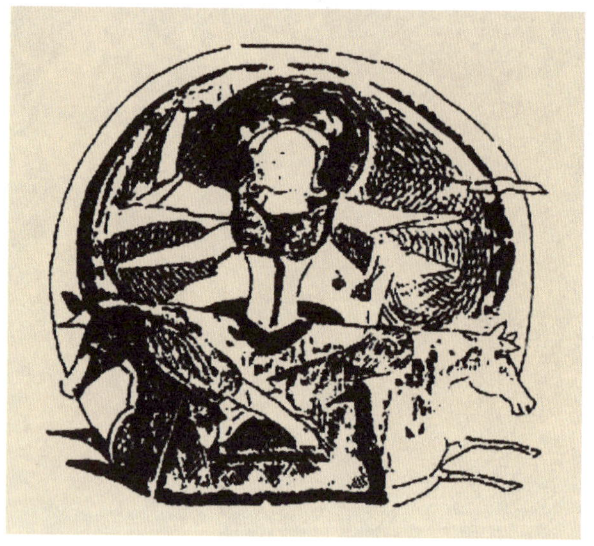

图15　日神密特拉—克孜尔第17窟壁画（采自《从青金石之路到丝绸之路：西亚、中亚与亚欧草原古代艺术溯源》，第408页）

占领大夏后，很快被当地的先进文化所同化。[1] 这种同化，当然也包括对“一人二兽”题材的接受。中亚图尔克哈尔坟丘曾出土1件双兽黄铜腰扣（图14），[2] 腰扣仅见二兽，与湖东饰牌中二龙的构图极为相似。图尔克哈尔坟丘的年代大约在公元前2世纪后半期至公元1世纪初。

在克孜尔石窟第17窟也发现2例与“一人二兽”题材图案构架有关的图像。一为日神密特拉坐于双马之上的图像[3]（图15）。双马神源于古代印欧人的宗教，龙之部落——大月氏崇拜的龙神其实就是双马神。[4] 一为第17窟券顶西侧壁的叔伯杀龙济国本生故事[5]（图16），图案整体呈圆形，外圈为首部相对、尾部相连的二龙，二龙嘴部之间有一龟，内圈有三人，中间立者为叔伯，双手各持一匕首。克孜尔石窟第17窟的碳14测年（经树轮校正）为公元465±65年，下限在公元

1　林梅村：《中国境内出土带铭文的波斯和中亚银器》，《文物》1997年第9期，第59页。

2　引自斯塔维斯基相关著作，转引自沈爱凤《从青金石之路到丝绸之路：西亚、中亚与亚欧草原古代艺术溯源》，山东美术出版社，2009，第447页。

3　沈爱凤：《从青金石之路到丝绸之路：西亚、中亚与亚欧草原古代艺术溯源》，第403页。

4　林梅村：《吐火罗神祇考》，《古道西风——考古新发现所见中西文化交流》，生活·读书·新知三联书店，2000，第7～9页。

5　中国美术全集编辑委员会编《中国美术全集绘画编16新疆石窟壁画》，文物出版社，1989，第71页。

6 世纪。[1] 尽管这两例均为表现本生故事的图像，但其在取材和构图上与“一人二兽”题材图案架构联系明显。克孜尔出现的这两例图案可能也源于中亚，且与佛教融合，或可作为上文所述的旁证。

在印度桑奇大塔西门右柱外侧亦可见到“一人二兽”题材的图案[2]，构图为一人手牵反身相背的一对格里芬（图 17）。该题材并非印度本土的艺术创作，可能来自伊朗高原，是“一人二兽”图案与佛教相融合的重要例证。桑奇大塔西门的建造时间约为公元前 1 世纪末至公元 1 世纪初。

凡此，从现有材料来看，“一人二兽”题材传入平城的路线可能是自“西方传入”。“西方传入”似又可分为中亚和印度两条线索，但“一人二兽”题材在印度的使用和发现远不及在中亚普遍，我们初步认为从嚈哒统治时期的中亚传至北魏平城的可能性更大，且传入之前已被佛教接受或改造过。

四 “一人二龙”图案在北魏平城的发展

“一人二兽”题材传入北魏平城后被再次改造，这次改造大体完成于太和之前（477 年以前），其基础是平城当时多元的艺术、开放的思潮和极盛的佛教发展并迅速风靡一时，俨然成为一种流行元素和风尚。这个过程似可称为“一人二兽”题材的平城化。平城化后最明显的变化有两点：一是夜叉、飞天、化生等形象的大量使用，并与铺首兽面相结合；二是文化内涵得到了极大拓展。

北魏平城的“一人二龙”图案主要装饰于中上层人群的棺饰、建筑装饰、耳饰及皇家石窟窟门或龛楣上，运用十分广泛，并因装饰载体的不同而进行融合改造。湖东北魏一号墓铜鎏金饰牌上的龙已是比较典型的北魏时期的龙，应制作于平城，夜叉的姿势仍带有异域风格，但图案已基本定型。云冈石窟第 9、10 窟设计时吸纳了“一人二龙”图案，并将其与对波状忍冬纹、横向环状忍冬纹相结合，夜叉的姿势灵动多样。第 6 窟北壁龛楣图案的设计以第 9、10 窟“一人二龙”图案为基础，将灵动的夜叉置换成了飘逸的飞天。大同南郊窖藏铺首衔环、阳高下深井北魏墓铜鎏金衔环和西京博物馆藏铺首衔环，这三例“一人二龙”图案均与铺首衔环相结合，只是夜叉形象较呆板。恒安街金耳饰中，人物形象表现为莲花化生，对二龙形象进行了简化，构图也有变化。简言之，“一人二龙”图案在湖东北魏一号墓铜鎏金饰牌上表现得已经比较成熟；在云冈石窟第 9、10 窟

1 宿白：《克孜尔部分洞窟阶段划分与年代等问题的初步探索》，新疆维吾尔自治区文物管理文员会等编著《中国石窟·克孜尔石窟》第一册，文物出版社，1989，第 155 页。

2 扬之水：《桑奇三塔：西天佛国的世俗情味》，生活·读书·新知三联书店，2012，第 218 页。

图 16　第 17 窟叔伯杀龙济国本生故事（采自《中国美术全集绘画编 16 新疆石窟壁画》，第 71 页）

图 17　桑奇大塔西门右柱外侧浮雕（采自《敦煌研究》2012 年第 4 期）

和第 6 窟的装饰中，得到了大面积的运用和快速发展，人物题材得到拓展，出现飞天。之后，"一人二龙"图案逐渐被简化、题材不断被突破，出现瑞兽、化生和"二人二兽"等新题材。

宁夏固原雷祖庙出土的铺首衔环[1]和甘肃省博物馆藏的北魏卜氏石塔[2]亦有"一人二兽"题材的表现（图 18-1、图 18-2、图 19）。宁夏固原雷祖庙出土的铺首衔环的时代约为太和十年（486），甘肃省博物馆藏的北魏卜氏石塔为北魏孝文帝改制后的作品（486 年以后）。内蒙古正镶白旗伊和淖尔墓群 M3 亦出土 1 件类似的铜鎏金铺首（图 20-1、图 20-2），该墓葬时代约为 5 世纪晚期。[3]这几例图案，无论时代还是构图，均可看到平

1　宁夏固原博物馆编《固原北魏墓漆棺画》，宁夏人民出版社，1988，第 5 页。类似的铺首还见于日本大阪市立美术馆、大英博物馆、旧金山亚洲艺术博物馆等处。参见巫鸿《礼仪中的美术：巫鸿中国古代美术史文编》下册，郑岩、王睿编，生活•读书•新知三联书店，2005，第 229 页。

2　俄玉楠：《甘肃省博物馆藏卜氏石塔图像调查研究》，《敦煌学辑刊》2011 年第 4 期，第 73 页。

3　中国人民大学历史学院考古文博系、锡林郭勒盟文物保护管理站、正镶白旗文物管理所：《内蒙古正镶白旗伊和淖尔 M1 发掘简报》，《文物》2017 年第 1 期，第 15 ~ 34 页。

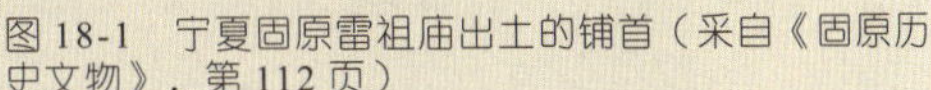

图 18-1　宁夏固原雷祖庙出土的铺首（采自《固原历史文物》，第 112 页）

图 18-2　宁夏固原雷祖庙出土的衔环（采自《固原历史文物》，第 114 页）

图 19　北魏卜氏石塔一人二兽（采自《敦煌研究》2014 年第 4 期）

图 20-1　内蒙古正镶白旗伊和淖尔 M1 铜鎏金铺首衔环（采自《文物》2017 年第 1 期）

图 20-2　内蒙古正镶白旗伊和淖尔 M1 铜鎏金铺首衔环（采自《文物》2017 年第 1 期）

城化的“一人二兽”对其产生的影响。

通过“一人二龙”图案，我们能感受到强烈的征服和控制气息，这是对“一人二兽”题材原始内涵的表达。在北魏平城，这种文化内涵可能还包含着“彰显拓跋鲜卑对其他民族的征服”的含义。平城化后，其文化内涵不断丰富和发展，其中尤以佛教意义最为突出，是当时社会佛教发展到一定阶段并已渗透到墓葬的重要表现。如夜叉、飞天、化生与二龙等题材的运用，水野清一先生认为夜叉出自《维摩经》，为守卫天城与门阁的侍卫神。[1] 该形象出现在墓葬中，当为守卫、守护之义。铺首作为墓葬中的辟邪、守护题材，大量见于汉代画像石，将夜叉与铺首融为一体，守护意义更浓。飞天亦为佛教八部护法之一，与二龙组合被用于龛楣，当也是护法之用。化生为四生[2] 之一，是往生极乐净土的重要途径。敦煌的化生题材出现较早，北凉时的第 268、272 窟即可见到。杨雄先生认为其与佛教净土思想密切相关，出自净土三大部。[3] 云冈石窟最早的化生形象见于第 18 窟，中期洞窟中化生题材亦大量出现，可能即与净土思想的流行有关。从恒安街耳饰可以看到，化生居中处于主要地位，二龙处于次要地位。依四生之说，化生形式最高级，龙属湿生，较化生级别为低，这可能是其设计的经典依据之一。这种等级差异，与“一人二兽”的原始内涵十分契合。

这里还应注意“一人二龙”图案与铺首兽面相结合使用的情况。我们在江苏沛县栖山汉画像石墓[4] 的画像石上可以见到将人物装饰于铺首兽面嘴部下方的情况（图 21）；在太和元年（477）的宋绍祖墓、[5] 太和八年（484）的司马金龙墓、[6] 太和早期的智家堡北砂场石棺床[7] 等处则可见到将夜叉、供养天人、莲蕾等佛教题材装饰于兽面阔嘴下方，或装饰于兽面犄角内（图 22、图 23、图 24）。显然，“一人二龙”

1　［日］水野清一：《逆髮形について一雲岡圖像學一》（《佛教藝術》第 12 號，1951，頁 78 ~ 81），转引自林圣智《墓葬、宗教与区域作坊——试论北魏墓葬中的佛教图像》，《美术史研究辑刊》第 24 期，2008，第 15 页。

2　佛教有四生说，为胎生、卵生、湿生、化生。胎生是在母胎内成体之后才出生的生命，如人类是；卵生是在卵壳内成体之后才出生的生命，如鸟类是；湿生是依靠湿气而受形的生命，如虫类是；化生是无所依托，只凭业力而忽然而生的生命，如诸天和地狱及劫初的人类是。

3　杨雄：《莫高窟壁画中的化生童子》，《敦煌研究》1988 年第 3 期，第 83 页。

4　徐州市博物馆、沛县文化馆：《江苏沛县栖山汉画像石墓清理简报》，《考古学集刊》第 2 辑，1982，第 108 页。

5　刘俊喜主编《雁北师院北魏墓群发掘报告》，文物出版社，2008，第 107、108 页。

6　山西省大同市博物馆、山西省文物工作委员会：《山西大同石家寨北魏司马金龙墓》，《文物》1972 年第 3 期，第 21 页。

7　王银田、曹臣民：《北魏石雕三品》，《文物》2004 年第 6 期，第 92 页。

图 21　江苏沛县栖山汉画像石（采自《考古学集刊》第二辑，第 114 页）

图 22　宋绍祖墓石椁南壁铺首（采自《大同雁北师院北魏墓群》，第 107 ~ 108 页）

图 23　司马金龙墓石棺床兽面

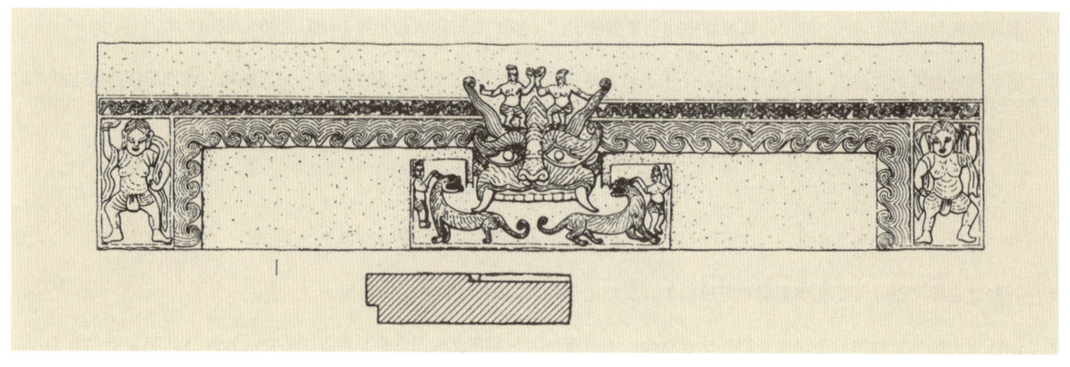

图 24　智家堡北砂场石棺床（采自《文物》2004 年第 6 期）

图案与铺首兽面结合使用实为汉代以来已有的装饰传统与平城佛教相结合的产物。至于在衔环处装饰“一人二龙”图案，可能是工匠为追求与铺首兽面装饰的呼应或协调进行的艺术处理。

五 结 语

综合上文所述，本文结论可归纳为以下几点。

（1）就图像学的角度而言，“一人二龙”图案源于“一人二兽”图案，是“一人二兽”图案的发展。图案出现伊始即表现得比较成熟，夜叉和二龙的组合已基本定型；随后快速发展，夜叉之外出现飞天与二龙的组合；之后图案逐渐被简化，出现瑞兽、化生等新题材。其母题可能源于嚈哒控制下的中亚，于太和之前传入平城，出现在墓葬中的时间早于石窟。

（2）从图案体现的宗教思想和盛行的时代背景来考察，“一人二龙”是以平城当时流行的佛教题材对“一人二兽”进行改造的结果，反映了当时社会佛教的发展程度。佛教因素介入墓葬，是传统丧礼让步的结果，也是对佛教本旨的突破。[1] 所以“一人二龙”图案也是佛教的中国化和北魏王朝汉化政策推行的表现之一。

（3）从“龙”图案本身的流传来看，是战国和两汉魏晋“龙”或“双龙”图案的演变，是汉代以来已有的装饰传统与平城佛教相结合的产物。

总之，“一人二龙”图案作为北魏平城与中亚文化交流的重要物证，是丝路文化和中国传统文化结合的产物。此外，我们还注意到北魏平城“一人二龙”图案中二龙多相对者，亦有少数相背者，这种共存现象在北魏之前的中国、中亚和印度均可见到，目前尚未发现二兽相对或相背所反映的文化内涵或文化系统有何差异，尚有待更为深入的研究。

附记：本文在写作过程中得到了王雁卿、刘建军、张志忠、赵瑞民、王炜、王俊、邓星亮、张庆捷等多位老师的指导和帮助，谨致谢忱！

---

1 韦正：《试论南朝墓葬中的佛教因素》，《东南文化》2010 年第 3 期，第 99 页。

汉晋有翼铜人及其铭文新证*

■ 朱 浒 段立琼（华东师范大学）

在汉晋时期的城址和墓葬中，偶尔会出土一种小型有翼铜人，最初未引起重视。20世纪90年代初，孙机先生在《汉代物质文化资料图说》一书中提出，这一有翼铜人的造型与汉代艺术风格迥异，具有西方色彩，像西方神话中的厄洛斯（Eros），[1]引起了学术界的普遍关注。段鹏琦先生注意到汉魏洛阳故城太学遗址发现的铜人背后有铭文，将其释读为“仙子”，认为其“包含双翼天使的一种西方宗教沿丝绸之路自西向东传播的轨迹”。[2]此后，学者们不约而同地将这类铜人视作中西艺术交流的重要证据。然而，学术界目前对这些有翼铜人的研究尚显浅显，对其用途、铭文、性质等问题尚未有人做过系统的整理和研究。除了科学发掘品外，大量散见于民间的零散材料也鲜有人关注，不能不说是一种遗憾。本文拟在系统搜集相关考古材料的基础上，结合来源可靠的民间材料，对其铭文进行重新释读，对其用途和性质进行考释，以期弥补学术界对这些铜人认识上的不足，并恳请专家学者批评指正。

一 考古发现中的有翼铜人

汉晋考古发现中的有翼铜人并不鲜见。最早的一例发现于1955年，陕西省文物管理委员会在西安市东郊十里铺清理了一座东汉墓。据清理简报，南耳室的中部近南壁是一小孩的骨架，出土小铜人（图1）一个，铜人高3.2厘米、宽2.1厘米、厚1.1厘米，两臂生翼，项戴珠圈，微曲小腿，手拿小钹合于胸前，制作精致，姿态生动

* 本文为国家社科基金“秦汉神仙信仰与近年考古图像的图文关系研究”（编号：14BZW041）阶段性成果。

1 孙机：《汉代物质文化资料图说》，文物出版社，1991，第452页。

2 段鹏琦：《从北魏通西域说到北魏洛阳城》，洛阳市史志编纂委员会办公室编《洛阳——丝绸之路的起点》，中州古籍出版社，1992，第353页。

图 1　西安东郊十里铺的汉墓出土有翼铜人

自然，很有生气，背上有一小孔可穿。出土位置在小孩的头骨下，简报中推测可能是小孩的项饰。[1]该铜人是童子形象，颈部有项圈，肩生双翼，背部有穿孔。童子手持钹一样的物体，中间有合缝。这一铜人被孙机先生收入《汉代物质文化资料图说》一书中的“汉代与域外的文化交流”一节。他进一步指出，铜人手里拿的钹又名盘铃，据《隋书·音乐志》，应在公元 4 世纪时才传入我国，推断此物为外来之物。[2]日本学者林谦三提出了不同的意见，他认为“钹”是外来语的讹音，中国本身并没这个字，用的是同音别字，后来才用钹作为正字。这一乐器是否在 4 世纪时才传入中国并没有确证，但至少在东晋就已被人们所熟知，推想传入年代应该更早。[3]考虑到这件铜人出自东汉时期的墓葬，这一乐器传入中国的时间可能早至公元 2 世纪。

另一处重要的考古发现在汉魏洛阳故城。新中国成立后，中国社科院考古人员对该遗址进行了长达数十年的考古发掘。该遗址曾出土过两件铜人：前者“双臂翅膀残缺，系在龙虎滩采集”[4]（图 2）；后者为科学考古发掘品，双翼“保存完好”（图 3），“出自城南太学遗址第二层，即北魏（或北朝）层中”，[5]“皆为范铸，裸体。正面童发、长眉、大眼。戴项链，双手合十，拱于胸前。上臂各生一翼，张翼作飞状。肚脐、生殖器俱刻画出来。双腿微屈。背部有字，似‘仙子’二字”。[6]段鹏琦先生把汉魏洛阳故城出土的铜人与新疆米兰遗

1　雒忠如：《西安十里铺东汉墓清理简报》，《考古通讯》1957 年第 4 期，第 38 ~ 40 页。

2　孙机：《汉代物质文化资料图说》，第 452 页。

3　〔日〕林谦三：《东亚乐器考》，钱稻孙译，音乐出版社，1962，第 27 页。

4　中国社会科学院考古研究所编《汉魏洛阳故城南郊礼制建筑遗址》，文物出版社，2010，第 272 页。

5　段鹏琦：《从北魏通西域说到北魏洛阳城》，第 353 页。

6　中国社会科学院考古研究所编《汉魏洛阳故城南郊礼制建筑遗址》，第 272 页。

图 2　汉魏洛阳故城采集铜人

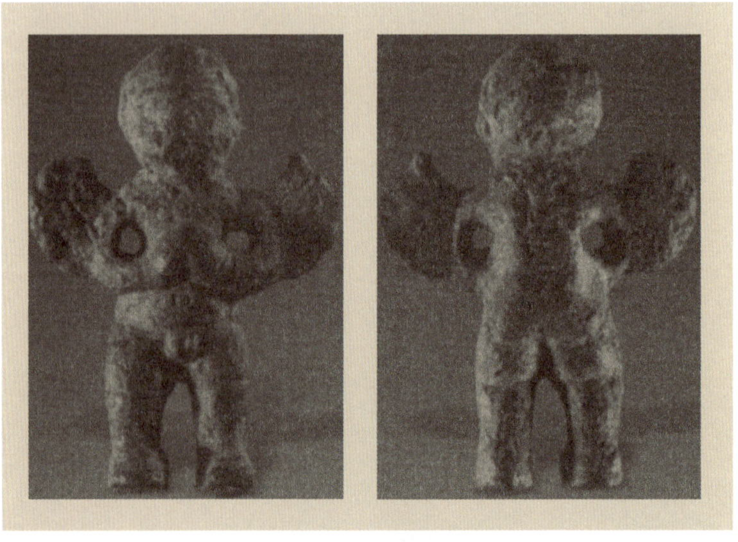

图 3　汉魏洛阳故城发掘有翼铜人

址的双翼天使形象相联系，结合其铭文“仙子”，认为其勾勒了西方宗教沿丝绸之路自西向东传的轨迹，[1]并推断其可能是外国人专为中国人制造。后来学者往往转引他的观点，将人像背后的铭文断为“仙子”。

21 世纪初，关于这类有翼铜人又有了新发现，主要集中在长江中上游地区。2003 年，考古学家在发掘位于三峡库区的重庆市云阳旧县坪遗址（推测为汉代朐忍县城）时意外发现一个“青铜小人”[2]（图 4）。铜人为带翅膀的裸体男像，约三四厘米，头上似戴尖帽，年代在汉代到六朝之间。

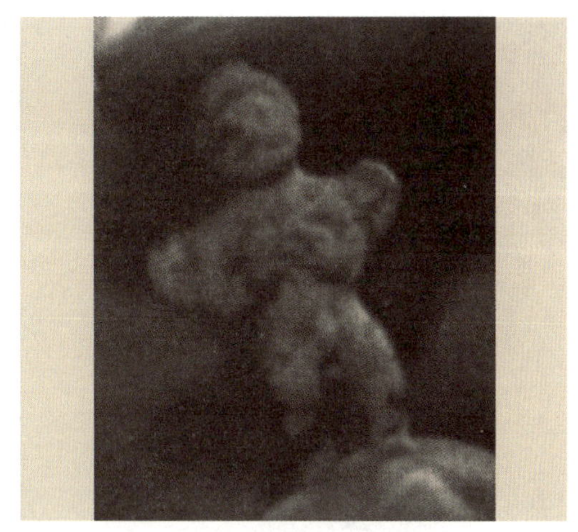

图 4　云阳旧县坪遗址出土有翼铜人

2008 年，襄樊市（现为襄阳市）考古工作者在一座汉末三国时期的墓葬中又发现了一个所谓的“铜羽人”（图 5），媒体曾对此作过广泛报道。铜人高约 3 厘米，双手抱在胸前，背部有一对翅膀，颈部和双手戴有串珠，双面合范浇铸。其出土部位在死者头部，并且同时出土有五铢钱、模型仓灶等。专家认为铜人墓葬大致在三国时期。报道还认为该铜人为国内最小的羽人，不仅与楚地巫术有关，还是佛珠传入我国最早的证据。[3]其实，这个所谓的“铜羽人”就是前文提到的有翼铜人。汉代羽人的典型特征是“长着两只高出头顶的大耳朵”，[4]同此例有翼铜人明显不符。

无独有偶，2008 年 10 月襄樊市文物考古研究所在襄樊的长虹路蔡越墓地发掘了一座三国时期的墓葬，[5]同样有所发现。这些有翼童子像位于一座陶楼的门扉上（图 6）。该陶楼由门楼、院墙和二层楼阁等组成，左、右、后三面墙顶盖双坡式檐瓦。前墙中部开一大门，两扇门扉，门扉上各堆塑两有翼童子和一衔环铺首。大门右侧开一单扇小门，门扉上也堆塑一有翼童子。

1　段鹏琦：《从北魏通西域说到北魏洛阳城》，第 353 页。

2　北京青年报：《最后的触摸》，中国青年出版社，2003，第 90 ～ 91 页。

3　邹琪：《襄樊出土国内最小羽人铜像》，《楚天都市报》2010 年 1 月 5 日。

4　贺西林：《汉代艺术中的羽人及其象征意义》，《文物》2010 年第 7 期，第 47 页。

5　刘江生、王强等：《湖北襄樊樊城菜越三国墓发掘报告》，《文物》2010 年第 9 期，第 391 ～ 430 页。

图 5　襄樊三国墓出土有翼铜人

图 7　西安红庙坡出土有翼铜人

图 6　襄樊蔡越墓地出土陶楼上的有翼铜人

这五例陶塑童子像与前揭有翼铜人惊人的相似。童子背后有一双翅膀，双手弯曲抱于胸前，颈部有佩戴串珠。由于模型陶楼是供亡灵享用的，考古专家认为它和有翼铜像的作用都是“帮助引导亡灵升天”。罗世平教授认为，上述有翼人像的来源要在印度佛教中寻找，它和印度巴尔胡特塔围栏中的有翼天人有关。[1]

此外，还有一些馆藏的有翼铜人散见于一些展览和图录，尚无法确定其出土情况。如2015年4月于天津博物馆展出的“丝绸之路文物精品大展”汇集了我国西北五省区18家文博单位和天津博物馆的206件精品文物。其中有一例西安博物院收藏的“铜翼人像”（图7），铜人为裸体童子形象，双手合于胸前，背生双翼，项戴珠饰，其造型与前揭有翼铜人完全一致，铭牌标示其为陕西西安红庙坡出土。

根据以上不完全统计，考古发现中的汉晋有翼铜人已有5件，分布在西安、洛阳、重庆、襄樊等地。此外，襄樊陶楼上还有几例模印陶塑翼人像，其形态同铜制者几乎无二。从细节看，西安十里铺出土铜人似“双手执钹”，重庆云阳旧县坪出土铜人似“头戴尖帽”，其余有翼、有项珠、双手合十、男性生殖器外露等特征几乎一致。有些铜人腋下有两个圆形穿孔，有些则是实心。另，汉魏洛阳故城遗址出土的有翼人像背后还有铭文。其具体信息详见表1。

表1　考古发现的汉晋有翼铜（陶）人

年代	数量	出土地	铭文	特征
东汉	1	西安十里铺汉墓	无	有翼，有项珠，似双手执钹
东汉至北魏	1	汉魏洛阳故城太学遗址	旧释为“仙子”	有翼者与无翼者同出，有项珠
东汉至魏晋	1	重庆市云阳旧县坪遗址	无	有翼，有项珠，似头戴尖帽
三国	1	襄樊三国墓	无	有翼，有项珠
东汉	1	西安红庙坡	无	有翼，有项珠
三国	5	襄樊蔡越三国墓	无	陶质，位于陶楼门扉铺首上，有翼，有项珠

1　罗世平：《仙人好楼居：襄阳新出相轮陶楼与中国浮图祠类证》，《故宫博物院院刊》2012年第4期，第18页。

二 有翼铜人与无翼铜人之关系

虽然有翼铜人引起了很多学者的关注，但我们应该充分认识到，无翼铜人的发现比有翼铜人更早，数量也更多。由于无翼铜人没有“肩部生翼”这一明显的外来特征，并未引起学术界足够的重视，甚至影响到对其形态的判断。如段鹏琦先生将在汉魏洛阳故城中龙虎滩采集到的一例无翼铜人误以为是“双翼残损”。其实，结合已知的实物证据，我们发现这些铜人原本就分为有翼和无翼两种亚型。

中国境内的无翼铜人主要分布在新疆、甘肃、内蒙古等地。早在20世纪初，黄文弼先生就在沙雅西北裕勒都司巴克一带采拾到一件小铜人（图8），“铜人通高2.5厘米。头发下披及额，作童子形，两手合拱，中捧一物，左右有穿孔，以穿绳索”，[1]推测其为儿童佩戴之具。当地为沙漠地带，遗址久埋沙中，每当风沙吹过经常会有古物出现，并且有铜钱并存。黄文弼根据共存遗物推断其年代为2～4世纪，即东汉至魏晋时期。英国人斯坦因在《西域考古图》中披露了在楼兰发现的呈蹲踞状的铜人，编号为Khot.005。[2]《新疆古代民族文物》一书中也著录了一枚楼兰L.A古城出土的铜人，年代标为汉晋。[3]《北方草原鄂尔多斯青铜器》刊录一例内蒙出土此造型铜人，但只有图像描述，没有出土信息。[4]

此外，无翼铜人在墓葬中也有发现。1966年甘肃酒泉汉代小孩墓中出土两例同样造型的铜人，皆出自儿童的瓮棺内，高2.5厘米，形体小巧。[5]上述考古发现与馆藏汉晋无翼铜人信息详见表2。

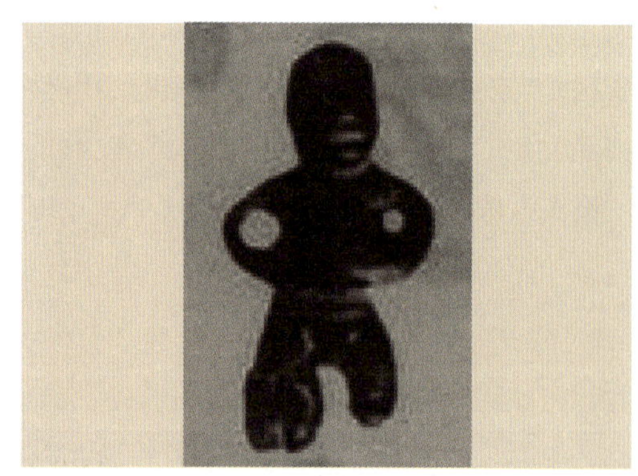

图8　黄文弼新疆采集铜人

1　黄文弼：《塔里木盆地考古记》，线装书局，2009，第115～120页。

2　Stein ,*Serindia* (London: Oxford Press,1911) Chap.IV，pp.IV.

3　新疆维吾尔自治区社会科学院考古研究所编《新疆古代民族文物》，文物出版社，1985，图版219。

4　王飞编著《北方草原鄂尔多斯青铜器》，内蒙古文化出版社，2009，第83页。

5　酒泉市博物馆编著《酒泉文物精粹》，中国青年出版社，1998，第37页。

综上，我们可以初步得出几点共识。首先，通过对墓葬的考古发掘和各地遗址的采集，可以大体判断铜人的年代在汉晋之间，即 2 ~ 5 世纪。其次，铜人分为有翼和无翼两种亚型。两种亚型的分布地点多有重合，并有伴随出土关系，可视为相似或同类制品，但其具体用途是否有所区别，尚不得而知。再次，铜人的分布范围比较广泛。古都洛阳、西安，湖北襄樊（襄阳），重庆云阳，甘肃酒泉的沙漠戈壁，新疆的龟兹、楼兰等地均有发现（图 9）。这些地区大都是古代丝绸之路沿线的东西文化交流重镇，铜人在这条古道上呈由西往东分布，而丝绸之路东段的长江下游至华南地区几乎没有发现，故其西来的可能性较大。

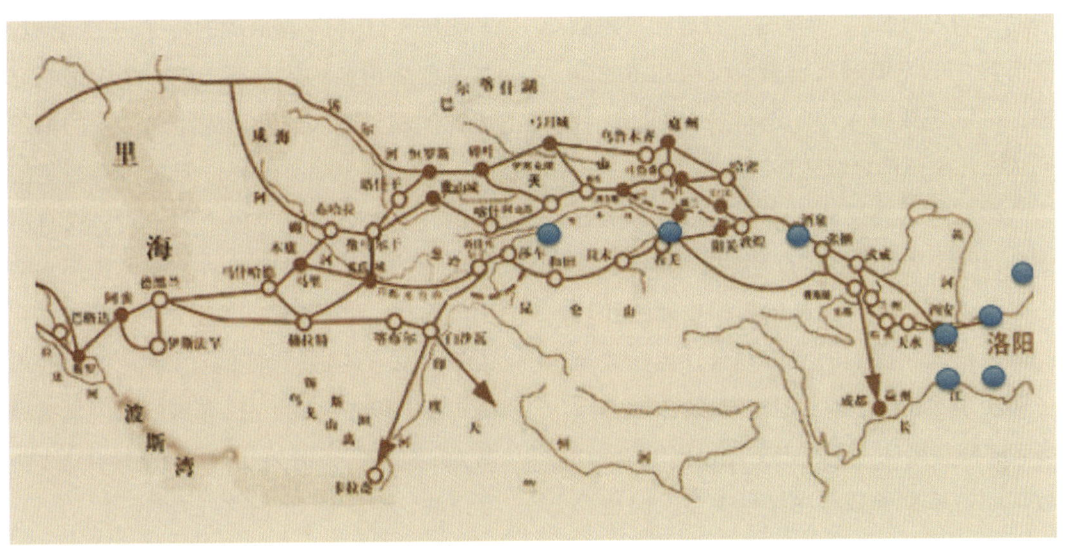

图 9　丝绸之路沿线的汉晋铜人发现地

表 2　考古发现与馆藏的汉晋无翼铜人

年代	数量	出土地	铭文	著录者
东汉	1	新疆沙雅	无	黄文弼
东汉至北魏	1	汉魏洛阳故城龙虎滩	旧释为“仙子”	段鹏琦
东汉至魏晋	1	新疆楼兰	无	斯坦因
东汉至魏晋	1	新疆楼兰	无	新疆考古所
东汉至魏晋	1	内蒙古鄂尔多斯	无	王飞
东汉	2	甘肃酒泉	无	酒泉市博物馆

从现有考古材料不难推断出这些铜人的用途。西安十里铺东汉墓中的有翼铜人发现在小孩的骨头下，简报推测可能是儿童的项饰。襄樊的有翼铜人未发现与其他器物有链接点，襄樊考古所陈千万所长推测可能挂在死者的颈部或胸前。[1]吉林文物考古所的王洪峰推测，重庆云阳的有翼铜人可能是衣服上的装饰。[2]还有学者推测这些有翼铜人是墓主人出于升仙目的赋予其子的“羽人肖像”，[3]等等。考虑到甘肃酒泉汉墓中的无翼铜人也出自汉代儿童的瓮棺，可证多数铜人与儿童有关，因此，我们认为儿童佩饰之说具有较大的可能性。

这些铜人还反映出一些受宗教影响的信息。目前学术界对它的理解以“佛教说”占主要位置。考虑到其年代和传播路线均同佛教传入中国的时空相吻合，且多数童子额头中央凹陷，似表示佛教的白毫，大多颈部都有串珠，多数呈双手合于胸前状，故可能与早期佛教存在某种关系。但也有学者持不同看法，如段鹏琦先生认为“这种宗教，肯定不是佛教，但也不能说一定就是基督教或基督教的聂斯托利派”。[4]这些铜人作为配饰为死者生前佩戴，用做装饰，还是作为明器，特意置于墓葬之中，庇佑死去儿童的灵魂，我们尚不能确定。而铭文的正确释读，将是我们确定其用途与性质的核心证据。

三 铭文的释读

虽然上述铜人的年代跨度和地理跨度都比较大，但有一些共同的特征。从工艺看，其主要采用范铸的青铜工艺，为中国制品应无问题。铜人的外形因铸造使用的范不同，或多或少都有差异，但总体特征是接近的。前文披露的十余个例子中，仅有洛阳汉魏故城遗址发现的两个铜人背部文字出现铭文，并被段鹏琦先生定为“仙子”。由于其文字漫漶，可以看出著录文献的不确定性，段先生在1992年版的书中直接称其为“仙子”，但2010年版的书中又改变了说法，称“似‘仙子’二字”。[5]

2016年末，笔者有幸得到几例民间收藏的汉晋铜人的新材料，带有清晰铭文，对辅助判定汉魏故城发现的铜人背后的文字起到了关键作用。新材料表明，铜人背

1 邹琪：《襄樊出土国内最小羽人铜像》，《楚天都市报》2010年1月5日。

2 赵阳：《“襄樊铜人”引发的质疑》，《收藏投资导刊》2010年第10/11期。

3 许大海：《汉代艺术设计中的神仙观念》，《民族艺术》2007年第2期。

4 段鹏琦：《从北魏通西域说到北魏洛阳城》，第353页。

5 中国社会科学院考古研究所编《汉魏洛阳故城南郊礼制建筑遗址》，第272页。

后的文字并非段先生最初认定的“仙子”。

段鹏琦先生所据汉魏故城遗址发现的铜人，细审字迹，“仙子”明显不妥。汉代“仙”字常作“僊”（《华山庙碑》，图10），即使是“仙”字，其笔势也与铜人背后铭文相去甚远。这一时期铜镜、钱币、砖瓦等上面的铭文虽多，也绝少出现“仙子”这种称谓。从现存文献看，“仙子”这一称谓似在唐代才开始普及，孟浩然《游精思观题观主山房》诗云：“方知仙子宅，未有世人寻。”南北朝末至隋唐之际的道经《太上中道妙法莲华经》有“或有诸仙子，住于深洞中，修心炼丹药，以求大道玄”[1]的记载，年代比汉晋时期晚很多。

图10 《华山庙碑》的“仙”字

新发现的有翼、无翼铜人共有四例，其中a、b、c三例为同一收藏家所有。为了精确地确定铭文，该藏家还请专人制作了拓片。[2]

铜人a：有双翼，右翼完整，左翼梢处略有缺失，黑漆古包浆，双手捧于胸前，腋下有圆形穿孔。背后二字铭文，经拓片确认，为清晰的“戊子”。右翼背后上有一铭文“大”字，左翼未见铭文（图11）。

铜人b：有翼，左翼完整，右翼与左小腿残缺，双手捧于胸前，腋下无圆孔，脑后有三个凸起铜点，正面可见项圈，头发清晰可见。经拓片确认，背后二字铭文，第一字较为漫漶，第二字为“子”（图12）。

铜人c：无翼，双手捧于胸前，腋下无圆孔，铭文较为清晰，经拓片确认，第一字隐约为“戊”，第二字清晰为“子”（图13）。

铜人d：有双翼，双手捧于胸前，腋下有圆孔，正反面均可见项圈，发缕清晰，五官亦明晰可辨。背后二字铭文清晰，为“戊子”。右翼背后有清晰铭文“大”，左翼背后有清晰铭文“吉”（图14）。由于没有制作拓片，笔者特意手绘了线图（图15）。

1 （明）张宇初辑《太上中道妙法莲华经》卷三，载《正统道藏》，艺文印书馆，1977，第46314页。

2 经藏家本人同意，本文称其为“老赵”，另一位藏家网名为“英镑”。

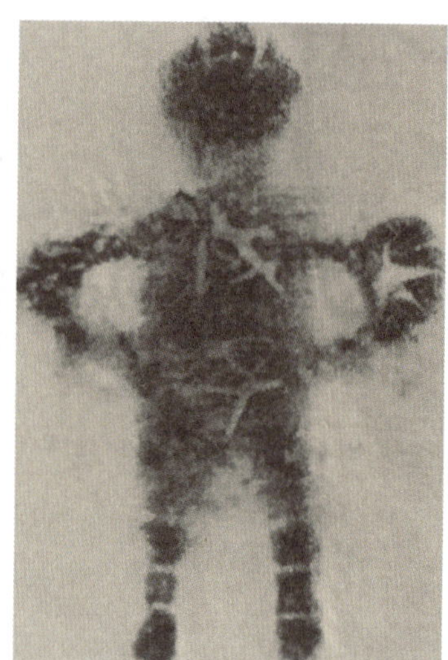

图 11　铜人 a 及其铭文拓片

图 12　铜人 b 及其铭文拓片

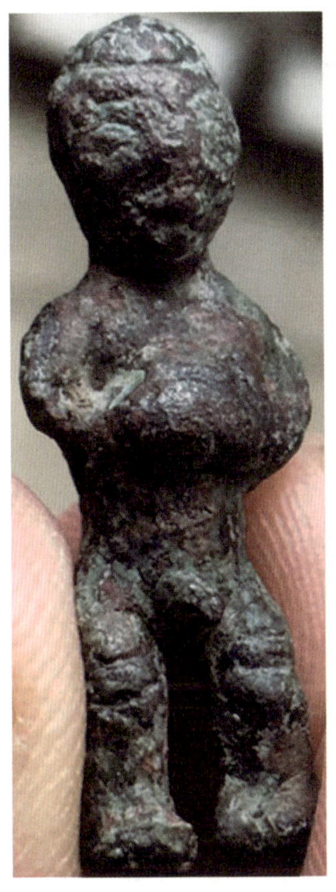

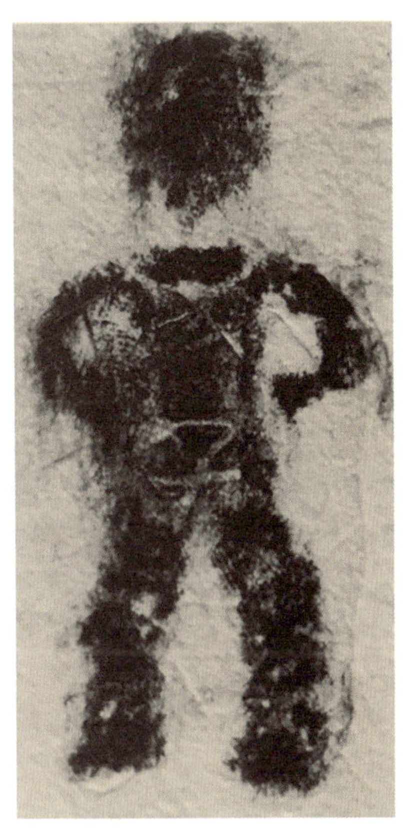

图 13　铜人 c 及其铭文拓片

这些铜人铭文中的“子”字较清晰，没有争议。多数是“戊”字模糊，难以辨识。“戊”字隶书写法，可见《曹全碑》（图16）。这与上述 a、c、d 三例“戊”字写法相同，而与“仙”字或“僊”字相去甚远。依此重审汉魏故城遗址发现的两例铜人，以及首字稍有漫漶的铜人 b 的背后铭文，确信均为“戊子”，只是铸造时文字深浅不一，或有所磨损或锈蚀，从而影响辨识。

令人振奋的是，在铜人 d 的翅膀上，我们还发现了铭文“大”、“吉”二字，其右翼背后的“大”字与铜人 a 相同位置的铭文契合，这就验证了铜人 a 左翼缺失的部分的铭文应为“吉”字。而这两字，在汉魏故城遗址发现的有翼铜人翅膀上未见，也未见于任何已有的文献著录，当属新发现。

综上，已知六例背后带有铭文的汉晋铜人中，四例有翼，二例无翼。无翼铜人背后的铭文可释读为“戊子”，而并非“仙子”；有翼铜人铭文可释读为“戊子大吉”。其中，“戊子”二字铸于铜人背部，而“大吉”二字铸于双翼的背后。我们尚不能排除有翼铜人背后仅铸有“戊子”而无“大吉”二字的例子。其具体信息详见表 3。

图 14　铜人 d

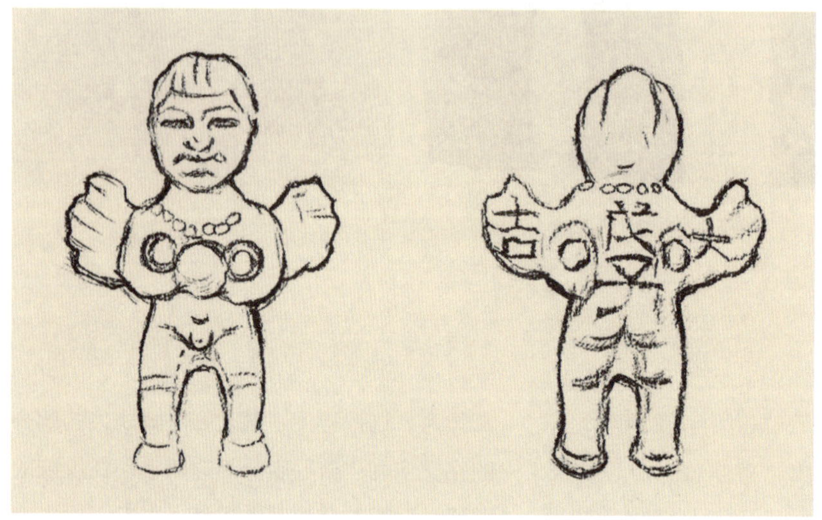

图 15　铜人 d 的线描

图 16　《曹全碑》中的“戊”字

表3　考古发现与馆藏的汉晋无翼铜人					
年代	数量	出土地	铭文	有无翼	信息来源
东汉至北魏	2	汉魏洛阳故城	戊子	一有，一无	段鹏琦
东汉至魏晋	1	传采集自酒泉地区	戊子大	有	本文铜人a 老赵收藏
东汉至魏晋	1	传采集自邺城附近	戊子	有（缺右翼）	本文铜人b 老赵收藏
东汉至魏晋	1	传采集自洛阳地区	戊子	无	本文铜人c 老赵收藏
东汉至魏晋	1	传采集自洛阳地区	戊子大吉	有	本文铜人d“英镑”收藏

四　铭文的意义及铜人的宗教美术属性

上述铜人背后的铭文一旦确定下来，对我们深入了解铜人性质有重要的帮助。

首先，“戊子大吉”是一个假想的成人礼的吉语或祝福。

“戊子”为干支之一。“戊”与“子”分别是十天干和十二地支之一，两者组合成为了干支纪元法之一，可以用来纪年、纪月、纪日、纪时。“戊子大吉”四字组合在一起，应是一种谶纬吉语，借干支以来表灾异、祥瑞等天象，有驱鬼、辟邪、吉祥之意。

汉初的黄老思想经过两百多年的发展，在东汉时期形成“黄老道”，并逐渐分化为“天师道”和“太平道”。《后汉书·皇甫嵩传》载“钜鹿张角讹言‘苍天已死，黄天当立，岁在甲子，天下大吉’。以白土书京城寺门及州郡官府，皆作‘甲子’字”。[1]即太平道的代表人物张角利用这一口号来反对东汉的统治，在群众中宣传。黄巾起义虽然失败，但随后道教在西南地区依然兴盛，张鲁的“五斗米道”统治汉中近三十年。这些道教思想非常活跃，是东汉时期的主流思想之一。

铜人背后铭文为“戊子大吉”而非“甲子大吉”，可能与王莽有关。《汉书·王莽传》载，王莽“令天下小学，戊子代甲子为六旬首。冠以戊子为元日，昏以戊寅之旬为忌日。百姓多不从者”。颜师古注曰：“元，善也”。[2]按中国传统，干支纪年六十为一周，甲子为首。王莽自以为土德，戊子属土，故把戊子改为首。行冠礼把戊子日当作吉日。儿童佩戴的铜人上铸有“戊子大吉”的铭文，符合当时的思想意识与风俗。

1　（南朝宋）范晔撰，（唐）李贤等注《后汉书》卷七一，中华书局，1965，第2299页。

2　（汉）班固撰，（唐）颜师古注《汉书》卷九九中，中华书局，1962，第4138页。

顾颉刚注意到“戊子”代“甲子”的原因，他指出，“就是这一年，他（王莽）令天下小学，戊子代甲子为六旬首，冠以戊子为元日，昏以戊寅之旬为忌日……这因戊为土德之日，土德既王，‘戊’自当取‘甲’的地位而代之，而冠婚之礼自亦当视戊日为定了”。[1]在这种新式“五德”说的影响下，“戊子”成为男性行“冠礼”的元日，其重要性不言而喻。

行冠礼是男性成年的标志。西安市东郊十里铺和酒泉发现的儿童瓮棺葬中的铜人例子都告诉我们，其墓主人尚未成年。铜人既然为夭折的儿童所佩戴，“戊子大吉”就可以理解为逝者的亲属期待墓主人“加以成人之礼”的一种渴望。

史书记载，晋元帝两岁夭折的儿子司马焕就曾被加以成人之礼。《晋书·琅琊悼王焕传》载，“琅琊悼王焕，字耀祖。母有宠，元帝特所钟爱。……俄而薨，年二岁。帝悼念无已，将葬，以焕既封列国，加以成人之礼，诏立凶门柏历，备吉凶仪服，营起陵园，功役甚众”。[2]曹操的爱子曹冲夭折之后，也被加以成人之礼，“为聘甄氏亡女与合葬，赠骑都尉印绶，命宛侯据子琮奉冲后。二十二年封琮为邓侯。黄初二年，追赠谥冲曰邓哀侯，又追加号为公”。[3]

由是观之，儿童佩戴的铜人上铸有“戊子大吉”的铭文，极可能是长者为早夭儿童“加以成人之礼”的凭证。铜人背后添加的翅膀，或许就是早夭儿童“冠礼”之后升仙的途径。

其次，这类铜人具有多重宗教的属性。“戊子大吉”隐含的“冠礼”意涵无疑具有明显的儒家印记。铜人被添加的翅膀又同传统神仙信仰中的仙人或羽人有关，甚至有翼铜人本身就可以理解为羽人的“儿童版”。考虑到铜人具有白毫、双手合十、联珠纹项圈等佛教因素，又符合东汉时期“佛道糅合”的特点。季羡林先生指出，“当佛像传入中国时，正是谶纬之学盛行的时候。当时的一些皇室贵族，包括个别皇帝在内，比如东汉光武帝和明帝，都相信谶纬之学。在一般人心目中，佛教也纯为一种祭祀，它的学说就是鬼神报应。他们认为佛教也是一种道术，是九十六种道术之一，称之为佛道或释道”。[4]因此，这种佛教因素的影响并不突出，总体上还是以传统神仙信仰为主。

长期以来，在孙机、段鹏琦等前辈的倡导下，学术界往往特别重视这些人像的“双翼”特征，由此将其断为汉晋时期中西交流的实物例证，将其原型视作希腊、

1　顾颉刚：《古史辨》第 5 册，上海古籍出版社，1982，第 353 页。

2　（唐）房玄龄等撰《晋书》，中华书局，1974，第 1729 页。

3　（西晋）陈寿撰，（南朝宋）裴松之注《三国志》卷二〇，中华书局，1959，第 580 页。

4　（唐）玄奘、辩机原著，季羡林等校注《大唐西域记校注》，中华书局，1985，第 16 ~ 17 页。

罗马的厄洛斯。其实，双翼并非汉晋铜人必不可少的特征。前文数例已经表明，是否具有双翼并非童子背后出现“戊子”铭文的充分必要条件，说明有翼和无翼铜人可能具备同样的功能。

从人物形象看，部分童子流露出一些胡人特征。在考古材料中，重庆市云阳旧县坪遗址发现铜人疑似头戴尖顶帽，这是汉代胡人的典型特点，邢义田先生对此有精辟论述。[1]虽然从五官上看，童子没有流露出明显的胡状外貌，但童子全身赤裸，倒也是胡人的特点。1970 年济宁南喻屯公社城南张汉墓中出土的汉画像石中，可见裸体表演百戏的胡人[2]。东汉至两晋时期，活跃在汉地的胡人营造佛寺，翻译佛经，如安世高、支谦、康僧会、佛图澄等，对佛教在中国的传播起到了关键作用。

由于这些铜人的时代、地区差异性较大，尚不能确定最早制品的产地是否在中国境内。在贵霜王朝的故地巴基斯坦和阿富汗一带，也发现过类似的铜人，但由于资料限制，无法得知其准确来源和年代。然而，带有铭文的铜人，往往刻画得比较细致，其图像的细节呈现与工艺水平都达到了当时的巅峰，确信应为汉地所铸。

总之，这些汉晋铜人虽然在艺术上借鉴了一些佛教的装饰特点，但在性质上仍脱离不了中国传统的儒家思想和神仙信仰的范畴。带有铭文“戊子”或“戊子大吉”的铜人较其余品种更为精美，可能是在王莽“戊子代甲子”的新“五德”运动中特意铸造的，而其余不带铭文的铜人，应是在不同时空中生产的类似制品，亦有可能是后期的仿品。这些铜人呈现出的外来风格，当被归纳到传统神仙信仰对佛教美术因素的吸收和借鉴中来，而不应过分强调其西方属性或佛教属性。

五　结论

通过对中国境内出土汉晋时期有翼铜人的研究，并对考古发掘与馆藏及少量民间收藏铜人的系统梳理，文章得出以下结论。

汉晋铜人主要分布在丝绸之路沿线，呈由西向东分布。铜人可划分为有翼和无翼两种亚型，主要作为儿童的佩饰。铜人背后的铭文并非段鹏琦先生释读的“仙子”，而有“戊子”与“戊子大吉”两种亚型。儿童佩戴的铜人上铸有“戊子大吉”的铭文，极可能是长者为早夭儿童加以成人之礼的凭证。此类铜人的宗教美术属性应归于中国传统的儒家思想和神仙信仰范畴，而不应过分强调其外来属性。

1　邢义田：《古代中国及欧亚文献、图像与考古材料中的“胡人”外貌》，载氏著《画为心声——画像石、画像砖与壁画》，中华书局，2011，第 197 ~ 314 页。

2　山东省博物馆、山东省文物考古研究所编《山东汉画像石选集》，齐鲁书社，1982，图版 67。

圣化与魔化：图像与文字中的朱元璋形象

■ **高寿仙**（北京行政学院）

一 引 言

明太祖朱元璋是一个性格复杂的历史人物，清代史学家赵翼针对朱元璋“以不嗜杀得天下”，建国后则又“肆其雄猜”等现象，曾做出这样的评论：“盖明祖一人，圣贤、豪杰、盗贼之性，实兼而有之者也。”[1]明清时期流传下来的朱元璋画像[2]，则似乎是在象征意义上展示了朱元璋的多面性格。这些画像可以分为两个系列：一个系列中的朱元璋，脸庞丰满，神态庄重，英武而不失慈祥（图1）。另一个系列中的朱元璋，共同特点是脸长耳大，下颌奇长而前突，面部布满大大小小的斑点。后一个系列细看起来又有所差别，可以划分为两个类型，一种长相较为正常（图2），另一种长相较为怪异（图3）。究竟哪种才是朱元璋的真面目，不同人会有不同的选择，甚至会随时代而变化。有人比较发现，20世纪90年代中期以前，中学教科书《中国历史》中的朱元璋的插图，选择的是长相怪异的那种，后来则更换为五官端正的那种，由于差别太大，判若两人，“让从事历史教学的先生们为难，更让众多不谙世事的学子们疑惑”。[3]

其实，不仅是中学历史老师和学生，一些专家学者对此也感到困惑，并试图辨别真伪，但大家意见亦分成两派。民国收藏家赵汝珍相信丑像为真，他在短札《明太祖御容之伪》中指出：“明太祖亦同常人，绝不能有二像，是其中必有一伪。惟孰真孰伪，前人未有纪录，凭空推想亦难确定。但以理推之，当以深目长颊者为真，盖此像迹近侮辱，含有朱猪之意，若非真像，在专制时代无人敢为之，况其子孙又奉祀之，其必为真像，盖可知也。”[4]美国学者伊佩霞所著《剑桥

1 （清）赵翼：《廿二史札记校证》卷三六《明祖以不嗜杀得天下》，王树民校证，中华书局，1984，第836页。

2 王前华主编《世界文化遗产明孝陵旧影》，南京出版社，2004，第17～24页收录了13幅朱元璋画像，可参看。

3 苗体君、窦春芳：《秦始皇、朱元璋的长相知多少——谈中学〈中国历史〉教科书中的图片选用》，《文史天地》2006年第4期，第46页。

4 赵汝珍：《古董辨疑》，金城出版社，2010，第202～203页。

图 1

图 2

图 3

插图中国史》选择了丑像作为插图(即图3),但其同时说明:“贬低太祖皇帝的画家把他描绘为一个丑陋的、脸上长麻子、下巴向外突出的人。尽管有些宫廷收藏的肖像显示,太祖和其他皇帝一样英俊,但只有几幅反映他真实面貌的英俊画像保留了下来。”[1]胡丹也主张丑像并非朱元璋真容,并从相术角度做出解释,认为明成祖朱棣是朱元璋相貌的第一个“整容师”,从而启动了朱元璋容貌变异的进程,其后其脸上被逐渐添加了黑子、奇骨、异形等一系列的神秘符号,最后变成一副“猪龙”之形(图4)。[2]笔者认为,图像和文本呈现的朱元璋的两副面貌,可能都是部分真实和部分想象的叠加,只是一种属于“神圣化”,而另一种属于“妖魔化”。本文以一些典型文本为素材,对此进行初步的梳理与分析。

图4

图5

二　身边的英雄:《国初事迹》对朱元璋的描述

限于文献资料,今天要想确切了解朱元璋的真实面貌已不可能。即使关于他的个性特征和行事风格,不同文献中的描述也差异颇大。但要断定朱元璋是否被“圣化”或“魔化”,又需要一个相对真实的参照

1　〔美〕伊佩霞:《剑桥插图中国史》,赵世瑜等译,山东画报出版社,2002,第141页。

2　胡丹:《相术、符号与传播:“朱元璋相貌之谜”的考析与解读》,《史学月刊》2015年第8期,第15页。

物。幸运的是，有位曾在朱元璋身边工作、晚年又参与太祖实录纂修的官员，留下一本《国初事迹》。[1] 该书撰写者刘辰，字伯静，金华人。朱元璋起兵之初，署吴王典签。李文忠驻师严州，辟置幕下，后以亲老辞归。永乐初，李景隆言辰知国初事，召至，预修《太祖实录》[2]。关于《国初事迹》的史料价值，《四库全书总目提要》评论说：

> 此书卷首，有“臣刘辰今将太祖高皇帝国初事迹开写”一行。后俱分条件系，颇似案牍之词。盖即修《实录》时所进事略草本也。辰于明初，尝使方国珍，又尝在李文忠幕下，所见旧事皆真确。而其文质直，无所隐讳，明代史乘多采用之。[3]

此书记事，既非按年序列，又非以类相从，而是随意漫笔，了无统绪，语言质直而乏文采，可知刘辰虽通文墨，但文化水平不会太高。书中记事并非全为刘辰亲历，得之传闻者亦不少，所以不能完全据为信史。但此书要进呈御览，应当不敢信口雌黄，真实性相对较高。在《国初事迹》中，刘辰记载了不少朱元璋值得称道的事实（图 5）。比如军纪严明、虚怀纳谏。

> 太祖驻师和阳，兵有纪律，恩威日著。而名将常遇春等，领众数十人，弃聚来归。[4]
>
> 太祖亲征太平、建康、宣州、婺州，书押大榜，招安乡村百姓，岁纳粮草供给，谓之“寨粮”。后常遇春奏害民，太祖即禁止。[5]
>
> 太祖国初以来，朝政有失，无人肯言，立执法议理司，以汪广洋、李胜瑞为执法官。置白牌，于上书“执法议理”，如有失处，许持牌直言极谏。太祖从之。[6]

又如爱惜民力、不尚奢靡。

> 金华岁贡香米三十余石。太祖曰：“我访知民间拣择圆净者用黄绢布袋盛贮，封护进呈。今

1　此外还有《纪事录》一书，其作者俞本曾任侍卫朱元璋的帐前黄旗先锋。该书所展示的朱元璋形象，与《国初事迹》颇可参证。唯该书当时并未流传，到明末才得以刊刻。参看（明）俞本《纪事录笺证》，李新峰笺证，中华书局，2015。

2　参看（清）张廷玉等撰《明史》卷一五〇《刘辰传》，中华书局，1974，第 4166 页。

3　（清）永瑢等撰《四库全书总目》卷五二《史部八 • 杂史类存目一》，中华书局，1965 年影印本，第 476 页上栏。

4　（明）邓士龙辑，许大龄、王天有点校《国朝典故》卷四《国初事迹》，北京大学出版社，1993，第 68 页。

5　（明）邓士龙辑《国朝典故》卷四《国初事迹》，第 71 页。

6　（明）邓士龙辑《国朝典故》卷四《国初事迹》，第 85 页。

后作秋粮，一体送官仓，不须岁贡劳民。”[1]

太祖尝曰：“我于花木，结实可食用者种之，无实者不用。如桑、枣、柿、栗有实，及棕树、漆树，尤用心栽种，盖因有益于公私之用。苑园亭馆、珍禽异兽无益者，并不留心。”[2]

再如禁止势家隐瞒田粮、与民争利。

汤和姑夫庸某，隐瞒常州田土，不纳税粮。太祖曰：“倚恃汤和之势，不惧法度，故敢如此。诛之。”常遇春力谏，不从。[3]

蓝玉令家人中到云南盐一万余引，倚势兑支。事发，太祖曰：“此是侵夺民利，沮坏盐法。但是功臣家中到盐引，尽行没官。”[4]

上引这类记载，展示了朱元璋身上的许多优良品性，说明其能剪灭群雄、成就帝业，文韬武略确有过人之处。但《国初事迹》中又有大量刑罚诛杀的记述，展示了朱元璋的另一种面目（图6）。比如：

太祖选宫人，访知熊宣使有妹年少，欲进之。员外郎张来硕谏曰：“熊氏已许参议杨希圣，若明取之，于理不妥。”太祖曰：“谏君不当如此！”令壮士以刀碎其齿。后参议李饮冰与希圣弄权不法，丞相李善长奏之。太祖将二人黥面，云：“奸诈百端，谲诡万状，宜此刑。”割饮冰之乳，即死；劓希圣之鼻，淮安安置。[5]

佥事陈养吾作诗曰：“城南有嫠妇，夜夜哭征夫。”太祖知之，

图6

1 （明）邓士龙辑《国朝典故》卷四《国初事迹》，第99～100页。

2 （明）邓士龙辑《国朝典故》卷四《国初事迹》，第100页。

3 （明）邓士龙辑《国朝典故》卷四《国初事迹》，第99页。

4 （明）邓士龙辑《国朝典故》卷四《国初事迹》，第103页。

5 （明）邓士龙辑《国朝典故》卷四《国初事迹》，第77页。

以为伤时，取到湖广，投之于水。[1]

由此类事实，可知朱元璋器量狭小、为人阴狠。再如：

> 太祖尝使人察听在京将官家有女僧诱引，华高、胡大海妻敬奉两僧，行金天教法。太祖怒，将二家妇及僧投于河。[2]
>
> 徐达围苏州，太祖特命指挥傅友德领军马三百，与同徐州陆参政出哨济宁，以警中原。赐友德宴，命叶国珍陪饮，拨与歌妓十余人。太祖令内官觇视，后国珍令歌妓脱去皂冠、皂褙子，穿华丽衣服混坐。太祖怒，令壮士拘执国珍，与妓妇连锁于马坊，妓妇劓去鼻尖。[3]

由此类事实，可知朱元璋性格乖戾、冷酷凶暴。通观《国初事迹》，朱元璋诛杀甚多，所用刑罚极为残酷，包括凌迟、杖杀、投水溺杀、处死碎骨、割乳、劓鼻、断脚筋、削鼻尖、刺字、漆黥等。

《国初事迹》描绘的朱元璋，实际上是一个复合的形象：一方面，朱元璋号令严明，处事果断，节俭爱民；另一方面，朱元璋心胸狭窄，性格乖戾，为人残暴。可以说，刘辰通过杂乱琐碎的记述，鲜活地勾勒出一位从社会最底层崛起的草莽英雄形象。

刘辰撰写此书，是为了进献皇帝以供史官参考，他肯定不想也不敢抹黑朱元璋。此书写了这么多有损于朱元璋正面形象的“事迹”，恐怕是因为在刘辰的心目中，这些事迹并不像朝廷史官或后人认为的那样是朱元璋的污点，而是反映了朱元璋敢作敢为的英雄本色。对于刘辰来说，朱元璋并不是高高在上的象征符号，而是他曾经直接接触过的活生生的人物。刘辰在回忆朱元璋的事迹时，恐怕也是有所选择的，他要通过这些事迹描绘“身边的英雄”。古典文学名著《水浒传》，无疑是一部“英雄小说”，其定型时期正是刘辰生活的时代。在今人看来，其中的英雄人物多有凶暴之举，然而这并未影响其在百姓心中的英雄形象，毋宁说，他们的凶暴行为，也是塑造英雄形象的构件之一。对于《国初事迹》的描写，亦当如此理解。

三 “圣王”的标准像：《明太祖实录》的形象建构

刘辰撰写《国初事迹》，旨在为纂修实录提供素材。但经笔者粗略检索对比，

---

1 （明）邓士龙辑《国朝典故》卷四《国初事迹》，第105页。

2 （明）邓士龙辑《国朝典故》卷四《国初事迹》，第101页。

3 （明）邓士龙辑《国朝典故》卷四《国初事迹》，第96页。

发现此书所述事实，被《明太祖实录》采纳者并不多。就是两书都提到的史事，也往往相互抵牾。如《国初事迹》记云："癸卯年三月，张士诚围安丰，福通请救，太祖亲赴援之，先遣常遇春引兵至安丰，士诚遂解围。福通奉韩林儿弃安丰，退于滁州居之。"[1]而《明太祖实录》记此事云："张士诚将吕珍攻刘福通等于安丰，入其城，杀福通等。"[2]一说刘福通奉韩林儿退居滁州，一说在安丰被吕珍所杀。参之《庚申外史》云："先是，小明王驻兵安丰，为张士诚攻围，乘黑冒雨而出，居于滁州。至是，朱镇抚具舟楫迎归建康。小明王与刘太保至瓜州渡，遇风浪掀舟没，刘太保、小明王俱亡。"[3]可见刘辰所说似更确切，实录盖隐讳之耳。

《国初事迹》所述朱元璋的负面事实，《明太祖实录》一概摒弃不录，恐怕并非是因为所述不实，而是这些事实不符合"圣王"形象。在中国古代政治思想中，关于君主应当具备的品格和治理国家的方式，各家存在不同的看法。儒家提倡的是"圣王"模式，即要求君主"内圣外王"，将政治与道德融为一体，按照圣贤之道修身、齐家、治国、平天下；而法家却将道德排斥在政治之外，主张君主集权专制，不受外在约束，这可以说是一种"暴君"模式。汉代以来，儒家逐步确立了在意识形态领域中的绝对主导地位，其"圣王"理想也就成为塑造君主形象的标准参照物。而明成祖纂修太祖实录的目的，并非"不溢美、不隐恶"地记录朱元璋一生的言行事迹，而是要塑造一个上应天命、一言一行均合乎古圣先贤之道的"圣王"形象（图 7）。在名义上由朱棣撰写的序言中，这一意图已表露无遗。

> 朕皇考太祖圣神文武钦明启运俊德成功统天大孝高皇帝，统承天命，龙飞濠梁，扫灭群雄，除暴救民，拨乱反正，不十余年而成帝业。其间战攻讨伐，指麾号令，动如神明，无往不克；及功成治定，制礼作乐，立法创制，纤悉备具，靡有所遗。诚卓冠于古今者也。于乎！天生我皇考圣智聪明，为启运创业之君，夫岂偶然。数十余年为治之迹，诒谋之道，光辉显著，昭如日月。朕命史臣修纂实录，垂宪万世，使子孙臣庶仰而承之，尊而守之，可以维持天下于悠久。[4]

1　（明）邓士龙辑《国朝典故》卷四《国初事迹》，第 96 页。

2　《明太祖实录》卷一二，癸卯年二月癸酉，台湾中研院史语所校勘，1962 年影印本，第 148 页。

3　（明）权衡：《庚申外史笺证》卷下，任崇岳笺证，中州古籍出版社，1991，第 136 页。

4　《明太祖实录》卷首《太祖高皇帝实录序》，第 1 ～ 2 页。

图 7

监修官夏原吉、总裁胡广等进呈的《修实录表》，也称颂朱元璋“天地合德，日月同明，膺景命而隆兴，握贞符而御历”，“身致太平，卓冠百王之盛，德兼文武，超越六籍之闻”。[1] 由于缺乏其他来源的系统资料，目前无法对实录的记载进行全面检核，但遗存下来的一些明初文献已足可证明，为了塑造朱元璋“卓冠百王”“德兼文武”的圣王形象，实录纂修者们本着为尊者隐讳、为尊者增饰的非历史主义原则，花费很大心力对有关史料进行了裁剪、修改甚至编造。[2]

众所周知，朱元璋出身贫寒，他自己对此从不隐讳，更拒绝攀扯名人做祖先，常将“朕本淮右布衣”挂在嘴边，这显示了他超越前人的自信和识见。但实录纂修者却不甘心于此，开篇即给他安上一个显赫家世：“其先帝颛顼之后，周武王封其苗裔于邾，春秋时子孙去邑为朱氏，世居沛国相县，其后有徙居句容者，世为大族，人号其里为朱家巷。”为了证明朱元璋是上天眷顾的真龙天子，实录还把许多稀奇古怪的传说采纳入史，也不能排除有些“神迹”本身就是史官编造的。如其母娠时梦黄冠赠白药丸、出生时红光满室、出生后夜数有光、道士预言其父八十三当大贵、西游合肥遇两紫衣人、在六安遇老儒言其命极贵等。[3]

而对于朱元璋那些有损“圣王”形象的言行，实录绝不肯据实直录，而是轻轻带过或置若罔闻。比如，朱元璋以重典治世，观其自著《大诰》三编，罗列凌迟、枭令、夷族罪千余条，斩首弃市以下罪万余种，[4] 用刑十分残酷。对这种法外用刑的情况，实录几乎无所反映，而关于崇教

1　《明太祖实录》卷首《进实录表》，第 2 ~ 3 页。

2　参看谢贵安《试述〈明太祖实录〉对朱元璋形象的塑造》，《学术研究》2010 年第 5 期。

3　参看《明太祖实录》卷一开篇对朱元璋家世和起兵前事迹的记述，第 1 ~ 4 页。

4　杨一凡：《明初重典考》，湖南人民出版社，1984，第 31 页。

化、恤刑之类的记述却连篇累牍。就在颁行《大诰》续编和三编的那一年，实录有如下记载。

都察院左都御史詹徽上言：“陛下之于刑狱，每存钦恤之意，盖欲期于无刑。而顽民狎玩，犯者不止。臣愚以为莫若严刑以制之，使知所畏而重犯法。”上览之曰：“刑不可使纵弛，亦不可使过严。纵弛则为恶者无所畏，过严则为善者或滥及。用刑之道，但贵得中，得中则刑清，失中则刑乱，刑乱而政衰矣。如尔所言，恐流于滥，其可哉！”[1]

这段记载所披露的用刑观念，与《大诰》迥然有异。朱元璋的法治思想比较复杂，思想与行动也不尽一致，上述记载可能确实也是他的真实想法。但问题是，实录取此舍彼，将他用刑残酷的一面完全掩饰，展现的就已经不是那个真实的朱元璋了。

现存洪武七年（1374）纂成的《皇明宝训》，保存着较《明太祖实录》更为原始的一些资料。将两书加以对比便可以发现，为了维护朱元璋的“圣王”形象，实录纂修者们经常大肆更改史实。[2]限于篇幅，这里仅举一例。据《明太祖实录》记载：

上御奉天门，召元之旧臣，问其政事得失。马翼对曰：“元有天下，以宽得之，亦以宽失之。”上曰：“以宽得之则闻之矣，以宽失之则未之闻也。夫步急则踬，弦急则绝，民急则乱，居上之道，正当用宽。但云宽则得众，不云宽之失也。元季君臣耽于逸乐，循至沦亡，其失在于纵弛，实非宽也。大抵圣王之道，宽而有制，不以废弃为宽；简而有节，不以慢易为简。施之适中，则无弊矣。”[3]

关于这次对话，洪武七年所修《皇明宝训》中亦有记载，但与实录完全不同。

帝御奉天门，召见元朝旧臣，问以政事之得失。诸人各有所对，有色目人马翼独曰：“臣等皆元朝臣子，既不能死节，若又言元朝之得失，其罪愈大矣。”帝曰：“不然，朕欲闻元朝之失，正欲为朕之监戒。如行车者，前车既覆，后车不当循其辙也。朕观元朝之失天下，失在太宽。昔秦失于暴，

1　《明太祖实录》卷一七九，洪武十九年十二月戊申，第 2718 页。

2　参看杨永康《洪武七年官修〈皇明宝训〉史料价值初探》，《史学史研究》2008 年第 3 期。下面所举事例即引自该文。

3　《明太祖实录》卷三八，洪武二年正月庚子，第 759 ~ 760 页。

汉兴济之以宽，以宽济猛，是为得之。今元朝失之于宽，故朕济之以猛，宽猛相济，惟务适宜尔。”[1]

根据《皇明宝训》，马翼因自己曾是元朝臣子，不肯言元朝之过失，而所谓元朝以宽失天下，本是朱元璋自己的说法。而实录竟然颠倒篡改，将此种言辞硬塞到马翼口中，又给朱元璋编造了一套“居上之道，正当用宽”的堂皇说辞，从而塑造了一个合乎“圣王之道”的仁爱君主形象。

四　获得天命的暴君：江南野史中的朱元璋形象

正如伊佩霞所说，“在中国历史进程中，很少有像明朝那样深受其建立者个人个性影响的王朝”[2]。作为开国皇帝的朱元璋，对其创立的王朝的确产生了深远影响，同时也成为明朝人长久关注的对象。特别是明中叶以降随着思想控制的放松，在大多出自江南文人之手的野史笔记，如徐祯卿《翦胜野闻》、祝允明《野记》、黄溥《闲中今古录》、沈文《圣君初政记》等书中，出现了大量有关朱元璋的描述。所述故事五花八门，其中有两点特别突出：一是把朱元璋“神化”，着力渲染其真命天子的异兆；二是把朱元璋“魔化”，着力渲染其残虐暴戾的性情。

中国古代经历过多次改朝换代，人们普遍相信，那些能够创立新朝的开国者，一定得到天命眷顾，很多开国君主往往也有意编造一些神奇故事，以证明自己是“真命天子”。朱元璋从穷僧一跃而成为皇帝，极富传奇色彩，也免不了会经历一个“神化”过程（图 8）。如前所述，《明太祖实录》早在编纂之时，就收录了不少神异传说。明代中后期的野史笔记，对于这方面更是津津乐道，而且所述故事越来越离奇，现转录两则于下。

淳皇帝及后族疾疫死，重四公继之，贫薄不能具棺穿穴。太祖与仲兄谋辇葬山谷中，行未抵所而绠绝，仲返计，太祖视尸。忽风雷震电，太祖避树下，闻空中神语曰：“孰袭取我土？”仿佛有应者，具淳皇帝讳，神曰：“为若人则已。”已而，暴风扬沙折木，天转晦。比明，往视之，土裂尸已陷入，田伯刘大秀遂归其地而辞其价，即今凤阳陵寝是其地也。[3]

1　（明）宋濂等：《皇明宝训》卷三《论治道》，收入（明）顾炎武编《皇明修文备史》，《北京图书馆古籍珍本丛刊》第 8 册，书目文献出版社，1990 年影印本，第 34 页上栏。

2　〔美〕伊佩霞：《剑桥插图中国史》，第 140 页。

3　（明）邓士龙辑《国朝典故》卷三《翦胜野闻》，第 50 页。

图 8

> 太祖在滁，尝濯手于柏子潭，有五蛇扰而就之，因祝之曰："如天命在予，汝其来附焉。"一日战毕，群坐籍土，蛇忽蜿蜒其侧，帝乃掩以兜鍪。顷复报战，亟戴之而往，是日手刃者甚众。军法战胜必祭甲胄，众推帝功居多，乃置其兜鍪于前，甫奠，忽霹雳大震，白龙夭矫自兜鍪中出，挟雷声，握火光，腾空而去，诸将等自是畏服。[1]

除了这类宣扬天命神授的"神化"故事，更值得注意的是，在这些野史笔记中，讲述了大量有损朱元璋圣王明君形象的负面故事，比如心胸狭隘、猜忌多疑。

> 太祖既营大内，而以旧禁赐中山王，王谢不敢。继而觞焉，至大醉，使人扶寝禁内，密伺其意。已而达醒，惊拜殿下，帝闻之乃喜。[2]
>
> 太祖多疑，每虑人侮己，杭州儒学教授徐一夔曾作贺表上，其词有云"光天之下"，又云"天生圣人，为世作则"。帝览之，大怒曰："腐儒乃如是侮我耶？'光'者僧也，以我尝从释也，

1 （明）邓士龙辑《国朝典故》卷三《翦胜野闻》，第 51 页。

2 （明）邓士龙辑《国朝典故》卷三《翦胜野闻》，第 53 页。

光则摩发之谓矣。‘则’字近贼，罪坐不敬。”命收斩之。礼臣大惧，因请曰：“愚蒙不知忌讳，乞降表式。”帝因自为文式布天下。[1]

又如刻薄寡恩、伪善不义。

徐魏国公达病疽，疾甚，帝数往视之，大集医徒治疗。且久，病少差，帝忽赐膳，魏公对使者流涕而食之，密令医工逃逸。未几，告薨。亟报帝，帝蓬跣担纸钱道哭至第，命收斩医徒。夫人大哭出拜帝，帝慰之曰：“嫂勿为后虑，有朕存焉。”因为赒其后事而还。[2]

太祖尝下诏免江南诸郡秋税，复税之。右正言周衡进曰：“陛下有诏已蠲秋税，天下幸甚，今复征之，是示天下以不信也。”上曰：“然。”未几，衡告归省假。衡，无锡人，去金陵甚近，与上刻六日后复朝参，衡七日失期。上怒曰：“朕不信于天下，汝不信于天子矣。”遂命弃市。[3]

再如性格暴虐、残忍嗜杀。

太祖尝于上元夜观灯，京师人好为隐语，书于灯，使人相猜，画一妇怀瓜，深触忌犯。帝就视，因喻其旨，甚衔之。明日，令军士大僇居民，空其室。盖太后祖贯淮西，故云。[4]

高皇微行大中桥旁，闻一人言繁刑者，语近不逊。上怒，遂幸徐武宁第，武宁已出，夫人出迎上，上问：“王安在？”夫人对以何事在何所，夫人欲命召，上止之。又言：“嫂知吾怒乎？”夫人谢不知。因大惧，恐为王也，叩首请其故，上曰：“吾为人欺侮。”夫人又请之，上怒甚，不言。久之，命左右往召某兵官帅兵三千持兵来，上默坐以待。夫人益恐，以为决屠其家矣，又迄不敢呼王。顷之，兵至，上令二兵官守大中、淮清二桥，使兵自东而西诛之，当时顿灭数千家。上坐以俟返命乃兴。[5]

1 （明）邓士龙辑《国朝典故》卷三《翦胜野闻》，第61页。

2 （明）邓士龙辑《国朝典故》卷三《翦胜野闻》，第61页。

3 （明）邓士龙辑《国朝典故》卷三《翦胜野闻》，第61页。

4 （明）邓士龙辑《国朝典故》卷三《翦胜野闻》，第60页。

5 （明）邓士龙辑《国朝典故》卷三一《野记一》，第513页。

诸书所述朱元璋杀人事极多，许多人稀里糊涂丢了性命。如“太学初成，幸观，怒某处侈费，命埋督造部官于畧台下顷”。又如“詹舍人希原书宫殿公署榜，最后写太学集贤门，门字右文稍钩其末。上曰：‘吾方欲集贤，希原欲闭门，塞吾贤路耶？’以此杀之。”[1] 其中有些刑罚骇人听闻，简直把朱元璋描述成为心理变态的杀人狂魔（图 9）。

> 国初重辟，凌迟处死外，有刷洗，裸置铁床，沃以沸汤，以铁刷去皮肉。有枭令，以钩钩脊悬之。有称竿，缚置竿杪，彼末悬石称之。有抽肠，亦挂架上，以钩入谷道钩肠出，却放彼端石，尸起肠出。有剥皮，剥赃酷吏皮置公座，令代者坐警以惩，有数重者。有挑膝盖，有锡蛇游等，凡以止大憝之辟也。[2]
>
> 高祖恶顽民窜迹缁流，聚犯者数十人，掘地埋其躯，十五并列，特露其顶，用大斧削之，一削去头数颗，谓之“铲头会”。[3]

图 9

明代中后期野史笔记的作者，大多“生长闾阎间，不复知县官事，谬闻而遂述之”[4]，所述朱元璋事迹皆得自传闻，恐怕只能视为“齐东野人”之语。比如前揭《翦胜野闻》所记徐一夔因贺表被杀事，以及诸书所记其他一些文字狱案，经考证多属子虚乌有[5]。不过，这些故事本身虽然并不可信，但真实地展示了明代中后期江南人心目中的朱元璋形象。这种形象与《明太祖实录》所塑造的朱元璋形象相去甚远，但与《国初事迹》所展示的朱元璋形象却颇为接近，只不过大大强化了朱元璋黑暗的一面。

1 （明）邓士龙辑《国朝典故》卷三一《野记一》，第 507 页。

2 （明）邓士龙辑《国朝典故》卷三一《野记一》，第 512 页。

3 （明）邓士龙辑《国朝典故》卷三一《野记一》，第 512 页。

4 （明）王世贞：《弇山堂别集》卷二〇《史乘考误一》，魏连科点校，中华书局，1985，第 361 页。

5 参看陈学霖《明太祖文字狱案考疑》，载中国社会科学院历史研究所明史研究室编《明史研究论丛》第 5 辑，江苏古籍出版社，1991；王春瑜：《明初二高僧史迹考析》，《史林》1988 年第 3 期。

五 结语

如同传世画像中朱元璋呈现两种不同面貌一样，在文字资料中，朱元璋也呈现出两种非常不同的形象，而且两者可以相互呼应印证。其中官方纂修的《明太祖实录》，显然是以儒家理想为参照而将其“神圣化”，塑造了一位“身致太平，卓冠百王之盛，德兼文武，超越六籍之闻”的圣王形象。而江南野史笔记的作者，如同实录纂修者一样，也高度认可朱元璋“膺景命而隆兴，握贞符而御历”，讲述了很多证明他得到天命眷顾的故事；但与此同时，又通过讲述大量负面性故事把朱元璋“妖魔化”了，塑造了一个心胸狭窄、嗜血成性的暴君形象（图 10）。

然而，正如谢贵安在讨论实录纂修时所说：“无论怎么‘化’，也都是在纂修对象基本性格和客观活动的基础上进行的增饰或诬诋。也就是说，修纂者是根据对象的不同和自身所处政治环境的不同，对实录的传主进行不同的设计和塑造，不会完全不顾所载对象的个性特色和基本活动而肆意粉饰和诬诋。”[1] 参照记事相对可信的《国初事迹》，可以看出，朱元璋身上本身就存在“圣”与“魔”的二重性。如果单将前一方面挑选出来，朱元璋可与尧、舜、禹、汤媲美；如果单将后一方面挑选出来，朱元璋可与夏桀、商纣比肩。我们可以从象征的意义上理解世传的朱元璋两类画像：美观的一类是“神圣化”的产物，展现了官方对“圣王”的塑造；丑陋的一类是“妖魔化”的产物，展现了民间对“暴君”的想象。

图 10

1　参看谢贵安《试述〈明太祖实录〉对朱元璋形象的塑造》，《学术研究》2010 年第 5 期。

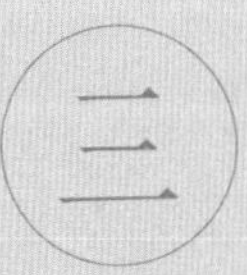

考古与文献

新出郑译墓志所见隋初的乐治与国家*

■ 王庆卫（西安碑林博物馆）

关于乐治在国家中的作用，隋文帝曾下诏言："在昔圣人，作乐崇德，移风易俗，于斯为大。"[1]隋代乐制上承两晋南北朝，下启唐代，在中国音乐史上具有重要的地位，尤其是隋文帝开皇时期乐制改革的影响最为凸显。在此背景下，对于隋代音乐本身及制度的研究历来是音乐史的关注点。近年来从国家与社会的视角分析乐治日益引起学界关注，目前已有宏大精彩的专论出版。[2]隋开皇年间，文帝举行的音乐改革出于多种目的与需要，郑译作为重要的参与者在其中发挥了积极的作用。前贤对此多有讨论，[3]而从政治史的视角分析探讨郑译及其开皇乐制改革的问题还有进一步的余地。基于此，本文试在勾稽文献的基础上，结合新发现的郑译墓志对此问题再做申论，相信随着研究的深入，将有利于促进我们对隋代音乐史的认识。

---

* 本文为国家社科基金一般项目"唐代石刻史料编年辑证"（编号：17BZS033）阶段性成果。

1 （唐）魏徵等撰《隋书》卷二《高祖纪下》，中华书局，1973，第38页。

2 如〔日〕渡边信一郎：《中国古代の楽制と国家：日本雅楽の源流》，文理阁，2013；高明士：《中国中古礼律综论：法文化的定型》，元照出版公司，2014；〔日〕户川贵行：《東晋南朝における傳統の創造》，汲古书院，2015。

3 〔日〕林谦三：《隋唐燕乐调研究》，郭沫若译，商务印书馆，1936；沈冬：《隋代开皇乐议研究》，《新史学》第4卷第1期，1993；王嵘：《苏祗婆与龟兹音乐的东传》，《西域研究》1996年第4期；郑祖襄：《"开皇乐议"中的是是非非及其他》，《中国音乐学》2001年第4期；李石根：《隋代的一次声律学大辩论——开皇乐议》，《交响（西安音乐学院学报）》2001年第1期；王立增：《开皇乐议与隋初政治》，《天津音乐学院学报（天籁）》2003年第4期；孙晓辉：《两唐书乐志研究》，上海音乐学院出版社，2005；沈冬：《中古长安，音乐风云——隋代"开皇乐议"与音乐、文化变迁》，载陈平原等编《西安：都市想象与文化记忆》，北京大学出版社，2009；王志芳：《浅议"开皇乐议"》，《大舞台》2010年第7期；孙英刚：《音乐史与思想史：〈景云河清歌〉的政治文化史研究》，载武汉大学中国三至九世纪研究所编《魏晋南北朝隋唐史资料》第26辑，武汉大学文科学报编辑部出版，2010；葛恩专：《开皇乐议研究》，硕士学位论文，陕西师范大学音乐学院，2011；翟源：《论"开皇乐议"的历史功绩》，《南京艺术学院学报》2012年第3期；沈冬：《东风不竞，乐调西来——试探林谦三〈隋唐燕乐调研究〉与"开皇乐议"》，载吴相洲主编《乐府学》第12辑，社会科学文献出版社，2015；六朝楽府の会訳注《〈隋書·音樂志〉訳注》，和泉书院，2016。

一 开皇乐议中的郑译

隋文帝之建国，名曰禅让，其实不然。其立国之后就进行了礼法制度的改革，以此来昭示隋王朝国家权力的正统性和合法性，这是一个重要的政治意识。音乐作为彰显国家权力的外化手段，在构建天下一统的过程中具有不可忽视的作用。《隋书》卷一四《音乐志中》云：

> 开皇二年，齐黄门侍郎颜之推上言："礼崩乐坏，其来自久。今太常雅乐，并用胡声，请冯梁国旧事，考寻古典。"高祖不从，曰："梁乐亡国之音,奈何遣我用邪？"是时尚因周乐，命工人齐树提检校乐府，改换声律，益不能通。俄而柱国、沛公郑译奏上，请更修正。于是诏太常卿牛弘、国子祭酒辛彦之、国子博士何妥等议正乐。然沧谬既久，音律多乖，积年议不定。高祖大怒曰："我受天命七年，乐府犹歌前代功德邪？"命治书侍御史李谔，引弘等下，将罪之。谔奏："武王克殷，至周公相成王，始制礼乐。斯事体大，不可速成。"高祖意稍解。[1]

从开皇二年（582）颜之推上言正雅乐开始，围绕着音乐乐律的争议一直持续到开皇十四年（594），这场长达十多年的乐制讨论贯穿了整个开皇时期，在当时的社会文化中影响颇大，音乐史上将此事件一般称为"开皇乐议"。开皇乐议不但将胡乐乐律端上了台面，也使得南北朝以来的雅乐和胡乐的冲突更加明显，可以说是中乐胡化过程中的最重要的一场攻防战。[2]此次乐议涉及的人员之多、时间之久在历代都是罕见的。根据乐议事件的发展变化，开皇乐议可分为二个阶段：第一个时期为开皇二年至九年（582 ~ 589），其中开皇七年（587）为争论的高潮点；第二个时期为开皇九年至十四年（589 ~ 594），以平定南陈为此次乐议之分界线。[3]开皇乐议主要针对的是雅乐问题，在北魏、西魏北周和东魏北齐时，宫廷雅乐多采用和本民族有关的音乐，以洛阳旧乐为代表，隋立国后当时的雅乐制度较为混乱，乐制整理则成为新王朝首先需要面对并解决的问题。开皇元年，隋文帝即位后即着手礼乐律令的修订，以苏威为太常卿，完善宗庙乐、朝会乐和卤簿鼓吹等。开皇二年，朝廷所用的雅乐还是北周旧乐，这与塑造隋的正统地位是不合时宜的，故颜之推上书建议以梁国音乐为基础来重新回归传统。此建议被隋文帝的否定，之后命齐树提等检

1　（唐）魏徵等撰《隋书》卷一四《音乐志中》，第 345 页。

2　参看沈冬《隋代开皇乐议研究》，《新史学》第 4 卷第 1 期，第 3 页。

3　参看葛恩专《开皇乐议研究》，第 23 页。

校声律，但问题依然没有解决，乐议事态反而进一步扩大。

开皇二年至七年中，先后有牛弘、郑译、辛彦之、何妥、崔赜、房晖远、萧吉等人参与乐议当中。到开皇七年时乐制仍议不定，隋文帝大怒欲治牛弘等人之罪，后意稍解。开皇六年（586）牛弘为太常卿，七年时总知乐事，组织众人参详乐制，参与者主要有郑译、苏夔、万宝常、何妥、卢贲、明克让等。开皇七年乐议时郑译提出了自己的乐论主张，对此《隋书》卷一四《音乐志中》记载详备。

> 又诏求知音之士，集尚书，参定音乐。译云："考寻乐府钟石律吕，皆有宫、商、角、徵、羽、变宫、变徵之名。七声之内，三声乖应，每恒求访，终莫能通。先是周武帝时，有龟兹人曰苏祇婆，从突厥皇后入国，善胡琵琶。听其所奏，一均之中间有七声。因而问之，答云：'父在西域，称为知音。代相传习，调有七种。'以其七调，勘校七声，冥若合符。一曰'娑陁力'，华言平声，即宫声也。二曰'鸡识'，华言长声，即商声也。三曰'沙识'，华言质直声，即角声也。四曰'沙侯加滥'，华言应声，即变徵声也。五曰'沙腊'，华言应和声，即徵声也。六曰'般赡'，华言五声，即羽声也。七曰'俟利箑'，华言斛牛声，即变宫声也。"译因习而弹之，始得七声之正。然其就此七调，又有五旦之名，旦作七调。以华言译之，旦者则谓"均"也。其声亦应黄钟、太簇、林钟、南吕、姑洗五均，已外七律，更无调声。译遂因其所捻琵琶，弦柱相饮为均，推演其声，更立七均。合成十二，以应十二律。律有七音，音立一调，故成七调十二律，合八十四调，旋转相交，尽皆和合。仍以其声考校太乐所奏，林钟之宫，应用林钟为宫，乃用黄钟为宫；应用南吕为商，乃用太簇为商；应用应钟为角，乃取姑洗为角。故林钟一宫七声，三声并戾。其十一宫七十七音，例皆乖越，莫有通者。又以编悬有八，因作八音之乐。七音之外，更立一声，谓之应声。译因作书二十余篇，以明其指。至是译以其书宣示朝廷，并立议正之。[1]

开皇乐议中最核心的是音律问题。开皇初年，音律多乖和当时并用胡乐有一定的关联，这种情况主要是音阶和宫调上使

1　（唐）魏徵等撰《隋书》卷一四《音乐志中》，第 345 ~ 346 页。

用的混乱，针对这种现状郑译在学习苏祗婆五旦七调的基础上，提出了自己的音乐理论八十四调。在郑译的理论提出后，他的观点受到了苏夔的质疑，苏夔乃苏威子，在音乐方面亦有造诣。苏夔驳郑译云："《韩诗外传》所载乐声感人，及《月令》所载五音所中，并皆有五，不言变宫、变徵。又《春秋左氏》所云：'七音六律，以奉五声。'准此而言，每宫应立五调，不闻更加变宫、变徵二调为七调。七调之作，所出未详。"译答之曰："周有七音之律，《汉书·律历志》，天地人及四时，谓之七始。黄钟为天始，林钟为地始，太簇为人始，是为三始。姑洗为春，蕤宾为夏，南吕为秋，应钟为冬，是为四时。四时三始，是以为七。今若不以二变为调曲，则是冬夏声阙，四时不备。是故每宫须立七调。"众从译议。译又与夔俱云："案今乐府黄钟，乃以林钟为调首，失君臣之义，清乐黄钟宫，以小吕为变徵，乖相生之道。今请雅乐黄钟宫，以黄钟为调首，清乐去小吕，还用蕤宾为变徵。"众皆从之。[1]通过郑译与苏夔二人的辩论，众人基本赞同了郑译提出的乐理，然而此时郑译的乐论又先后受到了万宝常和何妥的反对。

《隋书》卷七八《万宝常传》载："开皇初，沛国公郑译等定乐，初为黄钟调。宝常虽为伶人，译等每召与议，然言多不用。后译乐成奏之，上召宝常，问其可不，宝常曰：'此亡国之音，岂陛下之所宜闻！'上不悦。"[2]万宝常所言郑译之乐论为亡国之音，可能与郑译乐论是结合了中原和西域的乐理有关。除此之外，万宝常亦有八十四调、一百四十四律和一千八声的乐论，宝常的八十四调是依据《周礼》旋宫之义而来，以声音雅淡为特点，在当时可以说是较为正宗的华夏之音了。

针对郑译提出的乐理，何妥提出了不同的主张，他否定了旋相为宫理论，独选取郑译的黄钟一宫和采用清商三调。《隋书》卷一四《音乐志中》载：

> 而何妥旧以学闻，雅为高祖所信。高祖素不悦学，不知乐，妥又耻已宿儒，不逮译等，欲沮坏其事。乃立议非十二律旋相为宫，曰："经文虽道旋相为宫，恐是直言其理，亦不通随月用调，是以古来不取。若依郑玄及司马彪，须用六十律，方得和韵。今译唯取黄钟之正宫，兼得七始之妙义。非止金石谐韵，亦乃簨虡不繁，可以享百神，可以合万舞矣。"而又非其七调之义，曰："近代书记所载，缦乐鼓琴吹笛之人，多云'三调'。三调之声，

1　（唐）魏徵等撰《隋书》卷一四《音乐志中》，第 346 ~ 347 页。

2　（唐）魏徵等撰《隋书》卷七八《万宝常传》，第 1784 页。

> 其来久矣。请存三调而已。”……是时竞为异议，各立朋党，是非之理，纷然淆乱。或欲令各修造，待成，择其善者而从之。妥恐乐成，善恶易见，乃请高祖张乐试之。遂先说曰：“黄钟者，以象人君之德。”及奏黄钟之调，高祖曰：“滔滔和雅，甚与我心会。”妥因陈用黄钟一宫，不假余律，高祖大悦，班赐妥等修乐者。自是译等议寝。[1]

何妥的“黄钟一宫”乐论从音乐角度是难以实现的，但他将政治与音乐紧密联系在一起，以达到乐与政通的目的，进一步发挥音乐“移风易俗，莫善于乐”的社会作用，来加强维护隋朝的政治统治。[2]何妥的乐论基础就是为皇权服务的，《隋书》卷七五《何妥传》载：“臣闻明则有礼乐，幽则有鬼神，然则动天地，感鬼神，莫近于礼乐。又云乐至则无怨，礼至则不争，揖让而治天下者，礼乐之谓也。臣闻乐有二，一曰奸声，二曰正声……正声感人，而顺气应之，顺气成象，而和乐兴焉。故乐行而伦清，耳目聪明，血气和平，移风易俗，天下皆宁……案圣人之作乐也，非止苟悦耳目而已矣。欲使在宗庙之内，君臣同听之则莫不和敬；在乡里之内，长幼同听之则莫不和顺；在闺门之内，父子同听之则莫不和亲。此先王立乐之方也。”[3]据此，其意明矣。

第一阶段的乐议以郑译乐论寝疾而终，开皇九年灭陈之后，南朝大量的音乐材料进入隋朝，牛弘的建言再次将开皇乐议推到了一个高潮。此次平陈，在音乐方面的具体收获有南朝旧乐清商乐、江左旧工、四悬乐器、十二枚律管、十五等尺等，在此条件下隋文帝又命牛弘、万宝常、何妥、苏夔、姚察、虞世基、刘臻、许善心等再次定乐，而郑译则没有再参与乐议事宜。第二阶段的乐议最后延续的依然是何妥的观点，开皇十四年所定的隋代雅乐，唯奏“黄钟一宫”而已。

从历史的发展变化来看，郑译的乐论对于后来音乐产生了积极影响，对于郑译在开皇乐议中的作用，隋文帝评价为：“律令则公定之，音乐则公正之。礼乐律令，公居其三，良足美也。”[4]郑译的理论在开皇乐议中虽然被否定了，但仍然为当时的音乐实践所用，尤其在燕乐七部乐和九部乐中表现得较为明显，[5]从现在看来郑译在中外音乐交流、推广西域音乐、推动隋唐

---

1 （唐）魏徵等撰《隋书》卷一四《音乐志中》，第 347 ~ 348 页。

2 参看陈四海、葛恩专《何妥与开皇乐议》，《陕西师范大学学报》（哲学社会科学版）2010 年第 4 期。

3 （唐）魏徵等撰《隋书》卷七五《何妥传》，第 1712 ~ 1713 页。

4 （唐）魏徵等撰《隋书》卷三八《郑译传》，第 1138 页。

5 参看郑祖襄《“开皇乐议”中的是是非非及其他》，《中国音乐学》2001 年第 4 期。

音乐进步等领域均有不可或缺的贡献，在当时代表着较为先进的音乐理论，促进了中国音乐史的发展。[1] 虽然如此，郑译的音乐理论在开皇乐议中被隋文帝所否定，其缘由史传记载主要有二：一是不如“黄钟一宫”理论可以最大程度的来表现帝王政治的思想需要，二是含有所谓的亡国之音。那么，原因只是如此吗？通过文献行文处的细微审视，笔者认为其背后还蕴含着更深层次的理由和历史背景，而这正和郑译的生平历程息息关联。

二　郑译其人其事

郑译，《周书》《隋书》《北史》均有传。他在杨坚以隋代周过程中用功颇多，到了隋代开皇时期又在音乐律法修订方面卓有建树，素为研究者重视。令人欣喜的是，时隔千年，郑译墓志出现在我们面前。此志近年出土于西安地区，志盖拓本（图 1 ）长 40.5 厘米、宽 41.5 厘米，盖题四行，行四字，篆书“隋故岐州刺史上柱国沛国达公郑君铭”；志石拓本（图 2 ）长宽均 52 厘米，36 行，满行 37 字，正书，有方界格。先录文并标点如下。

隋故岐州刺史上柱国沛国达公郑君墓志之铭

君讳译，字正议，荥阳开封人也。胄绪之兴，鸿源斯远。自郃邑肇基，光配天之业；岐阳留爱，阐仁化之风。司徒善职，忠规之义斯重；典午勤王，夹辅之功为大。自兹已降，英灵不绝。祖琼，魏太常卿、青州刺史。厘综五礼，宣奉六条。迈稷嗣之通博，兼阳乡之明允。父道邕，周少司空、大将军、金乡文公。庄敬表于闺门，政绩宣于州部。清风重誉，见美当时。公禀德辰象，降灵川岳。气调不群，风摽特秀。幼而笃志坟史，游艺丝桐，备览百家，旁该六乐。起家奉敕，事辅城公，即周高祖武皇帝也。曳裾盛府，整笏霸朝。武帝深加礼异，用光寮彩。转帅都给事中士，任中侍上士、平东将军、右银青光禄大夫、左侍上士，迁左宫伯上士。及居外忧，毁几灭性，表求终制，优敕不许，仍授使持节车骑大将军、仪同三司。天和七年，晋公护伏罪，武帝始览万机，仍授御正下大夫。东宫初建，以公为太子宫尹下大夫。建德二年，奉诏聘齐，公辞令优敏，文史该洽。拭玉专对，皇华斯在，因撰《行记》及《齐地图》，还以陈奏。四年，

1　参看刘镇钰《隋代音乐家郑译》，《中国音乐学》1991 年第 3 期；葛恩专：《隋代音乐家郑译及其音乐思想》，《兴义民族师范学院学报》2011 年第 5 期；张帆、石敦岗：《隋代音乐家郑译的成就述略》，《兰台世界》2013 年第 15 期。

图1　墓志盖

从皇太子伐吐谷浑，以破贼功，赐爵开国子，邑三百户。五年，授相州吏部大夫兼大使，慰劳青齐等六州。公驻车理讼，褰帷求瘼，辅轩所至，秋豪无犯。夏六月，武帝崩，宣帝即位，授使持节、开府仪同三司、大将军、内史中大夫、归昌县开国公，邑一千户。遂委政事，参赞机密。大象元年，进位内史上大夫，封沛国公，邑五千户。大象二年，隋高祖自以外戚之重，每以安危为念，常思外任，以事托公。会帝命公南征，公因奏请隋国公为元帅，未发之间，主上遘疾，公乃奏留高祖。初，公与高祖有布衣之款，早怀攀附，披衿解带，分好甚隆。高祖作相，册公为柱国、相府长史、内史上大夫。八月，丞相揔百揆，授公天官都府司会，揔六府事。时逆臣尉迥、王谦、司马消难等或称兵内侮，或窃地外奔。高祖神谟上略，三方克殄，以公预谋帷幄，叶赞经纶，诏加上柱国。及火德膺运，宝历惟新，以公佐命殊勋，礼数崇重，回归昌县公封第二子善愿、第三子元琮城皋郡公、第四子元珣永安县男。公虽命属兴王，身名俱泰，每深蓼莪之感，常怀风树之悲，乃拜表陈诚，请以上柱国、沛国公，赠父贞公，诏追赠使持节、大将军、徐兖曹亳陈黎六州刺史，改谥文公。七年，诏公修聿，公斟酌简要，删略烦苛，法古适今，有如画一。公志性知足，常思外出。四年，遂除使持节隆州诸军事、隆州刺史。六年，入朝。公常以乐章残废，多历年所，乃研精覃思，博采经籍，更修《乐府声调》八篇，上表陈奏。其月，诏以为岐州诸军事、岐州刺史。公下车布政，民安吏肃。宽猛相济，条教有章。方当比迹伊睪，齐衡稷禹，而钟箭不留，蒿蒿遂远。十一年八月一日薨于岐州，春秋五十二。诏谥达公，礼也。惟公少有英才，长怀奇节，升车揽辔，志清区宇。耻一物之不知，毕天下之能事，莫不穷理尽性，探微索隐。及时值龙颜，才膺豹变，谋定帷扆，赞成鸿业。早擅辞彩，文义精新，勒成卷轴，凡廿卷。夫人兰陵萧氏，梁太宗简文皇帝之孙，当阳王大心之女。德行聿修，言容光备，闺门之训，芬若椒兰。长子太常卿、上柱国、沛国公元琇肃承家业，克隆基绪。值隋德云季，海内群飞，言望旧茔，山川遐阻，乃以武德五年十二月戊申朔十四日寄窆于雍州万年县黄台乡小陵原。虽复盛烈高风，与暄寒而永久。惧山移海变，随丹壑而湮亡。是用敬勒遗芳，播之金石。乃作铭云：

赫赫华胄，昭昭世祀。玉铉高门，朱轩贵仕。比踪七叶，联晖十纪。爰挺哲人，克光前构。
拂日孤耸，披云独秀。学冠书林，
才高文囿。幼怀负鼎，弱冠升朝。
以斯民誉，爰应嘉招。曳裾菟苑，
曾飞凤条。版荡帝图，凌夷王室。
逆鳞箴谏，正辞匡弼。子云百上，
展禽三黜。运属夏迁，时逢舜换。
伊挚翼商，仲华匡汉。业冠三杰，
功参十乱。天道斯昧，人生何促。
千月不留，百龄难续。溘尔朝露，
飘然风烛。出宿不归，□行无及。
鸟归林暝，烟生松晚。敬镌徽烈，
铭之沉琬。

据志文，郑译卒于开皇十一年（591），春秋五十二，则其生于西魏大统六年（540）。本传与《册府元龟》均载郑译字正义，今从墓志来看当为正议，志是。关于郑译父祖的情况，郑译本传载为“祖琼，魏太常。父道邕，周司空”，志文较史传为详，《北史》卷三五《郑伯猷传》云郑琼字祖珍，位范阳太守，后因其弟宠受赠为青州刺史；《北史》卷三五《郑道邕传》记载其生平甚详，妻魏李宪第五女稚瑗。郑译有子四人，分别为元琇、善愿、元琮、元珣，其中元琇为唐代第一任太常卿，任职于武德元年至四年，事详两《唐书》本传。

《隋书》卷三八《郑译传》：“译从祖开府文宽，尚魏平阳公主，则周太祖元后之妹也。主无子，太祖令译后之。由是译少为太祖所亲，恒令与诸子游集。年十余岁，尝诣相府司录李长宗，长宗于众中戏之。译敛容谓长宗曰：‘明公位望不轻，瞻仰斯属，辄相玩狎，无乃丧德也。’长宗甚异之。文宽后诞二子，译复归本生。”[1]关于郑译曾经一度出为从祖文宽之嗣事，志文没有信息表示，据史传对其幼年生活经历有更为明晰的认识。

魏恭帝元年（554）四月，宇文邕被封为辅城公，时邕年十二，郑译十五岁，武成元年（559）九月宇文邕进封为鲁国公，据志文知郑译始事宇文邕在恭帝元年四月至武成元年九月间，疑在宇文邕封为辅城公后不久。

志云：“转帅都给事中士，任中侍上士、平东将军、右银青光禄大夫、左侍上士，迁左宫伯上士。及居外忧，毁几灭性，表求终制，优敕不许，仍授使持节车骑大将军、仪同三司。”郑译居外忧事，本传记载较详，《隋书》卷三八《郑译传》载：“周武帝时，起家给事中士，拜银青光禄大夫，转左侍上士。与仪同刘昉恒侍帝侧。译时丧妻，帝命译尚梁安固公主。”[2]梁安固公主，乃梁太宗简文皇帝之孙、寻阳王大心之女，郑译尚公主约在周武帝宇文邕保定年间。萧大心于中大通四年封当阳公，大宝元年

1　（唐）魏徵等撰《隋书》卷三八《郑译传》，第1135页。

2　（唐）魏徵等撰《隋书》卷三八《郑译传》，第1135页。

州刺史上柱國沛國達公鄭君墓誌之銘
諱穿正議滎陽開封人胄緒之興鴻源斯遠自鄗邑肇基光配天之業岐陽留愛闡仁化之
風司徒善職忠規之義斯重典午勤王夾輔之功為大自茲已降英靈不絕祖瓌魏太常卿青州
刺史鞶綜五禮宣奉六條邁稷嗣之通情兼陽鄉之明允父道邕周少司空大將軍金鄉文公莊
敬表於閨門政績宣於州部清風重譽見美當時公稟德辰象降靈川岳氣調不群風標特秀幼
希萬志墳史遊藝絲桐備覽百家旁該六樂起家奉勅事輔城公即周高祖武皇帝也曳裾盛府
慹笏貴朝武帝深加禮異用光寮彩轉帥都給事中士俄中侍上士尋東將軍右銀青光祿大夫儀
左侍上士遷左宮伯上士及居外憂毀幾滅性表求終制優勅不許仍授使持節車騎大將軍儀
同三司天和七年晉公護伏罪武帝始覽万機仍授御正下大夫東宮初建以公為太子宮尹下
大夫建德二年奉詔聘齊公辭令優敏文史該洽拭玉專對皇華斯在因撰行記及齊地圖還以
陳奏四年從皇太子伐吐谷渾以破賊功賜爵開國子邑三百戶五年授相州吏部大夫兼大使
慰勞青齊等六州公駐車理訟褰帷求瘼輶所至秋豪無犯夏六月武帝崩宣帝即位授使持節
開府儀同三司大將軍內史中大夫歸昌縣開國公邑一千戶遂委政事參贊機密大象元年進
位內史上大夫封沛國公邑五千戶大象二年隋高祖自以外戚之重每以安危為念常思外任
以事託公會帝命公南征公因奏請隋國公為元帥未發之間主上寢疾公乃奏留高祖初公與
高祖有布衣之款早懷攀附披衿解帶分好甚隆高祖作相冊公為柱國相府長史內史上大夫
八月丞相總百揆授公天官都府司會總六府事時逆臣尉迥王謙司馬消難等或稱兵內侮或
竊地外奔高祖神謨上略三方剋殄以公須謀帷幄叶贊經綸詔加上柱國及火德膺運寶曆惟
新以公佐命殊勳禮數崇重迴歸昌縣公封第二子善願第三子元琮城皐郡公第四子元珣永
安縣男公雖命屬興王身名俱泰每深慕義之感常懷風樹之悲乃拜表陳誠請以上柱國沛國
公贈父貞公詔追贈使持節大將軍徐兗曹亳陳黎六州刺史改謚文公七年詔公脩聿公斟酌
簡要刪略煩苛法古適今有如畫一公志性知足常思外出四年遂除使持節隆州諸軍事隆州
刺史六年入朝公常以樂章殘廢多歷年所乃研精覃思博採經籍更脩樂府聲調八篇上表陳
奏其月詔以為岐州諸軍事岐州刺史公下車布政民安吏肅寬猛相濟條教有章方當比跡伊
華齊衡稷禹而鍾箭不留蒸蒿遂遠十一年八月一日薨於岐州春秋五十二詔謚達公禮也惟
公少有英才長懷奇節升車攬轡志清區宇恥一物之不知畢天下之能事莫不窮理盡性探微
索隱及時值龍顏才膺豹變謀定帷扆贊成鴻業早擅辭彩文義精新勤成卷軸凡廿卷夫人蘭
陵蕭氏梁太宗簡文皇帝之孫當陽王大心之女德行聿脩言容光備閨門之訓芳若樹蘭長子
常卿上柱國沛國公元璹肅承家業剋隆基緒值隋德云季海內群飛言望舊塋山川遐阻乃
以武德五年十二月戊申朔十四日寄窆於雍州萬年縣黃臺鄉小陵原雖復德烈高風與暄寒
帝永久懼山移海變隨丹壑而遷二是用敬勒遺芳播之金石乃作銘云
赫赫華胄昭昭茂祀玉鉉高門朱軒貴仕比蹤七葉聯暉十紀爰挺哲人克光前構拂日孤聳抜
雲獨秀學冠書林才高文囿幼懷負鼎弱冠升朝以斯民譽爰應嘉招曳裾菟苑曾飛鳳條殷蕩
帝圖陵夷王室逆鱗箴諫正辭匡弼子雲百上張翕三黜運屬夏還時逢舜換伊摯翼商仲華佐
漢業冠三傑功參十亂天道斯昧人生何促千月不留百齡難續溘尔朝露飄然風燭出宿不歸
式行無反馬歸林冥迴主松晚[illegible]

图 2　墓志石

（550）进封寻阳王，而志文则言萧氏为当阳王大心女，乃误混也。大宝二年（551）秋，萧大心因侯景之乱遇害亡，年二十九岁，至此对萧氏的年龄可以有大概的推断。

晋公护，即宇文护也。护，宇文泰侄。西魏恭帝三年（556）九月，宇文泰卒于出巡途中，将家国后事尽托付于宇文护。宇文护拥立宇文觉即位，自任大司马，架空北镇元老赵贵及独孤信，并任命亲信为柱国，完成了权力结构从北镇势力到宇文氏家族的转变，可以说是确立北周宇文氏政权的一大功臣。[1] 从北周建立到武帝亲政期间，朝政大权尽归于宇文护，护先后废杀孝闵帝、毒杀明帝，武帝即位后通过迎合宇文护等手段发展自己的势力，到了天和七年（572）宇文护自同州还朝，武帝利用其入宫觐见的时机，与卫王等诛杀了宇文护。《周书》卷一一《晋荡公护传》载："七年三月十八日，护自同州还。帝御文安殿，见护讫，引护入含仁殿朝皇太后。先是帝于禁中见护，常行家人之礼。护谒太后，太后必赐之坐，帝立侍焉。至是护将入，帝谓之曰：'太后春秋既尊，颇好饮酒。不亲朝谒，或废引进。喜怒之间，时有乖爽。比虽犯颜屡谏，未蒙垂纳。兄今既朝拜，愿更启请。'因出怀中《酒诰》以授护曰：'以此谏太后。'护既入，如帝所戒，读示太后。未讫，帝以玉珽自后击之，护踣于地。又令宦者何泉以御刀斫之。泉惶惧，斫不能伤。时卫王直先匿于户内，乃出斩之。"[2] 宇文护卒后，武帝始真正亲政，郑译作为武帝亲信之人，得授御正下大夫，东宫初建，郑译又为太子宫尹下大夫。

《周书》卷五《武帝纪上》："（建德二年二月）壬戌，遣司会侯莫陈凯、太子宫尹郑译使于齐。"[3] 到六月，北齐复遣使聘周。这个时候双方的使节来往并不表示两国已经消除敌对状态，更多可能是势均力敌状态下的暂时和平，对于北周而言武帝不乏有麻痹北齐之意，这从武帝与南陈通谋孤立北齐的政策是一体两面的。[4] 此次出使北齐，武帝以其亲信大臣郑译为副使，还肩负探查北齐军事虚实和了解地理交通的用意，墓志言郑译回国后撰有《行记》及《齐地图》，即为明证也。

郑译为太子宫尹之后，"时太子多失德，内史中大夫乌丸轨每劝帝废太子而立秦王，由是太子恒不自安。其后诏太子西征吐谷浑，太子乃阴谓译曰：'秦王，上爱子也。乌丸轨，上信臣也。今吾此行，得无扶苏之事乎？'

1　参看吕春盛《关陇集团的权力结构演变——西魏北周政治史研究》，稻乡出版社，2002，第 177 页。

2　（唐）令狐德棻等撰《周书》卷一一《晋荡公护传》，中华书局，1971，第 175 ~ 176 页。

3　（唐）令狐德棻等撰《周书》卷五《武帝纪上》，第 81 ~ 82 页。

4　参看吕春盛《关陇集团的权力结构演变——西魏北周政治史研究》，第 229 页；吕春盛：《北齐政治史研究——北齐衰亡原因之考察》，台湾大学出版委员会，1987，第 122 页。

译曰：‘愿殿下勉着仁孝，无失子道而已。勿为他虑。’太子然之。既破贼，译以功最，赐爵开国子，邑三百户。后坐亵狎皇太子，帝大怒，除名为民。太子复召之，译戏狎如初。因言于太子曰：‘殿下何时可得据天下？’太子悦而益昵之”。[1]吐谷浑在今青海附近，随着突厥势力的兴起，吐谷浑的处境日益艰难，建德五年（576），吐谷浑国内发生动乱，值此之机武帝派太子领兵征伐，郑译为太子属官亦在出征之列，“军渡青海，至伏俟城。夸吕遁走，虏其余众而还”。[2]宇文赟领兵征讨吐谷浑事，《周书》卷六《武帝纪下》载：“（五年）二月辛酉，遣皇太子赟巡抚西土，仍讨吐谷浑，戎事节度，并宜随机专决。”[3]八月军还，乙卯至自云阳宫，据此来看郑译“进爵为子，邑三百户”事当在建德五年八月后。墓志言郑译是在建德四年随宇文赟征吐谷浑，疑误，当以史传记载为是。

建德五年十月，周武帝伐北齐，十二月大军大战，齐军溃败。建德六年正月，周军入邺城，擒获齐主，北齐亡。郑译为相州吏部大夫兼大使，慰劳青齐等六州事，从周齐政治与军事情况来看当发生在建德六年，而墓志载为五年，疑误。

宣政元年（578）六月，周武帝崩，皇太子宇文赟即位，是为周宣帝，时赟方二十余岁。到了第二年即大象元年，宇文赟就让位于七岁的宇文衍，自己为太上皇，不过仍然执掌朝政。大象二年（580），宇文赟崩，时外戚随国公杨坚掌握大权，到了次年即以隋代周。武帝死后短短四年，北周就以亡国结束，这与宣帝在位后的暴政有关联，宣帝登基后进行了系列政治改革，这些改革有许多是荒诞不经的，进而促使社会状况更加恶化，郑译在宇文赟为太子时即为其亲信，其官职一步步得到了加升。对于郑译在这几年的政治变化中的情况，《隋书》卷三八《郑译传》载：

> 及帝崩，太子嗣位，是为宣帝。超拜开府、内史下大夫、封归昌县公，邑一千户，委以朝政。俄迁内史上大夫，进封沛国公，邑五千户，以其子善愿为归昌公，元琮为永安县男，又监国史。译颇专权，时帝幸东京，译擅取官材，自营私第，坐是复除名为民。刘昉数言于帝，帝复召之，顾待如初。诏领内史事。初，高祖与译有同学之旧，译又素知高祖相表有奇，倾心相结。至是，高祖为宣帝所忌，情不自安，尝在永巷私于译曰：“久愿出藩，公所悉也。敢布心腹，少留意焉。”译曰：“以公德望，

1　（唐）魏徵等撰《隋书》卷三八《郑译传》，第1135 ~ 1136页。

2　（唐）令狐德棻等撰《周书》卷五〇《吐谷浑传》，第914页。

3　（唐）令狐德棻等撰《周书》卷六《武帝纪下》，第94页。

> 天下归心，欲求多福，岂敢忘也。谨即言之。”时将遣译南征，译请元帅。帝曰：“卿意如何？”译对曰：“若定江东，自非懿戚重臣无以镇抚。可令隋公行，且为寿阳总管以督军事。”帝从之。乃下诏以高祖为扬州总管，译发兵俱会寿阳以伐陈。行有日矣，帝不悆，遂与御正下大夫刘昉谋，引高祖入受顾托。既而译宣诏，文武百官皆受高祖节度。时御正中大夫颜之仪与宦者谋，引大将军宇文仲辅政。仲已至御坐，译知之，遽率开府杨惠及刘昉、皇甫绩、柳裘俱入。仲与之仪见译等，愕然，逡巡欲出，高祖因执之。于是矫诏复以译为内史上大夫。明日，高祖为丞相，拜译柱国、相府长史、治内史上大夫事。及高祖为大冢宰，总百揆，以译兼领天官都府司会，总六府事。出入卧内，言无不从，赏赐玉帛不可胜计。每出入，以甲士从。拜其子元璹为仪同。时尉迥、王谦、司马消难等作乱，高祖愈加亲礼。俄而进位上柱国，恕以十死。译性轻险，不亲职务，而赃货狼籍。高祖阴疏之，然以其有定策功，不忍废放，阴敕官属不得白事于译。译犹坐厅事，无所关预。译惧，顿首求解职，高祖宽谕之，接以恩礼。[1]

宣帝即位后郑译所任官职志文为内史中大夫，而本传载为内史下大夫，《周书》卷二六《斛斯徵传》亦载宣帝拜郑译为内史中大夫，根据郑译前后历官变化来看，当以内史中大夫为确。对于郑译在大象时期的生平等情况，本传颇详，为我们呈现出了周隋相代之际风云变幻的政治争斗，而郑译与隋文帝少为同学，在拥立隋文帝建国过程中出力甚巨，乃是杨隋得以建立的重要开国功臣之一。

隋文帝立国后，郑译因佐命殊勋，诸子均得以进封。《隋书》卷三八《郑译传》载：“及上受禅，以上柱国公归第，赏赐丰厚。进子元璹爵城皋郡公，邑二千户，元珣永安男。追赠其父及亡兄二人并为刺史。译自以被疏，阴呼道士章醮以祈福助，其婢奏译厌蛊左道。上谓译曰：‘我不负公，此何意也？’译无以对。译又与母别居，为宪司所劾，由是除名。下诏曰：‘译嘉谋良策，寂尔无闻，鬻狱卖官，沸腾盈耳。若留之于世，在人为不道之臣，戮之于朝，入地为不孝之鬼。有累幽显，无以置之，宜赐以孝经，令其熟读。’仍遣与母共居。”[2]

---

1 （唐）魏徵等撰《隋书》卷三八《郑译传》，第 1136 ～ 1137 页。

2 （唐）魏徵等撰《隋书》卷三八《郑译传》，第 1137 页。

志文则言回归昌县公封第二子善愿、第三子元琮城皋郡公、第四子元珣永安县男，与本传迥异，一般而言志文可靠性较高一筹，其因俟考。墓志言郑译拜表陈诚，指的乃是在隋文帝疏远其后以道士祈福被奴婢告发，同时又因与母别居为人弹劾故除名之事，志乃讳言矣。

隋文帝开皇元年二月即位，随即命人修订律令，《隋书》卷二五《刑法志》："高祖既受周禅，开皇元年，乃诏尚书左仆射勃海公高颎，上柱国沛公郑译，上柱国清河郡公杨素，大理少卿平源县公常明，刑部侍郎保城县公韩浚，比部侍郎李谔，兼考功侍郎柳雄亮等，更定新律，奏上之。"[1]又据其他文献知当时参与人员有十四人，另还有苏威、裴政、李德林、于翼、元谐、赵芬、王谊，而此年修律实际上乃是进行编纂律令格式四法，[2]而郑译则参与了律令二法的编纂工作。开皇二年，律令格式基本完成奏上。到三年，隋文帝因览刑部奏，断狱数犹至万条，以为律尚严密，人多陷罪，又敕苏威、牛弘等人，更定新律。关于郑译参与修订律令事，墓志载为："七年，诏公修聿，公斟酌简要，删略烦苛，法古适今，有如画一。公志性知足，常思外出。"志文"七年"误，是否乃"其年"或"元年"之讹，待考。本传言，"未几，诏译参撰律令，复授开府、隆州刺史"来看，似乎郑译完成修订律令事后就出为隆州刺史，郑译出刺隆州在开皇四年，志文所言郑译"删略烦苛"亦与开皇三年修律主旨相合，隋文帝说郑译"律令则公定之"。据此片段信息推断，似乎郑译亦参与了开皇三年修订律令之事，而这也和隋文帝对郑译的态度是一致的。

关于郑译在开皇后期的生命历程，《隋书》卷三八《郑译传》载："请还治疾，有诏征之，见于醴泉宫。上赐宴甚欢，因谓译曰：'贬退已久，情相矜愍。'于是复爵沛国公，位上柱国。上顾谓侍臣曰：'郑译与朕同生共死，间关危难，兴言念此，何日忘之！'译因奉觞上寿。上令内史令李德林立作诏书，高颎戏谓译曰：'笔干。'译答曰：'出为方岳，杖策言归，不得一钱，何以润笔。'上大笑。未几，诏译参议乐事。译以周代七声废缺，自大隋受命，礼乐宜新，更修七始之义，名曰《乐府声调》，凡八篇。奏之，上嘉美焉。俄迁岐州刺史。在职岁余，复奉诏定乐于太常，前后所论乐事，语在《音律志》。"[3]结合志文来看郑译还朝在开皇

1　（唐）魏徵等撰《隋书》卷二五《刑法志》，第 710 页。

2　参看高明士《律令法与天下法》，上海古籍出版社，2013，第 46 ~ 55 页。关于开皇修律时格、式是否已是两部形态独立的法律问题，有学者提出不同之意见，参看〔日〕滋贺秀三《中国法制史论集：法典と刑罚》，创文社，2003，第 72 页；楼劲：《隋无〈格〉、〈式〉考——关于隋代立法的法律体系的若干问题》，《历史研究》2013 年第 3 期。本文对此争论无意涉及，暂以高氏意见行文。

3　（唐）魏徵等撰《隋书》卷三八《郑译传》，第 1137 ~ 1138 页。

六年，而历史上有名的典故润笔之事就发生在此时。史传言郑译上《乐府声调》乃是在隋文帝诏郑译参议乐事之后，而从志文来看似乎郑译上书乃个人行为，在他上书之后隋文帝方诏其定乐，从时间排比可知郑译开皇六年从隆州还朝，然后奏上《乐府声调》一书，当月复被隋文帝任命为岐州刺史，直到开皇七年方被诏参与乐议之事。

《隋书》卷二《高祖纪下》："（八月）乙亥，至自栗园。上柱国、沛国公郑译卒。"[1]而墓志则言郑译卒于八月一日，一日为庚戌日，与史传记载有异，疑以志为是。志言郑译有文集二十卷，可补史阙。史传与志文所言郑译上《乐府声调》八篇，《隋书》卷三二《经籍志一》载郑译撰有《乐府声调》六卷本和三卷本两种，[2]三者名称相同篇章有别，关于它们互相之间的关联不明，俟考。[3]郑译在开皇十一年（591）卒于岐州，而直到武德五年（622）方寄窆于雍州万年县，其间到底有何不为人知的缘由，还需要进一步的探讨。

三 政治漩涡中的郑译

通过前文的分析，我们可以对郑译其人有一个简单的归纳，首先是世家子弟，文采出众；其次是一代宠臣，先后与周太祖宇文泰、周武帝、周宣帝和隋文帝关系颇深，一生均处于政治浪潮之中。

郑氏家族属于关陇集团的核心成员，郑译颇有学识，善骑射，精通音乐，对于美术亦有一定的造诣。志言："幼而笃志坟史，游艺丝桐，备览百家，旁该六乐。"周宣帝时郑译曾监修国史，出使北齐时还作有齐地图，《周书》卷二六《斛斯徵传》："帝之为太子也，宫尹郑译坐不能以正道调护，被谪除名。而帝雅亲爱译，至是拜译内史中大夫，甚委任之。译乃献新乐，十二月各一笙，每一笙用十六管。帝令与徵议之，徵驳而奏，帝颇纳焉。及高祖山陵还，帝欲作乐，复令议其可不。徵曰：'孝经云'闻乐不乐'。闻尚不乐，其况作乎。'郑译曰：'既云闻乐，明既非无。止可不乐，何容不奏。'帝遂依译议。译因此衔之。"[4]郑译祖父郑琼北魏时曾任太常卿，父道邕学识广博兼通音律，他从小耳濡目染在音乐上也十分精通，所以在宣帝时献上新乐，正是其音

1 （唐）魏徵等撰《隋书》卷二《高祖纪下》，第 36 页。

2 （唐）魏徵等撰《隋书》卷三二《经籍志一》，第 926 页。

3 参看郑祖襄《〈隋书·经籍志〉音乐书述略》，《中央音乐学院学报》2006 年第 3 期。

4 （唐）令狐德棻等撰《周书》卷二六《斛斯徵传》，第 433 页。

乐才华的第一次集中展现。[1]郑译献笙，显然是效法《礼记·月令》所载的“随月用律”之法，可见郑译不仅对律学有独到的修养，同时还依据十二律的高下制作了十二笙。[2]

《隋书》卷一四《音乐志中》对郑译的乐论进行了详细的记载，郑译的音乐理论受到龟兹人苏祇婆的很大影响，关于苏祇婆的音乐理论来源目前有三种观点：向达、林谦三、渡边信一郎的印度来源说，[3]关也维的龟兹来源说，[4]沈冬的波斯来源说，[5]现在支持印度来源说者最众，除此之外音乐史研究者还对郑译的具体音乐理论和实践进行了探讨，成果繁多且并无定论，我们并非专业的音乐史研究者，故本文对此问题搁置不论。开皇七年朝廷所用的还是周乐，当时在中土朝野的音乐中，以龟兹乐最为盛行，而周乐中亦已吸收了龟兹乐的元素，故隋文帝对此现象感到忧心，至此方有乐议的高潮出现，而郑译的乐论在多方意见下被隋文帝所寝议。

关于郑译乐论被隋文帝放弃的原因，除了前文所讲的何妥和万宝常两条意见外，还有另外的因素需要考虑。开皇乐议的研究视角应当不止于“音乐内部”的探讨，其“音乐外部”的梳理透察可能更为重要。[6]

北周建立后，政治立场“多依古礼，革汉、魏之法”，[7]隋文帝杨坚代周立隋，在开皇元年二月即位于临光殿。是日，隋文帝即发布了一项重要的国策，《隋书》卷一《高祖纪上》载：“易周氏官仪，依汉、魏之旧。”[8]这不仅是隋王朝的官制变化，也是其立国后的文化政策的宣言。甘怀真通过分析不同政治集团的人物情况，指出北魏时期孝文帝汉化政策的支持者是以洛阳为根基的胡汉统治集团，而掀起六镇之乱的下层城民、府户，或北镇统治集团，在文化态度上都是和洛阳

1　关于郑译是否有音乐才华，郭沫若以为郑译不学无术，其论见《隋代大音乐家万宝常》一文（《郭沫若全集·历史编》第4卷，人民出版社，1982），之后经过学者讨论，多以为郑译精通乐律，参看刘镇钰《隋代音乐家郑译》，《中国音乐学》1991年第3期；葛恩专：《隋代音乐家郑译及其音乐思想》，《兴义民族师范学院学报》2011年第5期；张帆、石敦岗：《隋代音乐家郑译的成就述略》，《兰台世界》2013年第15期；雷华：《被误解的隋代音乐家郑译的艺术生涯》，《兰台世界》2014年第18期；等等。

2　参看沈冬《隋代开皇乐议研究》，《新史学》第4卷第1期，第10页。

3　参看向达《龟兹苏祇婆琵琶七调考原》，载氏著《唐代长安与西域文明》，河北教育出版社，2001，第245～267页；〔日〕林谦三：《隋唐燕乐调研究》，第14页；〔日〕渡边信一郎：《中国古代の楽制と国家：日本雅楽の源流》，第223页。

4　参看关也维《关于苏祇婆调式音阶理论的研究》，《音乐研究》1980年第1期。

5　参看沈冬《隋代开皇乐议研究》，《新史学》第4卷第1期，第18～35页。

6　参看沈冬《中古长安，音乐风云——隋代“开皇乐议”与音乐、文化变迁》，载陈平原等编《西安：都市想象与文化记忆》，第153页。

7　（唐）令狐德棻等撰《周书》卷二四《卢辩传》，第404页。

8　（唐）魏徵等撰《隋书》卷一《高祖纪上》，第13页。

集团相对立的。西魏北周政权中，宇文氏代表的是北镇集团的势力，而洛阳公卿集团和关陇汉人豪族则处于被打压的状态。西魏北周府兵系统之外还有乡兵体系，乡兵体系内的人员借助彼此之间的府主僚佐、旧君故吏关系，发展成了一个强大的统治集团，而这个集团的代表人物就是隋文帝杨坚，故杨隋立国后，此集团便恢复了北魏后期洛阳公卿集团的文化理念，并且进一步将这种文化主张转化成了立国的精神。[1]隋文帝文化政策的实施，具体来讲就是礼乐律令的修订。

开皇三年，隋文帝以牛弘、辛彦之等人进行礼制方面的改革，至五年完成。《隋书》卷六《礼仪志一》："高祖命牛弘、辛彦之等，采梁及北齐《仪注》，以为五礼。"[2]在编纂过程中，牛弘以为隋文帝制定的立国政策并不能完全取代当时的实际情况，北魏北齐遵用的礼仪乃王俭《仪注》，有违"制礼作乐，是归元首"的基本要求，西魏北周的宾嘉之礼并未详定，所以上书文帝依据北齐《仪注》来修订，最后形成了百卷的《隋朝仪礼》，即《开皇礼》。开皇礼透过礼典以显示皇帝为天神庙灵之化身，并借此以巩固政权之合法性，而收中央集权之效。[3]修礼议乐本为一体，开皇乐议的原则依然是沿袭汉魏故事，从礼仪制度来看采用的是北魏北齐的传统，旧史往往以汉魏制度称之。在开皇乐议的第一个阶段，隋文帝以牛弘总知乐事，当时郑译、苏夔、何妥皆有自己的观点提出，众人说法纷纭不能统一，最后何妥请隋文帝取乐试奏，并强调黄钟一宫以表示人君之德，隋文帝听乐之后采纳了何妥的观点，郑译等人乐论寝罢。《隋书》卷七五《何妥传》载：

> 先是，太常所传宗庙雅乐，数十年唯作大吕废黄钟。妥又以深乖古意，乃奏请用黄钟。诏下公卿议，从之。[4]

据此来看，隋文帝采用了何妥的乐论主张是经过群臣讨论的，而郑译乐论没有得到隋文帝的认可，恐是其观点不完全符合汉魏之旧的立国政策。[5]郑译出身于关陇贵族，在北周时习乐又深受苏祇婆影响，有学者以为郑译是在他正声音阶的基础上披上了龟兹音阶的外衣，然后上陈给隋文帝，用以勘正乐府所用的下徵音阶；[6]亦有

1 参看甘怀真《隋朝立国文化政策的形成》，载氏著《皇权、礼仪与经典诠释：中国古代政治史研究》，华东师范大学出版社，2008，第 315 ～ 338 页。

2 （唐）魏徵等撰《隋书》卷六《礼仪志一》，第 107 页。

3 高明士：《中国中古礼律综论：法文化的定型》，第 185 ～ 188 页。

4 （唐）魏徵等撰《隋书》卷七五《何妥传》，第 1715 页。

5 高明士：《中国中古礼律综论：法文化的定型》，第 191 页。

6 参看徐荣坤《解读"开皇乐议"中的几个谜团》，《天津音乐学院学报（天籁）》2012 年第 3 期。

学者以为郑译主张的是借鉴龟兹五旦七调理论而继续扩充、演变所形成的八十四调理论，[1]对于郑译乐论的具体问题不管争论如何，但一点可以确认，他的音乐理论是不适合隋文帝所提倡的汉魏之旧，郑译七调之例悉因于北周，故此被寝罢也是情理之中的了。

陈寅恪云："所谓北魏、北齐之源者，凡江左承袭汉、魏、西晋之礼乐政刑典章文物，自东晋至南齐期间所发展变迁，而为北魏孝文帝及其子孙摹仿采用，传至北齐成一大结集者是也。"[2]隋文帝以源于北魏鲜卑系的簸箩回歌、真人代歌等北狄乐为核心，结合了汉魏以来传统的南朝清商乐，重新编制鼓吹乐，以此来显示隋王朝的一统天下，既不是复古性的回归汉代以来的传统王朝权力，也不是单纯的胡汉融合的政权，而是有歌颂西魏北周的权力基础，权力渊源于鲜卑北魏的意图，并将其政治文化置于权力中枢。[3]隋朝立国之后，首先由文化认同入手，进而积极实施中央集权工作，以达到内外治安的局面，当内外问题都解决了之后，才努力进行统一南方的部署。就隋文帝而言，共费时七年，开皇七年正是隋对陈由守转攻的关键性节点。[4]礼乐是文化宣传中的重要方面。开皇七年，礼仪、律法均基本修订完成，唯有乐制一直拖延不决，这不仅仅对于塑造隋王朝的正统性不利，而且对于南北统一大业有负面影响，只有完成了乐制改革才可以更好地争取南朝士人的支持和拥护。所以，针对当时的乐制纷争，高祖大怒曰："我受天命七年，乐府犹歌前代功德邪？"隋文帝得政之始，北周宗室和大臣纷纷叛乱，文帝除采取了镇压措施之外，还需要在舆论上宣传禅让代周的合理性，以树立正统地位，而礼乐改革是正名分的最好途径，隋文帝采用何妥黄钟一宫理论是为了宣示隋王朝的合理性和皇帝的唯一性。[5]正因为乐制改革是隋王朝天命正统的象征，同时更是一统大业急需的外化表达，隋文帝在对陈完成军事等各种准备后，于开皇七年选择何妥的黄钟一宫理论是从各个方面综合考虑的。

开皇乐议中郑译的音乐理论没有得到隋文帝采用，除了其乐论不符合隋朝立国的文化政策之外，还和隋初的政治格局息息相关。杨隋代周后，隋文帝开始组建新

1　参看王嵘《苏祗婆与龟兹音乐的东传》，《西域研究》1996 年第 4 期；葛恩专：《开皇乐议研究》，第 35 ～ 37 页。

2　陈寅恪：《隋唐制度渊源略论稿》，生活 • 读书 • 新知三联书店，2009，第 3 页。

3　参看〔日〕渡边信一郎《隋文帝的乐制改革——以鼓吹乐的再编为中心》，中国政法大学法律史学研究院编《日本学者中国法论著选译》，周东平译，中国政法大学出版社，2012，第 237 ～ 254 页；〔日〕渡边信一郎：《中国古代の楽制と国家：日本雅楽の源流》，第 265 ～ 292 页。

4　参看高明士《中国中古政治的探索》，五南图书出版股份有限公司，2006，第 127 ～ 167 页。

5　参看王立增《开皇乐议与隋初政治》，《天津音乐学院学报（天籁）》2003 年第 4 期。

的中央领导班子，为了树立其权威，大力抑制原北周勋贵阶层，尤其是排斥军人对朝政的干预，希望从组织上巩固新王朝的政权，贯彻不同于前代的政治路线。[1]

周宣帝时期，一手促立杨坚执掌朝政并代周建隋的开国功臣以郑译、刘昉和卢贲为代表。周宣帝卒后，静帝年幼，郑译与刘昉积极策划，矫诏迎立杨坚入宫辅政，至此拉开了隋朝建国的序幕，史传称此次宫廷政变为“刘昉牵前，郑译推后”。[2]杨坚为大丞相之后，刘昉得封黄国公为相府司马，郑译任相府长史。虽然如此，作为周隋之际政变功臣的关键人物，他们的境遇在入隋后却发生了巨大的变化。开皇元年二月隋文帝即位后，刘昉进位柱国，改封舒国公，“闲居无事，不复任使”；郑译以上柱国、沛国公归第，后又因事除名；卢贲亦未受到隋文帝的重用。首先，他们三人的情况和当时的国家用人原则是一致的，隋文帝的用人首先看政治态度，以忠诚于皇帝和新王朝为根本要求，以共同的政治目标为考量对象；其次，必须具备文武才干，且恪尽职守，兢兢业业；最后，与北周的关系不能太深。[3]北周政权是打天下者坐天下，国家以官职品衔以酬功臣，而隋文帝雄才大略，他需要加强皇帝的个人权威，以中央集权制度开辟一个新的盛世，所以他打破了北周的用人方针，把权力、官职与功勋分开，所以在开皇时期隋文帝需要抑制北周时掌权的关陇勋贵，对执掌兵权的武将尤其打压。

隋文帝一方面抑制北周贵族，另一方面大力启用非关陇集团的中下层官员，如高颎、虞庆则、苏威、赵芬、杨素、柳机、李德林、辛彦之、牛弘、长孙平、杜杲等人。这些人有的出任三省六部，有的执掌军队。在这种局面下，郑译的乐论没有得到隋文帝的采用也是可以理解的。《隋书》卷七八《万宝常传》：

> 开皇初，沛国公郑译等定乐，初为黄钟调。宝常虽为伶人，译等每召与议，然言多不用。后译乐成奏之，上召宝常，问其可不，宝常曰：“此亡国之音，岂陛下之所宜闻！”上不悦。宝常因极言乐声哀怨淫放，非雅正之音，请以水尺为律，以调乐器。上从之。宝常奉诏，遂造诸乐器，其声率下郑译调二律。并撰《乐谱》六十四卷，具论八音旋相为宫之法，改弦移柱之变。为八十四

1 参看韩昇《隋文帝的“雄猜”与开皇初期政局》，《史学月刊》1999 年第 3 期。

2 （唐）魏徵等撰《隋书》卷三八《刘昉传》，第 1132 页。

3 参看张先昌、陶伟乔《隋文帝“薄于功臣”辨析》，《华东师范大学学报》（哲学社会科学版）2009 年第 1 期。

调，一百四十四律，变化终于一千八百声。[1]

万宝常为隋朝乐工，身份低微，却颇负音乐才华，可以说隋代最有造诣的音乐家当属郑译与万宝常。万宝常因为身份缘故其乐论不为权贵接受，所以他曾以其音乐与僧侣有关以悦隋文帝。开皇乐议中，隋文帝召见万宝常，询问其对郑译乐论的意见，这说明他的音乐能力得到了隋文帝的赞同，同时亦不乏出于抑制郑译的考虑，这也是万宝常得到隋文帝召见的原因之一。

郑译乐论在开皇乐议中寝罢，还有一个重要因素就是他的身份情况，郑译可以称得上是一代宠臣，先后得到四位帝王的信任。[2]郑译小时候曾一度过继给从祖郑文宽，文宽尚魏平阳公主，郑译自小就受到宇文泰的亲爱，并与宇文氏子弟一起游集。稍长之后，郑译就成为宇文邕的僚佐，等邕即位后，无疑属于武帝的亲信人员。宇文赟为皇太子，郑译又出为太子府属官，从文献记载知郑译受到宇文赟的极大信任，成为周宣帝时期最信任的人员。郑译在北周时一直是多位皇帝最亲近的人员，身上深深烙印上了北周政权的印痕，可以说郑译从一出生就是关陇贵族最核心的弟子，并且成为朝臣中举足轻重的皇帝宠臣。

郑译与隋文帝有同学之谊，在隋文帝代周的过程中发挥了重要的作用，可以说将隋文帝推上权力的顶峰离不开郑译的助力。作为杨隋的开国功勋，他在隋立国后却被迫离开了权力中心，这种和北周时期截然不同的身份形成了强烈对比。郑译虽然没有做出像刘昉等人的叛乱之举，但心里也会产生一定的怨言。不过郑译一直处在权力中心，对于其杨坚由同学到君臣关系的转变有着清晰的认识，尤受到与母别居等事件的影响，郑译摆正了自己的身份位置，从而在一定程度上得到了隋文帝的垂念，先是参与了开皇律令的修订，然后到开皇四年得到隆州刺史的职位，重新有了比较重要的官职。

在开皇乐议中，郑译提出的“考校太乐所奏，林钟之宫，应用林钟为宫，乃用黄钟为宫；应用南吕为商，乃用太簇为商；应用应钟为角，乃取姑洗为角”等音乐理论，实际上仍然是为了维护隋文帝的帝王地位，这和何妥的观念本质上是相同的。《隋书》卷三八《卢贲传》载：“夫乐者，治之本也，故移风易俗，莫善于乐，是以吴札观而辩兴亡。然则乐也者，所以动天地，感鬼神，情发于声，治乱斯应。周武以林钟为宫，

1　（唐）魏徵等撰《隋书》卷七八《万宝常传》，第1784页。

2　关于历史上相似的君臣情况讨论，可参看侯旭东《宠：信一任型君臣关系与西汉历史的展开（上）》，《清华大学学报》（哲学社会科学版）2016年第6期；《宠：信一任型君臣关系与西汉历史的展开（下）》，《清华大学学报》（哲学社会科学版）2017年第1期。

盖将亡之征也。且林钟之管，即黄钟下生之义。黄钟，君也，而生于臣，明为皇家九五之应。又阴者臣也，而居君位，更显国家登极之祥。斯实冥数相符，非关人事。伏惟陛下握图御宇，道迈前王，功成作乐，焕乎曩策。臣闻五帝不相沿乐，三王不相袭礼，此盖随时改制，而不失雅正者也。”[1]郑译倡导的雅乐以黄钟为宫，依然宣扬的是君臣之意，以附会先儒宫浊羽清之说。《乐纬·动声仪》云：“宫为君，君者当宽大容众，故其声弘以舒，其和情也柔，动脾也。商为臣，臣者当以发明君之号令，其声散以明，其和温以断，动肺也。角为民，民者当约俭，不奢僭差，故其声防以约，其和清以静，动肝也。徵为事，事者君子之功，既当急就之，其事当久流亡，故其声贬以疾，其和平以功，动心也。羽为物，物者不有委聚，故其声散以虚，其和断以散，动肾也。”[2]乐纬不但以五音比附五行、五脏，而且以八音比附八卦，黄钟象征君王，郑译的乐论符合音乐史发展的现状，虽然没有何妥的黄钟一宫纯粹，但并不成为隋文帝绝对反对的理由。

隋文帝音乐修养高深，[3]评价郑译的音乐理论时说“音乐则公正之”，可见郑译的乐论其实得到了隋文帝的认可，不采用其乐论更大可能是其他原因所致。正因为郑译身上带着浓厚的北周因素，甚至可以说在一定程度上成为一种象征的符号，所以隋文帝立国为了隔绝与北周的政治因袭，自然对于他所提出的乐论会产生不好的印象。《隋书》卷一五《音乐志下》载：“牛弘遂因郑译之旧，又请依古五声六律，旋相为宫。雅乐每宫但一调，唯迎气奏五调，谓之五音。缦乐用七调，祭祀施用。各依声律尊卑为次。高祖犹忆妥言，注弘奏下，不许作旋宫之乐，但作黄钟一宫而已。”[4]到了开皇乐议第二阶段之时，牛弘重新提议乐议以郑译音乐理论为定乐的标准，依然被隋文帝坚决否定了，隋文帝还是采用了何妥的黄钟一宫理论，至开皇十四年三月最终乐定。郑译一代宠臣的身份在很大程度上成为隋文帝否定他乐议理论的缘由。

四　结语

《旧五代史》卷一四五《乐志下》载：“隋朝初定雅乐，群党沮议，历载不成。而沛公郑译，因龟兹琵琶七音，以应月律，五正、

1　（唐）魏徵等撰《隋书》卷三八《卢贲传》，第 1142 ～ 1143 页。

2　〔日〕安居香山、中村璋八辑《纬书集成》，河北人民出版社，1994，第 524 页。

3　高明士：《中国中古礼律综论：法文化的定型》，第 203 ～ 213 页。

4　（唐）魏徵等撰《隋书》卷一五《音乐志下》，第 351 页。

二变，七调克谐，旋相为宫，复为八十四调。工人万宝常又减其丝数，稍令古淡。隋高祖不重雅乐，令儒官集议。博士何妥驳奏，其郑、万所奏八十四调并废。隋氏郊庙所奏，唯黄钟一均，与五郊迎气，杂用蕤宾，但七调而已；其余五钟，悬而不作。三朝宴乐，用缦乐九部，迄于革命，未能改更。”[1]开皇乐议中郑译乐论的寝罢，和隋文帝立国的文化政策依“汉魏之旧”有关，在开皇初年文帝加强中央集权的方针纲要下，为了一统天下的目的，对于一代宠臣郑译的任用及其乐论的态度，都是我们需要综合考虑的，唯如此可以透过音乐制度的改革来理解开皇政局的乐治和国家。

1　（宋）薛居正等撰《旧五代史（修订本）》卷一四五《乐志下》，中华书局，2015，第2258～2259页。

从“昭穆”到长安
——空间设计视角下的唐陵布局秩序

于志飞（中国文化遗产研究院）　王紫微（北京大学）

唐代帝陵位于今陕西省关中平原北缘山脉一线，东西绵延近150公里，自太祖永康陵至僖宗靖陵共计20座。关于唐陵布局的秩序问题，学者们已展开一些研究，如沈睿文先生从当时社会葬俗与李唐家族族属特质等角度分析，认为玄宗泰陵及之前唐陵采纳了摹写北魏北邙陵墓的鲜卑葬俗布局、泰陵以后唐陵均按以泰陵为祖陵的仿西汉陵地秩序之“宫姓昭穆葬法”布局。[1]胡进驻先生从祖陵方位认定角度分析，认为“历代唐帝父子反复利用始祖墓唐太祖李虎永康陵作为基点，以昭穆左右对称布局，形成若干组一祖一昭一穆的三墓制组合”。[2]秦建明等先生则从地理空间方位的角度分析，指出唐长安大雁塔—大明宫中轴线北延直对太祖永康陵，世祖兴宁陵、高祖献陵分居永康陵两侧，形成昭穆秩序，[3]重在揭示唐代都城与帝陵间有着精确的地理坐标设计关联。

有赖于近年来更加准确的电子地图与卫片辅助研究，本文认为唐陵布局有着一以贯之且更加具有内在秩序的规则，并发现唐代帝陵与长安城位置关系非限于初唐三陵与大明宫、大雁塔，而是与整个长安及“三大内”格局、尺度密切相关，甚至括入了关中内外的若干陵墓、祠庙、佛寺等要素，形成超大地理空间范围中的布局设计体系。

一　陵位选址中的“昭穆”礼法制度

“昭穆”即中国古代宗法制度中宗庙、

1　沈睿文：《唐陵的布局：空间与秩序》，北京大学出版社，2009，第59～117页。

2　胡进驻：《中国古代高级贵族陵墓区规划制度浅探》，《华夏考古》2016年第1期，第93～100页。

3　秦建明、姜宝莲等：《唐初诸陵与大明宫的空间布局初探》，《文博》2003年第4期，第43～48页。

陵墓按祖—父—子辈次的排列规则，其在空间上的表达是中为“祖位”、两侧分别为“昭位”（父）与“穆位”（子），实现方位上的尊卑关系，并有“左昭右穆”之说，是儒家宗法精神有形秩序的体现。史籍中虽对唐陵布局有无“昭穆”规则未曾提及，但《旧唐书·礼仪志》言及宗庙制度时却对庙内诸帝“昭穆”位序展开繁复讨论，可见这是唐代宗法礼制中的精神要义。

1. 关中定序

以“昭穆”规则比照关中唐陵布局，笔者发现其中存在相当独特的秩序逻辑。诚如胡进驻先生所指出的，永康陵乃关中诸陵之祖，然而若诸陵皆以永康陵为中心而以父昭子穆分居两侧的方式布局，难以解释的是为何有父子同居一侧者。如昭陵与乾陵、桥陵与泰陵、景陵与光陵等，似是“一祖二昭二穆”与“一祖一昭一穆”制度并存。而进一步分析发现，较“先王之葬居中，以昭穆为左右”（《周礼·春官》）的笼统原则更加系统化的是，唐陵采用了逐代分组的方式确定“昭穆”——自永康陵开始，以三代三陵为一组，首代陵居中，二、三代二陵分居两侧，总而形成六组完整而各成体系的祖—父—子“昭穆”组合：第一组，太祖永康陵—世祖兴宁陵—高祖献陵；第二组，太宗昭陵—高宗乾陵—中宗定陵；第三组，睿宗桥陵—玄宗泰陵—肃宗建陵；第四组，代宗元陵—德宗崇陵—顺宗丰陵；第五组，宪宗景陵—穆宗光陵—文宗章陵；第七组，宣宗贞陵—懿宗简陵—僖宗靖陵（第六组敬宗庄陵、武宗端陵墓主为兄弟关系，后文另析）。

永康陵为诸陵之祖的地位，是通过组间“昭穆”排位形成，并构架起关中唐陵整体的空间秩序——每组以各自“祖陵”为基准：前三组（第一、二、三组）中，首组为祖、次组为昭、三组为穆；后三组（第四、五、七组）中，四组为祖、五组为昭、七组为穆，是前三组九陵排位后的新一轮排位。由此构成的唐二十陵空间，永康陵正在几何中心，为关中诸陵之祖。其间的陵号也为认知这种秩序提供了一些启示，如元陵陵号“元”字，本为起始之义。比照当时有关帝陵凶礼记录的《大唐元陵仪注》《崇丰二陵集礼》编纂，正与元、崇、丰三陵作为二度排序之首组的地位契合，似是有纪念目的的一次礼仪资料整理与记录。

“昭穆”次序是以父子相承的规则逐代排位，但晚唐时，因穆宗的三个儿子相继即位而造成辈分失序。首先即位的敬宗在两年后意外被杀，于继承者文宗即位当年“七月十三日葬于庄陵”（《旧唐书·文宗本纪》），大概因已即位的文宗希望自己的陵墓进入宪宗、穆宗一系陵地系统中，故而形成景陵—光陵—章陵为一组、庄陵另在它处的事实。十四年后文宗病重，仇士良、鱼弘志矫诏废皇太子，立李瀍为皇太弟，是为武宗。武宗陵虽可循定、桥二陵之例而开启新一轮“昭穆”位次，但武宗的继位者宣宗为其叔辈，为避免失序，宣宗乃循敬宗例而将武宗葬于庄陵附近。此二陵不但恢复初唐积土为陵的形制，并且选址在永康陵、献陵之间的同一土塬上。此前多有观点认为，二陵恢复积土为陵与晚唐国力衰弱有关，但难以解释的是为何之后的贞陵、简陵又是“以山为陵”。从已经明确的陵地秩序来看，这乃是正常的陵地选择模式被打破后，无法正常进入“昭穆”系统的庄、端二陵“归附祖陵”的体现，不但选址靠近祖陵，形制也模仿祖陵设计。至于关中末代唐陵——僖宗靖陵复积土为冢，除去其选址于土塬的因素，恐怕确实是与末世的衰弱有关了（图1）。

2. 远祖追尊

唐室为提升家族血统的“高贵”性，自立国后不久就认定老子李耳为祖。据《旧唐书》，高宗乾封元年（666）二月，“幸老君庙，追号曰太上玄元皇帝，创造祠堂”，开始了对老子的追封进程。嗣后玄宗开元二十九年（741）“正月丁丑，制两京、诸州各置玄元皇帝庙，并崇玄学”。天宝元年（742），“（玄宗）加尊号为开元天宝圣文神武皇帝。辛卯，亲享玄元皇帝于新庙”；当年九月辛卯“两京玄元庙改为太上玄元皇帝宫，天下准此”。次年“春正月丙辰，追尊玄元皇帝为大圣祖玄元皇帝，两京崇玄学改为崇玄馆，博士为学士”。“三月壬子，亲祀玄元庙以册尊号。制追尊圣祖玄元皇帝父周上御史大夫敬曰先天太上皇，母益寿氏号先天太后，仍于谯郡本乡置庙。尊咎繇为德明皇帝。改西京玄元庙为太清宫，东京为太微宫，天下诸郡为紫极宫”。天宝八载（749）“丙寅，上亲谒太清宫，册圣祖玄元皇帝尊号为圣祖大道玄元皇帝”。可知，不但全国设“玄元皇帝庙”，皇室更于京城内外建庙亲奉，其中方位颇具深意的是华清宫骊山北坡的朝元阁与东都洛阳北邙的玄元皇帝庙。

骊山朝元阁始建于高宗时期，天宝七载（748）“十二月戊戌，言玄元皇帝见于华清宫之朝元阁，乃改为降圣阁”（《旧唐书·玄宗纪》）。关中北山唐诸陵大致以东北—西南走向基线为准，骊山朝元阁与祖陵永康陵的连线恰好垂直于此基线。高宗乾陵、世祖兴宁陵与朝元阁皆在一线，玄宗泰陵、玄宗长子“奉天皇帝”李琮齐陵（今临潼区新丰车站西）与朝元阁皆在一线，构成唐代诸帝向东南骊山“朝元”于老子的视野空间边界。这一有意的设计，使朝元阁也进入了关中陵地系统，取得了另一重空间意义上的“祖陵”尊位。

洛阳北邙的玄元皇帝庙亦建于高宗时，玄宗更其名为“太微宫”。为使唐帝直接与“玄元皇帝”同享荐献，玄宗为高祖、太宗、高宗、中宗、睿宗加“大圣”之号，并命吴道子将此“五圣”真容绘于殿壁。杜甫《冬日洛阳城北谒玄元皇帝庙》云“森罗移地轴，绝妙动宫墙。五圣联龙衮，千官列雁行”，这一场景，犹如关中诸陵与骊山朝元阁空间关系的图像再现。据《旧唐书·玄宗本纪》，天宝九载（750），玄宗下诏“自今已后，每亲告献太清、太微宫，改为朝献，有司行事为荐献”，俨然将其视为皇家祖庙。太微

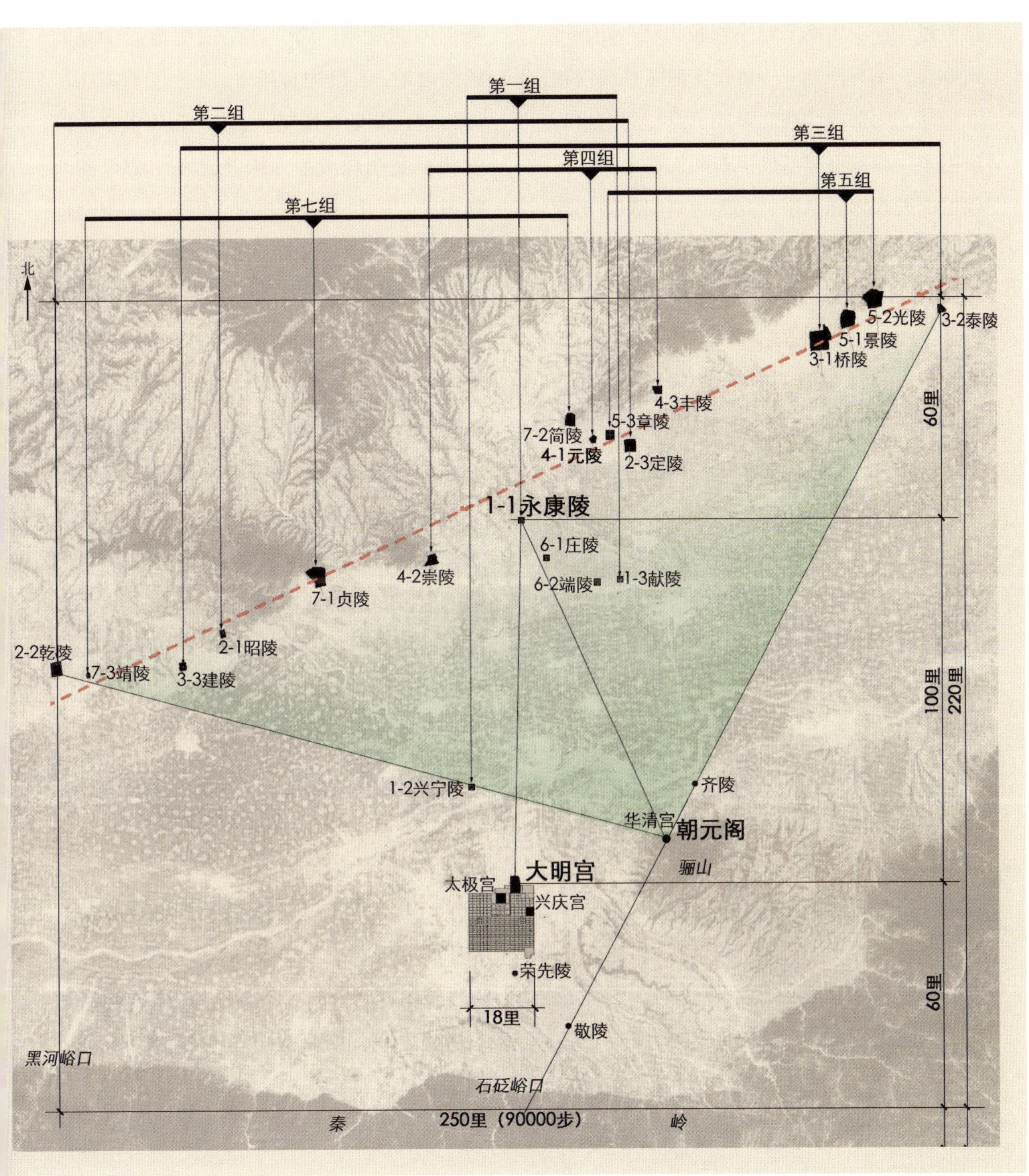

图 1　关中唐陵“昭穆”秩序与总体选址分析

宫位置正在隋唐洛阳城中轴线北延之处，地位尊崇，别有深意——将长安诸陵基线向东北延伸，则指向今河北隆尧王尹村北的唐昭庆祖陵。唐室追尊四代祖李熙为宣皇帝、三代祖李天赐为光皇帝，此即为李熙的建初陵和李天赐的启运陵。当以永康陵为关中陵区基点时，洛阳玄元皇帝庙、昭庆陵区、关中陵区正成一完整的“昭穆”组合，空间结构与以朝元阁为“祖”的关中陵区几近相同。昭庆祖陵有三重陵垣，形似长安之外郭城、皇城宫城、太极宫，规制非凡，为关中唐陵莫及。[1] 其内光业寺碑载太宗曾亲自过目祖陵陵园图纸：“贞观二十年，累遣使臣左骁尉府长史长孙尊师与邢州刺史李宽、赵州刺史杜敖等检谒茔域，画图进上”，可见陵园设计受到皇帝相当的关注。玄宗时于外陵园内建造的光业寺，其主体建筑轴线偏于陵墓轴线之东，正类于大明宫轴线与唐长安城轴线的位置关系。因此，将陵园拟象长安城，实为取得与关中陵区共奉位于“天下之中”洛阳之玄元皇帝庙的“对称”空间意象。

在这一广大“昭穆”空间中，连接永康陵—昭庆祖陵之线的中点正为山西临汾一带，此地有尧陵、尧庙。而昭庆陵区所在的河北隆尧一带，亦是古史传说中尧的始封之地，县境内有尧山，山上旧有尧庙，唐代曾在此地专设尧山县。[2] 北周皇帝曾以李渊祖父李虎故里为唐尧之乡（即今河北隆尧），追封其为唐国公，[3] 李昞、李渊世袭其号，肇唐之国号。李渊自河东古近唐尧之国的晋阳起兵而得天下，并于高宗上元元年（674）被改追尊号为“神尧皇帝”，玄宗天宝十三载（754）三追其尊号为“神尧大圣大光孝皇帝”。唐代帝王追奉尧帝之意不言自明，以此纪念李唐建政得益于“先人故地”荫庇。临汾尧庙为高宗显庆三年（658）由临汾府城西南迁至城南现址重建，同时扩建尧陵。[4] 时代相近的贞观二十年（646）太宗诏建隆尧祖陵；显庆元年（656）高宗令重建被焚毁的洛阳应天门；龙朔二年（662）高宗令建大明宫并于同年迁入听政；麟德元年（664）昭庆祖陵完工；麟德三年（666）追谥老君曰“太上玄元皇帝”，并建骊山朝元阁与洛阳玄元皇帝庙；上元元年（674）对前四代祖先追加尊号。因此，“唐尧史迹”的重修，实为唐王朝建政并稳定后营造宫庙陵墓以“重构礼制”的措施之一。而隋代肇建的洛阳城被唐代

---

1 耿建扩、陈雷：《隆尧唐祖陵勘探获重大发现：大唐皇室祖籍所在地确定》，《光明日报》2010 年 12 月 18 日，第 2 版。

2 《旧唐书·地理志》：“尧山，汉柏仁县，至隋不改。武德元年，置东龙州，领柏仁县。四年，平窦建德，县属赵州。贞观初，属邢州。天宝元年，改为尧山。”

3 《旧唐书·高祖纪》云：“皇祖讳虎，后魏左仆射，封陇西郡公，与周文帝及太保李弼、大司马独孤信等以功参佐命，当时称为八柱国家，仍赐姓大野氏。周受禅，追封唐国公，谥曰襄。”

4 张藕莲：《临汾尧庙庙制沿革考略》，《古建园林技术》1997 年第 1 期，第 39 ~ 41 页。

沿用并称“东都”，除其连接南方漕运、接近“天下之中”嵩山，与唐陵、“唐尧史迹”间的特殊方位关系，恐怕也是不可忽视的“礼制”原因。再如被追封为“孝敬皇帝”的唐高宗长子李宏恭陵，营造于洛阳附近，亦当是“归祔远祖”的一种体现。

以此观之，关中诸陵利用西南一东北走向的北山山系选址营造，正是利用了其与隆尧、临汾“唐尧史迹”的对应吻合。朝元阁也正因骊山如后世风水理论中的“朝山”般正对着西北斜向走势的诸座山陵而地位显赫。综合种种人文地理形势，终形成了溯至唐尧、老子的“昭穆”排位。关中诸陵内部分组、分层次的排位，也正是这种规则的延续，是不可移动的陵寝有别于可移动的宗庙“神主”之独特“昭穆”特质。兹示此秩序意如表 1 。

这一秩序并非皆为“左昭右穆”（东为左、西为右），而是以帝陵陵主间辈

<table>
<tr><th colspan="5">表1</th></tr>
<tr><td rowspan="2">第一层次</td><td colspan="4">洛阳北邙玄元皇帝庙（祖）；临汾传尧都、尧陵史迹及尧庙</td></tr>
<tr><td colspan="3">关中陵区（穆）</td><td>昭庆陵区（昭）
传尧始封之地</td></tr>
<tr><td>第二层次</td><td>第二组（昭）</td><td>第一组（祖）</td><td>第三组（穆）</td><td></td></tr>
<tr><td>第三层次</td><td>乾陵　昭陵　定陵
（昭）（祖）（穆）</td><td>兴宁陵　永康陵　献陵
（昭）（祖）（穆）</td><td>建陵　桥陵　泰陵
（穆）（祖）（昭）</td><td>建初陵　启运陵
（穆）（祖）（昭）</td></tr>
<tr><td>第二层次</td><td>第七组（穆）</td><td>第四组（祖）</td><td>第五组（昭）</td><td></td></tr>
<tr><td>第三层次</td><td>靖陵　贞陵　简陵
（穆）（祖）（昭）</td><td>崇陵　元陵　丰陵
（昭）（祖）（穆）</td><td>章陵　景陵　光陵
（穆）（祖）（昭）</td><td></td></tr>
</table>

分关系为准的“对称”排位——在宪宗景陵之前，居左侧者为“左昭右穆”，居右侧者为“右昭左穆”，反映出以上一层次“祖”位为尊的意识。第四组因系新一轮排位，因此组内三陵仍循与之相当的第一组内“右昭左穆”之例，但该轮排序从辈分上看是卑于第一轮的，且其祖陵元陵位于永康陵之左，故其三组组间为“左昭右穆”。最后一组按规则应为“右昭左穆”，而实际上正相反，这仍为晚唐诸帝辈分失序所致——第七组简陵陵主懿宗与第五组章陵陵主文宗为堂兄弟关系，因此简陵选于近章陵之地。另外，盛唐定、桥二陵与晚唐庄、端、章、简四陵皆位于关中祖陵永康陵之左，有“同辈不可异位”的规则。此外，追尊为帝的四代祖先之陵在昭庆者二、关中者二，且呈对称之势，意在暗指第五陵——献陵方为真正意义上的“帝陵”之首（图 2）。

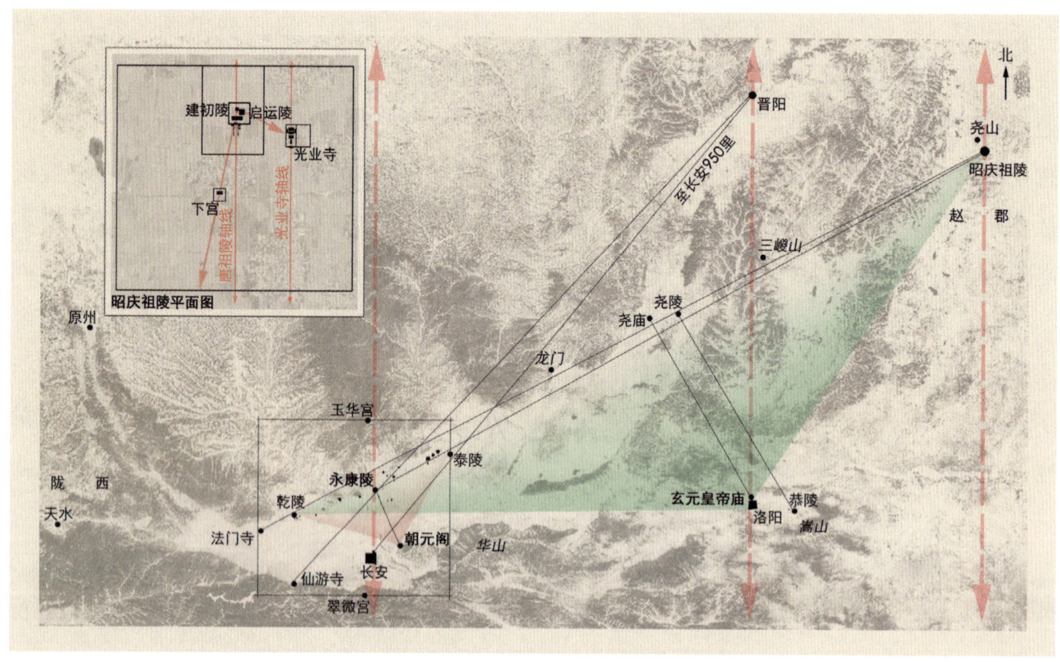

图 2　唐长安、洛阳、昭庆陵区总体空间秩序分析

二　陵域设计中的长安空间"祖型"

昭庆祖陵陵园对唐长安城的拟象暗示，"长安空间"是唐代帝陵空间设计中重要的影响因素。关中唐陵虽多为自然布局的山峰，但仍然竭力在陵地布局中仿象、隐喻长安空间，甚至取得与长安城直接的视觉关联。

1. 长安空间

关中唐陵首先以其自身及长安都城、周边山岳为边界，构成了三重"长安空间"。

（1）外重的 14 倍 "长安空间"。以最西之高宗乾陵、最东之玄宗泰陵为基准，关中陵域分布空间广，长达 133 公里，[1] 近于唐 250 里即 90000 步（以 1 步 =1.47 米、1 里 =360 步计，下文同）。这正与唐长安外郭城广 18 里、皇城宫城广 1800 步、宫广 900 步形成对应。[2] 最东北的玄宗泰陵所

1　本文距离尺度数据均据 GoogleEarth 软件测量。

2　于志飞：《隋唐都城尺度设计方法新探》，《中国文物科学研究》2012 年第 4 期，第 71 ~ 77 页。

确定的唐陵空间北界与关中平原南界（以长安南郊南山向南最凹入处为准）南北深117公里，约合唐220里，与东西250里的范围比例为1：1.136，而唐长安城外郭城南北向与东西向比例为16里：18里=1：1.125，因此前者实为一座扩大了14倍的“长安空间”。其中东部象征祖位的朝元阁类似于长安城中大明宫轴线之偏东设置；祖陵永康陵方位类似于长安城中太极宫承天门，方位并与朝元阁共同微妙地再现了太极宫与大明宫的地位关系。东南部抹角而过的秦岭山脉类似于长安城内东南部的乐游塬—芙蓉园一带高地，北部逶迤的北山山脉则对应长安城北兀然高耸的龙首山。

（2）中重的9倍“长安空间”。其一，永康陵正当承天门，大明宫紫宸殿正当外郭城明德门、昭陵正当西界、桥陵为东北角，约为实际长安城的9倍。其二，略小，约为实际长安城的8倍，元陵正当承天门，兴宁陵为南界、景陵正当外郭城东北角、贞陵正当外郭城西界。

（3）内重的5倍“长安空间”。约为实际长安城的5倍，永康陵仍当太极宫承天门、兴宁陵正当外郭城南墙西门安化门、东南角正与朝元阁—泰陵基线相切。元陵则当大明宫含元殿所在，永康陵与元陵作为两次总排序的“祖陵”，正对应唐代立国时所用太极宫与新宫大明宫，形成二元结构。定、元、章、简四陵位置集中，恰好成为大明宫空间的象征。首组三陵的“三角”布局模式也颇为特殊，三陵营建时的太宗初期，永安宫（大明宫）已行规划酝酿，此格局正似大明宫中玄武门—兴安门—太液池东池东口、大明宫面对的长安东半空间之兴安门—明德门—通化门、昭庆祖陵陵冢—下宫—光业寺的方位关系，反映出一种互相影响的布局规制。

这三重空间中，外重空间确立了总陵域；中重空间东、西以东、西之组首陵为界，南以长安大明宫或独处咸阳塬的兴宁陵为界；内重空间的构成要素主要为首度排序之初代三陵及二度排序之首陵，设计意图均十分明确。三重空间分别较实际长安城尺度扩大5、8～9、14倍，显然是取法“九五”象数之意。永康陵西至乾陵、东至泰陵均近140里，而其西至昭陵、东至桥陵、东南至朝元阁均近95里。140=95+45，亦呈现出附会“九五”的空间尺度设计。景、贞二陵则距元陵均约83里，空间略有缩减，应是为体现尊卑关系。隋宇文恺在大兴城的设计中令皇城宫城总面积为大兴宫的5倍，外郭城内总面积为皇城宫城的9倍，是类似比例设计方法的先例之一[1]（图3）。

---

1 傅熹年：《中国古代建筑史》第2卷，中国建筑工业出版社，2009，第346页。

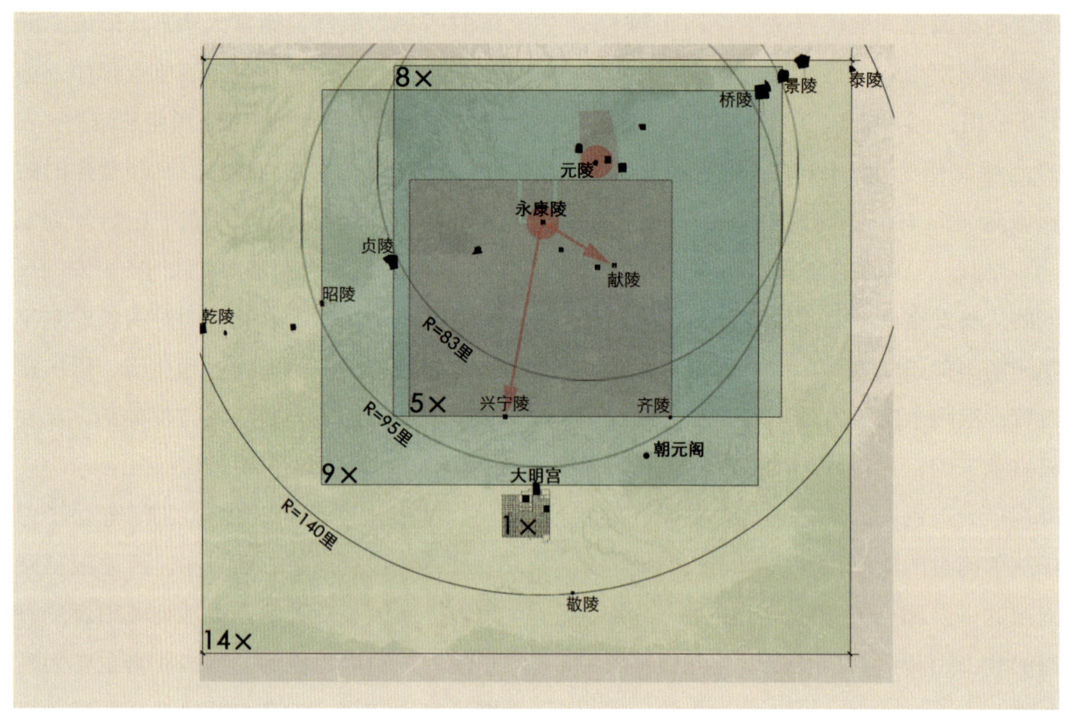

图3　关中唐陵空间“九五”尺度与比例分析

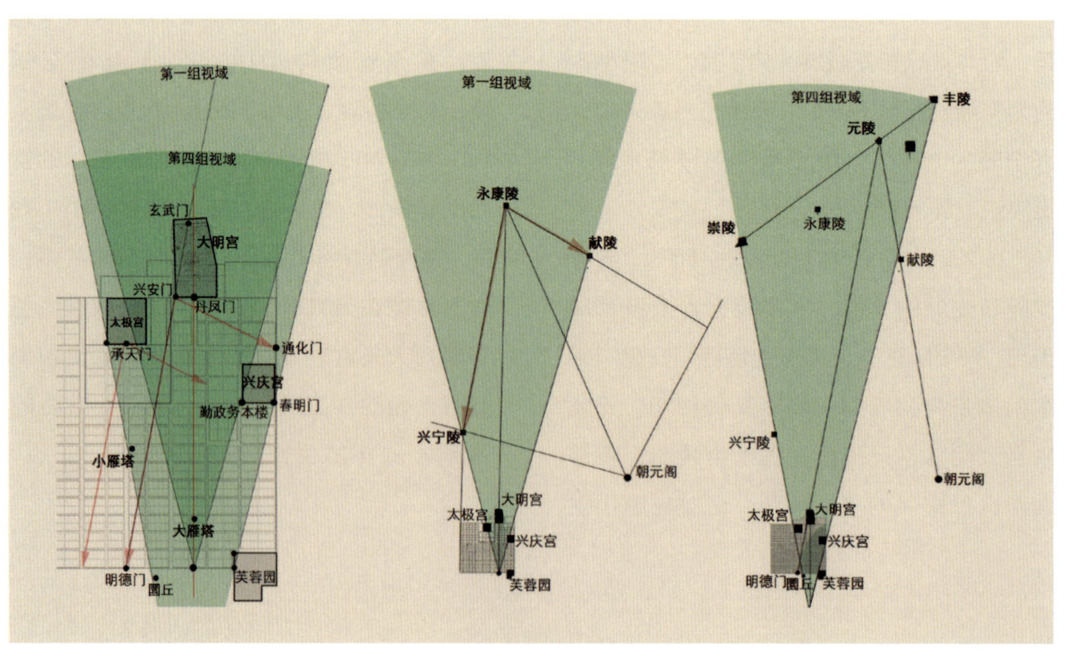

图4　第一、四组唐陵空间与长安城视域设计关联

2.“三大内”比例

在以长安外郭城空间比例确立总体陵域结构的基础上，长安“三大内”确立了每组内三陵的距离关系。

（1）第一、二组。永康陵至献陵、兴宁陵距离之比为 30.8 里：74.2 里 =1：2.4，昭陵至乾陵、定陵距离比例为 47.5 里：125 里 =1：2.6，皆近同大明宫轴线分长安城东西之广为 5 里：13 里 =1：2.6。大明宫肇建于太宗即位初年，虽高宗时方建成，但由永康陵直对大明宫观之，规划必当在太宗时已确立。正因大明宫之方位设计，确立了初代二组陵寝的组内距离关系。

（2）第三组。桥陵至泰陵、建陵距离比例为 35 里：197 里 =1：5.6，则正与玄宗时建成的兴庆宫方位暗合——以兴庆宫中枢勤政务本楼为中心半径约 11.6 里的圆形基线，正过芙蓉园南墙、圜丘、芳林门、西内苑西北角、大明宫西北角，乃是反映兴庆宫作为玄宗时期中枢空间地位的重要设计，[1] 兴庆宫深 2.2 里与此半径之比正为 1：5.3，近于此组三陵距离之比。

（3）第四组。元陵至丰陵、崇陵距离之比为 24.4 里：55.7 里 =1：2.3，与第一、二组比例略等。三陵作为第二次排序“中组”，正以“三大内”居中之大明宫方位而定。

（4）第五组。景陵距光陵、章陵距离比例为 8.8 里：73 里 =1：8.3，与兴庆宫勤政楼距长安东、西墙之比 1.9 里：16.1 里 =1：8.5 接近，可其取法于“三大内”居东之兴庆宫方位。

（5）第七组。贞陵距靖陵、简陵距离比例为 81.5 里：70.6 里 =1：1.15，正与长安城“西内”太极宫中轴线两侧长安广度之比 8.8 里：9.2 里 =1：1.05 略等。

因此，诸组帝陵的组内距离关系均以长安“三大内”轴线与长安城相对关系而定，盛唐以后长安“三大内”空间确立，第二次排序诸陵也形成以西之太极宫确立西组、以在中之大明宫确立中组、以在东之兴庆宫确立东组的距离设计制度，这是在拟象长安总体空间比例基础上进行的对长安内部结构的另一重拟象（图 4）。

3.“城—陵”视域

在唐代关中自然条件下，人在都城长安即可遥望北山。《新唐书・魏徵传》载“文德皇后既葬，帝即苑中作层观，以望昭陵，引徵同升，徵孰视曰：臣眊昏，不能见。帝指示之，徵曰：此昭陵邪？帝曰：然。徵曰：臣以为陛下望献陵，若昭陵，臣固见之。帝泣，为毁观”。而唐人的视野也并不限于长安城内，由长安“望陵”不但是帝王的怀想逝者之举，也是关中诸陵选址的重要设计方法。

1　于志飞：《“拟古”与“溯古”——论隋唐两京空间设计中的文脉意识》，《形象史学研究》2015 上半年，第 76 ~ 88 页。

（1）第一组。永康陵正南指向大明宫，长安城西墙北指则正是咸阳头道塬上兴宁陵所在。以大明宫轴线与长安南墙交点为基点连兴宁陵、献陵，两线正东西对称，并恰过太极宫、兴庆宫，括入三宫所夹空间，形成“三大内”与初唐三陵的直接关联。而将永康陵—兴宁陵连线以永康陵—骊山连线“镜像”于另一侧，也恰过献陵，再证永康陵—骊山连线乃是有别于大明宫轴线的“宗法之轴”。

（2）第二组。以长安外郭正门明德门连乾陵、昭陵、定陵之线恰过延平门、金光门、丹凤门，显然是欲以大明宫轴线之西的长安空间对应西组三陵。中宗时期，短暂出现了韦后为己父家族于长安南郊建造的荣先陵（今长安区南里王村）。[1]其陵选址一准皇室，定位于永康陵—大明宫轴线之上，韦后权势由此可见一斑。此陵在韦氏伏诛后即被平毁。

（3）第三组。由明德门连泰陵之线正过兴庆宫勤政务本楼、通化门，连桥陵之线则过长安东北角。其连建陵之线虽无长安重要空间节点对应，却正形成与第二组近同的视域夹角。值得注意的是勤政务本楼曾在玄宗时期承担了大赦、改元等类似于“外朝”的功能，与承天门、含元殿地位类似，玄宗泰陵方位与之的视线关联，再次证明了其地位的特殊性。

（4）第四组。元陵是二度排序之首陵，正处于朝元阁—献陵基线向东北延长线与长安明德门—兴安门—大明宫玄武门延长线交点上。自西内太极宫西南角向西北过兴宁陵的基线恰指向崇陵，另一方向则近圜丘；自南内兴庆宫东南角向东北过献陵的基线恰指向丰陵，另一方向过芙蓉园西墙与长安南墙相交处。此间视域恰扩入“三大内”与两次排位的“祖”位三陵，形成微妙的“同位”关系。献陵在这一空间确立中的双重坐标意义，正合其“帝陵”首陵与首组“穆”位之陵的双重身份。

（5）第五、六组。自长安明德门连兴庆宫西北角、长安东北角之线恰指最东之光陵，向大明宫西北角所引之线恰指最西之庄陵，由此构成的视域恰扩入这五陵与长安“三大内”所夹空间。庄陵、端陵虽为“归祔祖陵”而居于“山陵”系统之外，但因陵主均为穆宗之子，因此在大的空间范围上仍与章陵同位，且由光陵连景陵之线延长，正为庄陵所在。端陵则正与中宗定陵共处于始自明德门而过丹凤门的视线上，中宗—睿宗是皇位传承系统中第一次出现的兄弟相继，因此定陵成为端陵的设计参照。而景陵因属第二次排序的东组首陵，故法桥陵而以明德门—长安东北角基线定位。章陵则相对于庄陵取大明宫西北角而取东北角定位。

1　安士心：《唐韦皇后家族墓地考古勘探追记》，《中国文物报》2010 年 1 月 15 日，第 12 版。

（6）第七组。明德门连庄陵之线恰北指简陵，二陵陵主亦为兄弟辈分关系，可见乃是取明德门一端陵一定陵的视线设计方法，此线也成为分隔第二次排序左、右之组的界线。明德门向西北过长安西北角、延平门一带的两道基线，则分别指向贞陵、靖陵。此外，懿宗与庄陵、端陵、章陵、简陵陵主为兄弟关系，因此简、章二陵也与庄、端二陵位置关系呈现出距离、方位的相似性。

以此观之，中组诸陵视域均围绕主轴——大明宫轴线展开，东组与西组则以辅轴所在之明德门为基点展开，并有意使两侧视域“对称”布局，形成都城一陵墓一体的视线关系，实为大雁塔一大明宫一永康陵轴线设计思想的延续。以此设计，长安的城阙楼台与诸陵布局合为一体，形成“历史王权”与“当世王权”的有形统一与深远无限的空间意象（图5）。

4.“昭穆”边界

第二组“穆”位的定陵与第三组“祖”位的桥陵陵主中宗与睿宗本为兄弟关系，桥陵也就有了第二组中的另一重“穆”位

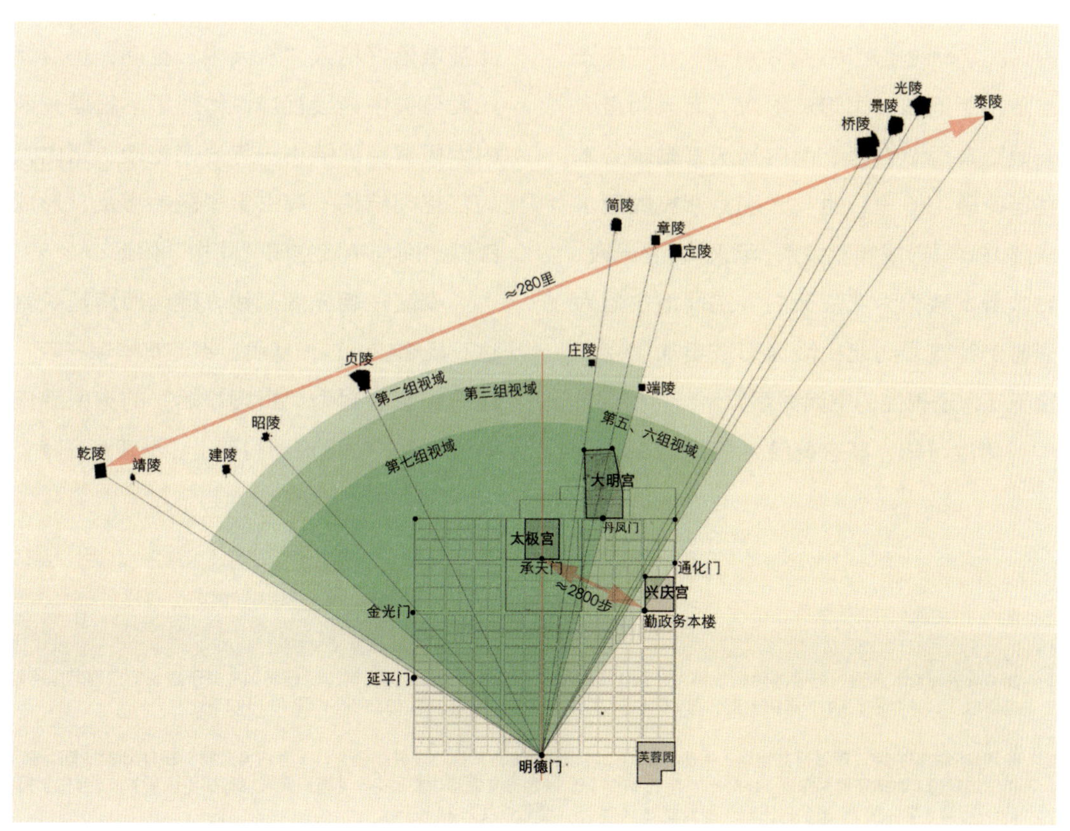

图5　第二、三、五～七组唐陵空间与长安城视域设计关联（放大分析图）

意义，其方位也恰与其组“祖”位的昭陵对称位于永康陵两侧。这就影响了此后帝陵的布局，即建陵作为“穆”位之陵，其位置恰也利用了桥陵较昭陵距永康陵稍远的情况，对称地位于昭陵偏西稍远处。第五组东端与第七组西端，也均较总陵域东西两界收进距离相近尺度；第五组西端与第七组东端亦位于后三组“祖陵”元陵两侧距离相近处。两次总排序中的“昭”“穆”二组陵域均有以各自总排序之祖陵对称布局的设计意图。

长安“三大内”格局于高宗与玄宗时完成，高宗乾陵与玄宗泰陵也正分居关中唐陵的最西与最东端，犹如关中唐陵总体的“昭穆”之陵，西内太极宫承天门与南内兴庆宫勤政楼距离近 2800 步，正与乾泰二陵相距近 280 里形成对应。而大明宫含元殿距泰陵 200 里、南内兴庆宫勤政务本楼距乾陵 150 里，也与大明宫紫宸殿距永康陵 100 里形成等差关系。承天门、含元殿、勤政务本楼作为“三大内”空间地位最为显赫的建筑，与北山陵区形成更加紧密而富于几何逻辑性的空间关系。

测量可知，高宗乾陵内陵垣的深广尺度与“西内”太极宫相等，[1] 均近东西 900 步 × 南北 100 步；玄宗泰陵陵垣深广尺度与“南内”兴庆宫相等，[2] 均近东西 700 步 × 南北 800 步。尤其是乾陵不但内陵垣形等太极宫、内外垣间距离一同承天门前东西大路之宽、鹊台之距一同朱雀大路之宽与大明宫北夹城之深，下宫选址亦参照长安皇城南墙位置而定、鹊台选址则正与为高宗“追福”所建的荐福寺塔（小雁塔）位置相当，[3] 甚至附近靖陵的选址似也参考了乾陵拟象的长安空间中之兴庆宫方位。

两陵位置也对长安城内的空间结构有所仿象——长安大雁塔向西北一线直抵小雁塔与皇城西南角、外城西北角，向东北一线直对兴庆宫东南角并反向直对圜丘，此视域恰好括入“三大内”空间，正似朝元阁至关中诸陵视域，体现了小雁塔—西内太极宫空间结构—等高宗乾陵、南内兴庆宫空间结构—等玄宗泰陵的意义，形成都城空间与帝陵空间“同构”体系。

泰陵—朝元阁基线，继续西南延长直达石砭峪口，这一基线上不但有李琮齐陵，还有玄宗追封为“贞顺皇后”的惠妃武氏敬陵（今长安区庞留村西）。泰陵距齐陵、

1　据 GoogleEarth 测量，乾陵内陵垣规模为东西 1325 米 × 南北 1556 米；据马得志、杨鸿勋《关于唐长安东宫范围问题的研讨》，《考古》1978 年第 1 期，第 60 ~ 64 页，太极宫规模为东西 1285 米 × 南北 1492 米。

2　陕西省考古研究院、蒲城县文物局：《唐玄宗泰陵陵园遗址考古勘探、发掘简报》，《考古与文物》2011 年第 3 期，第 4 页图二测量，泰陵陵垣为东西 1168 米 × 南北 1145 米；陕西省文物管理委员会：《唐长安城地基初步探测》，《考古学报》1958 年第 3 期，第 86 页。兴庆宫东西长度为 1075 米，南北长度为 1250 米。

3　蒋靖：《小雁塔》，《文物》1979 年第 3 期，第 88 页。

敬陵之比约为 2∶3，恰为兴庆宫东南角至大雁塔、圜丘之比。齐陵也位于同为追封皇帝之陵的兴宁陵正东，其位于“朝元”空间东边界基线的意义，亦正如兴宁陵位于西边界。敬陵不但在以永康陵为中心半径 140 里圆形基线上，也在紫宸殿勤政楼之延长线上，巧妙地体现了其作为单独营建的追封皇后陵之微妙地位。

高宗、玄宗二帝在位时均着意为自己与先帝加封尊号。《旧唐书》载高宗上元元年（674）“秋八月壬辰，追尊宣简公为宣皇帝，懿王为光皇帝，太祖武皇帝为高祖神尧皇帝、太宗文皇帝为文武圣皇帝、太穆皇后为太穆神皇后、文德皇后为文德圣皇后”，同时“皇帝称天皇，皇后称天后”。同书载玄宗天宝十三载（754）“二月癸酉，上亲朝献太清宫，上玄元皇帝尊号曰大圣祖高上大广道金阙玄元天皇大帝。甲戌，亲飨太庙，上高祖谥曰神尧大圣大光孝皇帝，太宗谥曰太宗文武大圣大广孝皇帝，高宗谥曰高宗天皇大圣大弘孝皇帝，中宗谥曰中宗大和大圣大昭孝皇帝，睿宗谥曰睿宗玄真大圣大兴孝皇帝”。玄宗在位期间更是五次为自己加尊号：开元元年（713）十一月戊子，“上加尊号为开元神武皇帝”；开元二十七年（739）二月己巳，“加尊号开元圣文神武皇帝”；天宝元年（742）二月丁亥，“加尊号为开元天宝圣文神武皇帝”；天宝八载（749）闰月丁卯，“上皇帝尊号为开元天宝圣文神武应道皇帝”；天宝十三载（754）二月乙亥，“上尊号为开元天地大宝圣文神武孝德证道皇帝”。在这种背景下，玄宗于开元十七年（729）也完成了一次对前代陵寝完整隆重的的谒陵活动。

> 十一月丙申，亲谒桥陵。皇帝望陵涕泣，左右并哀感。进奉先县同赤县，以所管万三百户供陵寝，三府兵马供卫，曲赦县内大辟罪已下。戊戌，谒定陵。己亥，谒献陵。壬寅，谒昭陵。己巳，谒乾陵。戊申，车驾还宫。大赦天下，流移人并放还，左降官移近处，百姓无出今年地税之半。每陵取侧近六乡以供陵寝。皇帝初至桥陵，质明，柏树甘露降，曙后祥烟遍空。皇帝谒昭陵，陪葬功臣尽来受飨，风吹飂飂，若神祇之所集。陪位文武百僚皆闻先圣叹息、功臣蹈舞之声，皆以为至孝所感。天宝二年八月，制：自今已后，每至九月一日，荐衣于陵寝。十三载，改献、昭、乾、定、桥五陵署为台，其署令改为台令，加旧一级。
>
> （《旧唐书·礼仪志》）

基于这种不寻常的时空契合，加尊号、谒诸陵应是二帝对于本朝完成都城第二与第三大内、以己陵确立关中陵域边界、同时宣示自己“一代大帝”身份的一种兼有纪念目的的举措（图 6）。

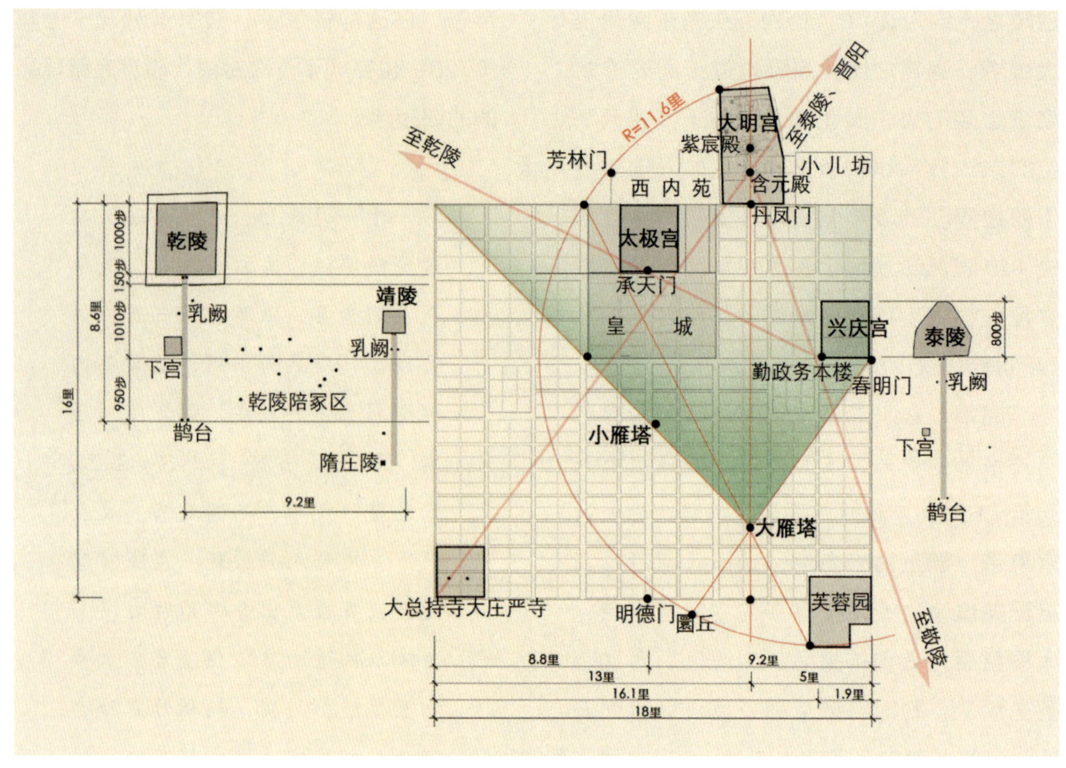

图 6　唐长安城与乾、泰二陵空间与定位设计关联分析

三　陵址定位中的史地宗教

1. 汉唐相继

唐代积土之陵形系仿照西汉帝陵的覆斗形封土而来，追慕“汉制”，是唐帝借以构建王朝“正统”地位的方式之一。《旧唐书》载唐高祖、太宗二帝遗诏丧仪“其服轻重、悉从汉制”“丧纪宜用汉制”。长安北郊与东郊，西汉帝后陵的封土至今罗列高耸。从初代三陵陵位布局上看，“汉制”得到了精确的体现——唐太祖永康陵之位于大明宫轴线上正如汉高祖长陵位于汉长安城南北向“超长基线”上、[1]唐世祖兴宁陵位于永康陵西南之唐长安城西墙向北延长线上正如汉惠帝安陵位于长陵西南之汉长安城西墙向北延长线上；唐高祖献陵位于永康陵东正如汉景帝（高祖之孙）阳陵位于长陵东，且三陵东西正向距离比

1　秦建明、张在明、杨政：《陕西发现以汉长安城为中心的西汉南北向超长建筑基线》，《文物》1995 年第 3 期，第 4 ~ 15 页。

例亦相近。大明宫轴线不但北指永康陵，其玄武门偏西设置使得连含元殿—玄武门之线也正北指不远处隔渭水相望的汉景帝阳陵，而永康陵陵主李虎也被追尊为“景皇帝”，恐非巧合。

关中唐陵的总体布局也与西汉诸陵有着相当密切的关联——以大明宫正南石砭峪口为基点的关中唐陵视域内，西汉帝陵陵域恰好与此视域的边界相切，西界为汉茂陵—唐乾陵，东界为汉霸、少二陵—唐泰陵。与西汉帝陵一样，关中唐陵也分为长安北郊与长安东郊两区。北郊汉唐两陵区皆呈现了平行的东北—西南布局走向，泰陵至东南郊齐陵、敬陵的基线也几与霸杜二陵相重。永康陵至石砭峪口连线中点一带，正为渭北西汉帝陵东端之阳陵，北山中部积土为陵的永康、庄、端、献四陵，恰好南对汉代阳、杜、霸三陵所在空间。汉太上皇陵则近献陵，并南对朝元阁。可以想见千余年前的唐代，在日朗无云之时登大明宫正南山巅北望，近见以大雁塔、含元殿为视觉中心的长安城阙，与西汉诸陵“同位”的北山本朝诸陵则在远处展开绵延巍峨的轮廓。历史与当世的陵寝空间在此相融合一，形成纪念王朝传承的永恒景观。

唐代首帝——高祖李渊之献陵及其陪葬墓总体布局，则有模仿汉高祖长陵的用意。二者主陵皆在西南方的塬头，诸陪葬墓则居于东北部，选址于相似的地形中。

2. 家国相承

自 14 倍“长安空间”西南角连永康陵、元陵，自长安西南角连含元殿、泰陵，其延长线皆指向李渊起兵之地、后成唐之“北都”的晋阳（今山西太原）。表现帝王世系的“陵寝基线”与表现政权历程的“都城基线”相交之地，成为关中陵区的东边界。含元殿、永康陵、元陵这三处具有中心意义的殿宇、陵墓，也与晋阳产生了特殊关联。

大明宫紫宸殿与永康陵，恰好对称位于 14 倍“长安扩大空间”的南、北半部，三分空间的中轴线并形成 60 里 : 100 里 : 60 里 =1 : 1.67 : 1 的关系。永康陵是已故帝王陵寝空间的核心，紫宸殿则为大明宫当世帝王的“正寝”。含义颇深的是大明宫营造之初名永安宫，也有意取得与永康陵号的“对仗”关系。这一数值正与大明宫中含元殿、蓬莱岛这两点三分大明宫中进深比例为 4 : 6 : 4=1 : 1.5 : 1 近似。太液池中三岛分布东西之广约 280 步，又与关中诸陵陵域广度之 280 里形成对应。太液池池形呈“V”字布局，颇似自西北固原而来的狭长河谷—关中盆地—临汾至太原盆地这一地理空间大势，正契合了李氏政治势力早年源自关陇而李渊又兴于河东的空间特征。自太液池西北出口连西池三岛，则分别指向大明宫后宫区西墙上的翰林门、右银台门、西南角，正似自晋阳向其西南永康陵、泰陵所引之基线结构。作为“帝王之家”的大明宫后宫，巧妙地隐喻了李唐家族崛起的地理空间及其核心长眠着先帝的陵域，成为王朝“往昔空间”的象征与纪念，更可窥见先帝诸陵乃是这一空间中的重要构成要素。

与“往昔空间”相反的“当世空间”则为以紫宸殿与含元殿为中心的李氏帝国当世政权运作中枢之区。唐帝崇道，李华《含元殿赋》言其殿“含元建名，《易·乾坤》之说曰‘含宏光大’，又曰‘元亨利贞’，括万象以为尊，特巍巍乎上京”。“元”即为“阳”，含元殿地势“终南如指掌，坊市俯可窥”，面向当世；水则为“阴”，太液池藏于后宫大池凹下之地，象征往昔，形成大明宫南北两区的两极。永康陵—紫宸殿、太液池—含元殿，共同形象地演绎了李氏由关陇、河东崛起而终入主长安而统御天下的时空历程。

关中—昭庆陵区基线在山陕交界处又过黄河禹门(龙门)，《三才图会》云“夏禹定名龙门，故亦曰禹门渡，此处两山壁立，状尽斧凿，河出其中，宽约百步”，是一重要的历史、自然景观节点与交通要隘。隋末李渊正从禹门渡黄河取关中，故见此处对李唐王朝更有特别纪念意义。又，以尧庙—洛阳连线为对称轴时，山西屯留境内的三峻山正与龙门对称，《淮南子》云“尧使羿射九乌于三峻之山”。作为上古尧时代的英雄史迹，三峻山与黄河禹门很可能同被视作“昭穆”空间中的重要要素，被纳入陵寝选址参照体系之中（图7）。

3. 陵寺相望

始自昭庆祖陵的唐陵东北–西南向基线继续西延，则直抵扶风法门寺。此寺因传藏有“佛指”而为皇室着意崇奉，为之建“护国真身塔”，[1]先后有八帝六迎二送“佛指”至宫中供奉。其地宫以数重石门分隔前后相重的石室，营造出结构类似于帝陵地宫般庄严的地下空间，也有意在形制上一等帝陵。贞观五年（631），太宗敕令岐州刺史张德亮开法门寺塔供养“佛指”，拉开了皇室迎送“佛指”活动的序幕，而太宗昭陵也恰是开山凿室为陵之首。北朝隋唐以来不乏将贵族葬于佛教空间的实例，如西魏文帝皇后乙弗氏葬于麦积山石窟第43窟“寂陵”；隋代皇族近支李静训葬于“万善尼寺”，墓志云“于坟上构造重阁，遥追宝塔”；洪渎塬上玄宗外祖窦孝谌墓前后室顶均呈砖砌方形佛塔之状；德宗时甚至出现了皇帝欲将公主、皇子“塔葬”的讨论。[2]法门寺位于帝陵

1　《旧唐书》卷一六〇《韩愈传》云：“凤翔法门寺有护国真身塔，塔内有释迦文佛指骨一节，其书本传法，三十年一开，开则岁丰人泰。”

2　《旧唐书》卷一五〇《肃王详传》云：“肃王详，德宗第五子。大历十四年六月封。建中三年十月薨，时年四岁，废朝三日，赠扬州大都督。性聪惠，上尤怜之，追念无已，不令起坟墓，诏如西域法，议层砖造塔。”《旧唐书》卷一三八《姜公辅传》：“从幸山南，车驾至城固县，唐安公主薨。上之长女，昭德皇后所生，性聪敏仁孝，上所钟爱。初，诏尚韦宥，未克礼会而遇播迁；及薨，上悲悼尤甚，诏所司厚其葬礼。公辅谏曰：非久克复京城，公主必须归葬，今于行路，且宜俭薄，以济军士。德宗怒，谓翰林学士陆贽曰：唐安夭亡，不欲于此为茔垄，宜令造一砖塔安置，功费甚微，不合关宰相论列。”

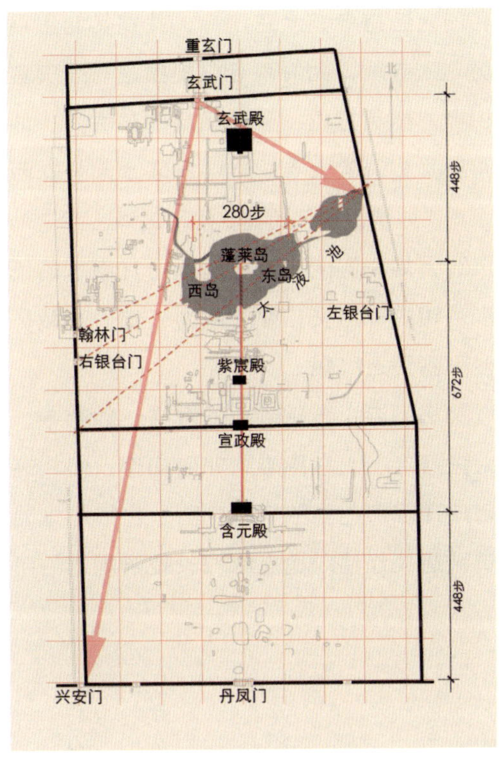

图 7　大明宫空间与唐陵布局关联设计分析

选址基线之上，暗示了其作为“佛祖之陵”而与帝陵“同位”的深意。遥遥相对的基线东端则是昭庆祖陵光业寺，与法门寺“镇护”在地跨大半帝国疆域的陵寝超长基线两端。

法门寺距乾陵为 60 里，永康陵—大明宫之南直对大雁塔，但如再向南延至 14 倍“长安空间”南界，即紫宸殿南 60 里处，则为终南山中传隋代肇建的圣寿寺，现仍存隋唐七层砖塔一座。兴庆宫建后不久的开元九年，终南山“嘉午台”上也建造了与之同名的兴庆寺，该寺正处于自大明宫紫宸殿连兴庆宫勤政楼之线的延长线上，且其线正过敬陵。寺与勤政楼相距为 60 里，当是玄宗特意为兴庆宫设置的一处“镇护”之寺。距离、方位结构的吻合，暗示这些寺塔可能也具有“镇护”宫阙陵寝之意。

以法门寺、泰陵、长安正北的玉华宫、长安正南的翠微宫分别为四界控制点，其内接矩形也与长安郭城深广比例相同。这乃构成了第四重“长安扩大空间”，约为唐长安城的 18 倍，亦为“九”之衍数。玉华、翠微两宫方位大致与长安南北一线，乃是唐代长安近畿重要离宫。两宫的设计者同为阎立德，[1] 源自统一规划。《旧唐书 · 太宗纪》记载，贞观二十一年“夏四月乙丑，营太和宫于终南之上，改为翠微宫”；“秋七月庚子，建玉华宫于宜君县之凤凰谷”。值得注意的是，两宫同在高宗时改为寺院，这正如关中永康陵 – 大明宫中轴线直对大雁塔的意义一样，似有意增强佛教对都城、陵寝空间的“镇护”。

括入关中诸陵的 14 倍“长安空间”西南角为黑河河谷北口，隋代建有仙游宫，后改为佛寺以藏文帝所得舍利，今存唐代所建的七层砖塔——法王塔，此塔曾因迁建而从中发现了天宫与地宫。这是一处意

1　《旧唐书》卷七七《阎立德传》云：“（阎立德）寻受诏造翠微宫及玉华宫，咸称旨，赏赐甚厚。”

义特殊之地，自晋阳连元陵与永康陵之线、自泰陵连献陵之线、自朝元阁连丹凤门之线均指向此处，寺东有传为老子演说《道德经》所在的楼观台，唐时曾升之为“宗圣宫”。对于崇奉佛道并以老子为祖的唐帝而言，仙游寺无疑是一处重要的“镇护国家”之寺。

晋阳连泰陵、含元殿的基线继续延伸，则直抵长安西南角原为隋文帝及独孤后“追福”的大禅定寺、禅定寺，各有木塔一座。两寺规模原各占永阳坊东半、西半，唐代以文帝夫妇曾号庄严、总持而更名曰大总持寺、大庄严寺，并划其北和平坊划入寺地，此时两寺总规模正与兴庆宫相当。据其方位，显然又是一与法门、仙游意义相近的大寺。寺中木塔本因长安西南角“地势微下”而建，据称高“三百三十尺”，规模巨大。唐代延伸了其原本的景观“镇护”意义，使之成为长安—泰陵—晋阳基线之终端。

法门寺、草堂寺、圣寿寺、仙游寺、大庄严寺、大总持寺均非唐初建，但从高宗迁建临汾尧庙的事例判断，也很难排除曾被唐代迁建以适应都城、陵墓规划的可

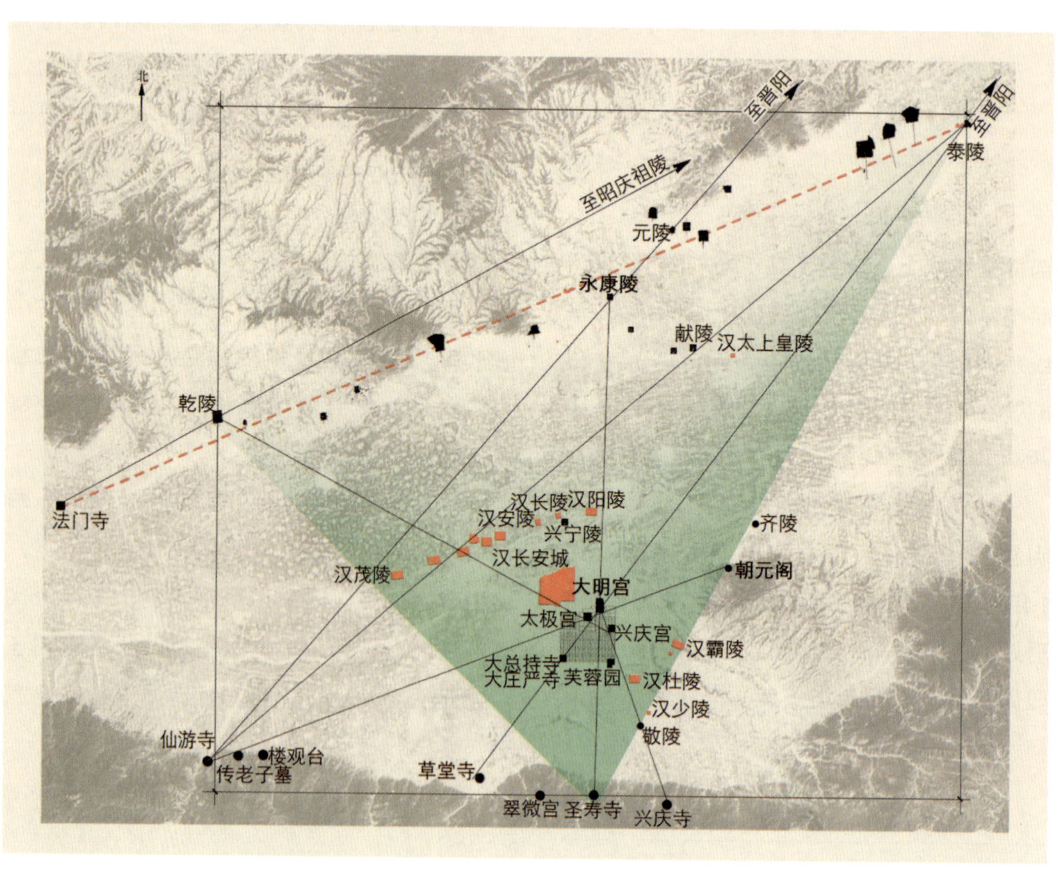

图 8　唐陵与长安城郊寺塔、西汉陵墓布局关系分析

能。如对仙游寺塔的发掘表明，其塔很可能建于唐代。[1]以此设计，形成塔殿相重、陵寺相望的空间意象，寄托了唐帝“帝祚永续”“江山永固”的企求（图8）。

四 结语

由于史籍阙载，终唐一代的都城、帝陵组群这种范围巨大的空间设计理念，笔者只能拼凑碎片般的信息而得其大略。设计者们在其中整合了古来宗法的昭穆制度、帝位传承的格局序列、李唐皇室的家族特质、宗教信仰的精神结构、典籍相传的古史遗迹、逶迤起伏的山川大势等种种人文、自然空间要素。尤其是唐陵陵山虽为位置不可移动的自然山峰，但各陵方位对长安及“三大内”的视线、视域与尺度、比例“映像”，反映了长安空间格局的时空变化与帝陵选址有着密切的互动。似因“清暑”而起的大明宫，却成为终唐一代的政治中枢，关中祖陵亦因之确定；因“潜邸”而造的兴庆宫，也成为玄宗主要听政之地。营构长安“三大内”原为唐初就确立的长远计划。宫室与陵墓布局，均反复体现着一主二辅的三元空间格局，这也正是前文所述“昭穆”秩序的有形体现。其目的虽为标榜新王朝的“正统”与“威仪”，但在具体操作中对地理空间中的人文、自然、历史等种种要素进行了巧妙整合，形成融合思想与视觉而几近完美的唐长安京畿帝陵兆域空间，成为反映唐代设计者匠心巧妙的空间规划思想之杰出范例。

这一空间体系涉及地域绵延660余公里并跨越山川无数，但选址定位却又如此精准，暗示当时通过“测影”“瞻星”等方法，已能够获得十分精准的地理方位。以早于唐近千年前战国时中山王墓已发现绘制精确的“兆域图”比较推测，唐代可能存在包含整个国土的地图，并绘有设定一定标准比例的经纬网格。唯有如此，方可在陵寝、宫室等国家重要工程选址时，能够通过比照分析大比例的长安平面图而完成精确定位。这些陵寝方位的关系，正是当时拥有精准高超地理测绘技术的一个明证。

虽然唐陵地面建筑因岁月悠久而早已毁没，但山陵本身及其群落构成的含义深刻的空间形势仍巍然存在，应着意保护与阐释，使其作为唐时代独特的“空间文化遗产”而熠熠生辉。

1 刘呆运：《仙游寺法王塔的天宫地宫与舍利子》，《收藏家》2000年第7期，第60～64页。

法藏敦煌文书 P.2942 文本解析

■ **杨宝玉**（中国社会科学院历史研究所）

法藏敦煌文书 P.2942 抄录有近 50 则唐河西军公文，内容涉及唐代宗时期河西与伊西北庭地区政治、军事、经济史中的若干重大问题。由于传世史书中保存的这一时期的相关史料极其匮乏，而该卷内容丰富，且是当时人书当时事的最原始史料，不仅对河西西域史研究意义重大，对安史之乱后的唐史研究也有重要参证作用，故历来备受学界关注。不过，该卷也是目前学界争议最大的文书之一，不同学者对文书本身的解读及在此基础上探讨相关问题得出的结论常常大相径庭。笔者近年着力于该卷的整理与研究，感觉学界关于该卷歧见迭出的重要原因之一即是对 P.2942 所抄公文文体、抄集顺序及各文作者、撰作时间等方面问题的探讨不够透彻。故今试就此略陈管见，不当之处，敬请方家教正。

一 P.2942 所抄公文总述

P.2942 为长卷（见图 1 至图 10），首尾具残，今存字 228 行。其抄写形式一般为：先以简短文字概括将抄公文所处理事件的主要内容（其作用类似于今日的标题，本文姑且以“事目”[1]称之），然后换行抄录相应公文，不过偶尔也有不换行直接抄写的现象。

关于 P.2942 抄存公文的件数，最早完整过录该卷的日本学者池田温先生认为“存四七项及不完一项”，[2]即总数为 48 项；最早为该卷作注的安家瑶先生则谓“计有完整判文四十四篇，牒文二篇，不完整牒文一篇”，[3]即 47 项。

笔者通过对 P.2942 全卷的认真校注整理，[4]认为该卷现存公文共 48 件或 49 件。

1 事目：原指摘要、事情的概况。（宋）胡太初《画帘绪论·听讼》释曰：“令每遇决一事，案牍纷委，惮于遍阅，率令吏摘撮供具，谓之事目。”

2 〔日〕池田温：《唐年次未详（765？）河西节度使判集》，载氏著《中国古代籍帐研究》。该书日文原版由东京大学出版会于 1979 年出版，龚泽铣翻译之中译本由中华书局于 1984 年、2007 年出版。前者删除了录文部分，后者则将 P.2942 录文收载于该书第 349 ~ 353 页。

3 安家瑶：《唐永泰元年（765）—大历元年（766）河西巡抚使判集（伯二九四二）研究》，《敦煌吐鲁番文献研究论集》，中华书局，1982，第 232 ~ 264 页。

4 详参拙文《敦煌文书 P.2942 校注及“休明肃州少物”与“玉门过尚书”新解》，《隋唐辽宋金元史论丛》第 4 辑，上海古籍出版社，2014，第 103 ~ 124 页。

之所以不能最终确定，是因为该卷现存之首行的上部残损过甚，只余难以确认的一两个字，不能揭示其原属段落的文意。我们无从推断其为一件判文的结尾，还是仅为对该卷文书内容功用的说明。从现存内容完整的首件公文据原作者（即判案者）拟题“尚书判”，而其他判文皆据所判事由拟题来看，后一种可能是存在的。因而，本文下文行文时只得将该卷首行上部残存的一两个字忽略不计，即将该卷现存公文视为48件。

为尽可能简单明了地揭示P.2942所存228行文字的结构内容，亦为后文行文方便，试先将该卷所抄各公文制成表1，然后再探讨这些公文的文体、抄集顺序、各文作者、撰作时间及全卷拟名等问题。

表1 P.2942全卷所抄各公文情况

序号	行号	原卷所标事目（自题）	备注
1	1 ~ 5	尚书判	前任节度使所判
2	6 ~ 10	肃州请闭籴，不许甘州交易	
3	11 ~ 14	建康，尚书割留氎三百段，称给付将士，不具人姓名	
4	15 ~ 18	管内仓库宴设给纳馆递樽节事	
5	19 ~ 21	豆卢军请西巡远探健儿全石粮	
6	22 ~ 27	甘州送粮五千石，又请，称不足	
7	28 ~ 30	建康军物被突厥打将，得陪半周兵马使	
8	31 ~ 33	豆卢军健儿卌七人春赐请加	
9	34 ~ 38	建康军使宁憘擅给绁布充防城人赐	
10	39 ~ 42	豆卢军兵健共卅九人无赐	
11	43 ~ 50	甘州兵健冬装，肃州及瓜州并诉无物支给	
12	51 ~ 53	沙州地税，耆寿诉称不济，军州请加税四升	两判文所判为同一事状
13	54 ~ 58	又判	
14	59 ~ 66	甘州地税勾征，耆寿诉称纳不济	
15	66 ~ 68	沙州祭社广破用	两判文所判为同一事状
16	69 ~ 70	又判	
17	71 ~ 74	故沙州刺史王怀亮擅破官物充使料，征半放半	两判文关系紧密，皆与王怀亮事有关
18	75 ~ 78	沙州诉远年什物征收不济	

续表 1

19	79 ~ 82	瓜州申欠勾征，诉不济	
20	83 ~ 85	兵马使下马，择一百疋，加踖秣饲	
21	86 ~ 88	两界来往般次食顿递	
22	89 ~ 91	判诸国首领停粮	
23	92 ~ 97	甘州请肃州使司贮粮	
24	97 ~ 100	肃州刺史王崇正错用官张瓌伪官衔	
25	101 ~ 103	建康军请肃州多乐屯	
26	104 ~ 110	甘州欠年支粮及少冬装	
27	110 ~ 112	甘州请专使催粮	
28	113 ~ 116	条目处置冬装粮料烽铺事	
29	117 ~ 120	思结首领远来请粮事	
30	120 ~ 123	李都督惠甘、肃州斛斗一千石	
31	124 ~ 126	贷便沙州斛斗，频征不纳	
32	127 ~ 130	甘州兵健月粮，请加全支	
33	131 ~ 136	关东兵马使请加米	
34	137 ~ 140	瓜州屯田请取禾外均充诸欠	
35	141 ~ 144	瓜州别驾杨颜犯罪，出斛斗三百石赎罪	
36	145 ~ 148	玉门过尚书，妄破斛斗	
37	148 ~ 152	建康无屯牛，取朱光财市充	
38	153 ~ 157	瓜州尚长史采矿铸钱置作	
39	157 ~ 160	肃州先差李庭玉禾定，又申蔡家令覆禾	
40	161 ~ 163	子亭申作田苗秋收，称虫损不成，欠禾	
41	164 ~ 169	朱都护请放家口向西，并勒男及女婿送	
42	170 ~ 172	甘州镇守毕温、杨珎、魏邈等权知军州	四件公文关系紧密，皆与张瓌之乱有关
43	173 ~ 177	刺史张元瓌请替	
44	178 ~ 180	关东防援	
45	181 ~ 189	张瓌诈称节度	
46	190 ~ 216	伊西庭留后周逸构突厥煞使主，兼矫诏河巳西副元帅	三件公文关系紧密，皆与周逸谋杀使主事件有关
47	217 ~ 226	差郑支使往四镇，索救援河西兵马一万人	
48	226 ~ 228	周逸与逆贼仆固怀恩书	

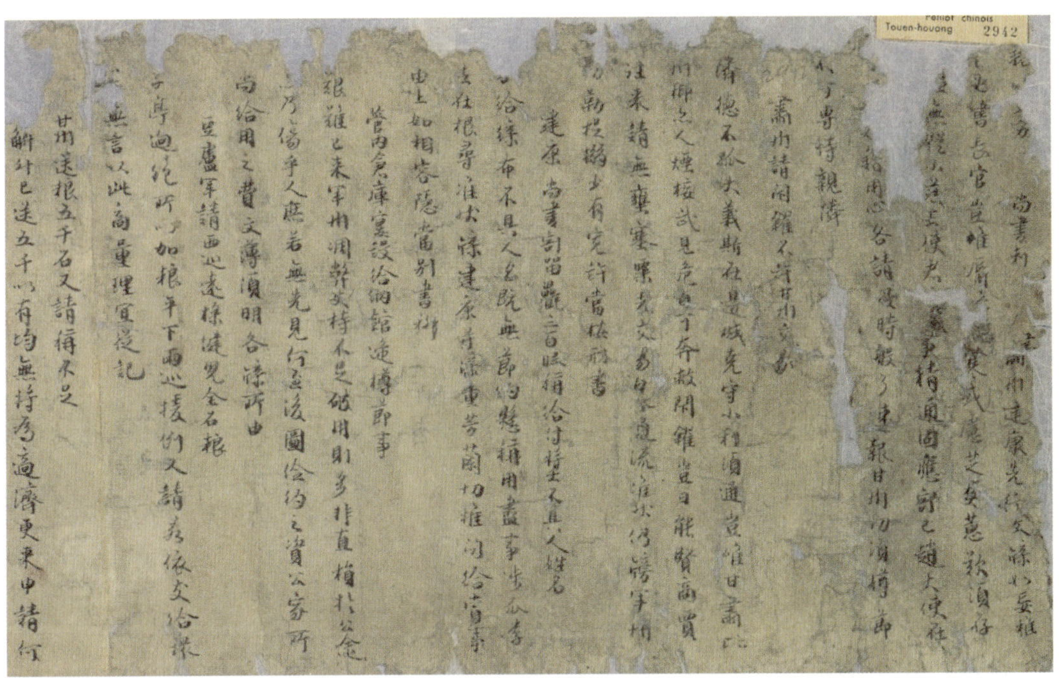

图1 P.2942-01

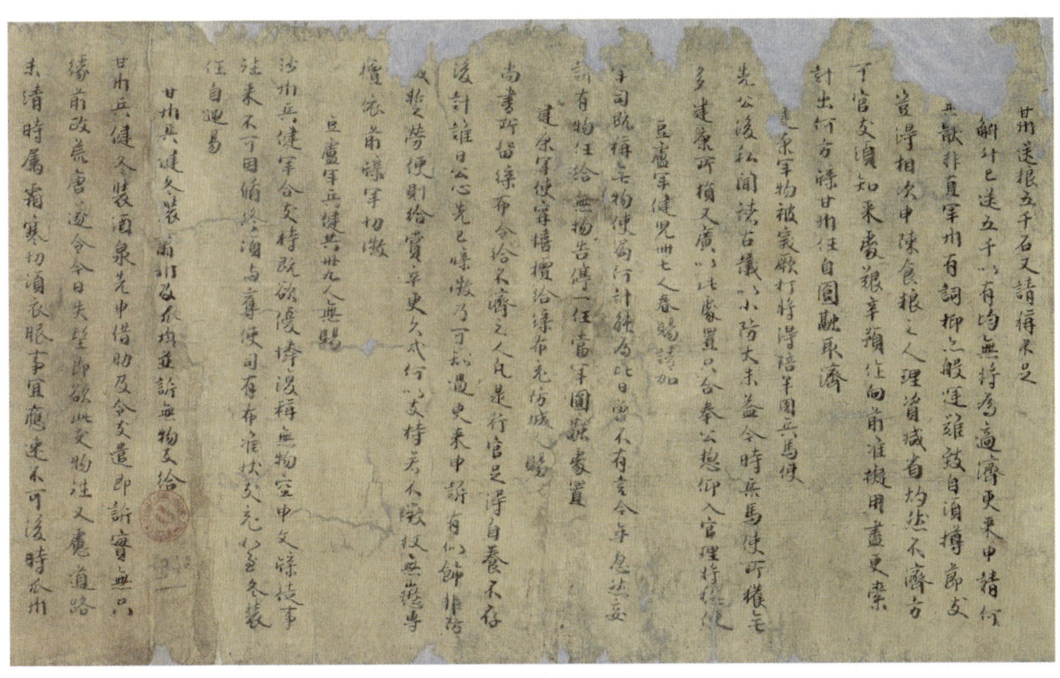

图2 P.2942-02

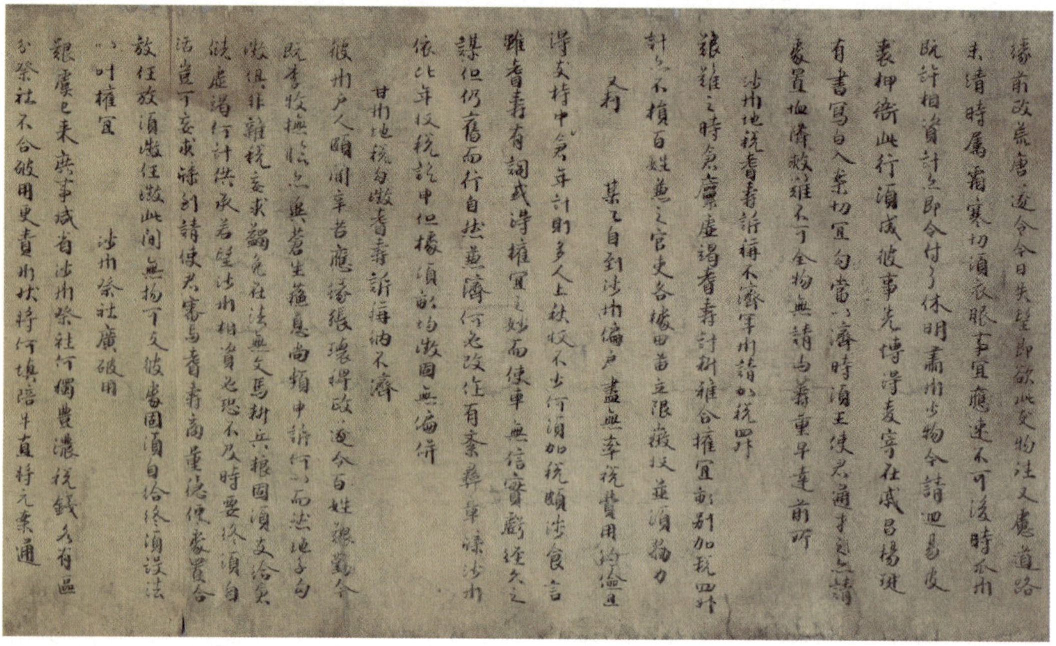

图3　P.2942-03

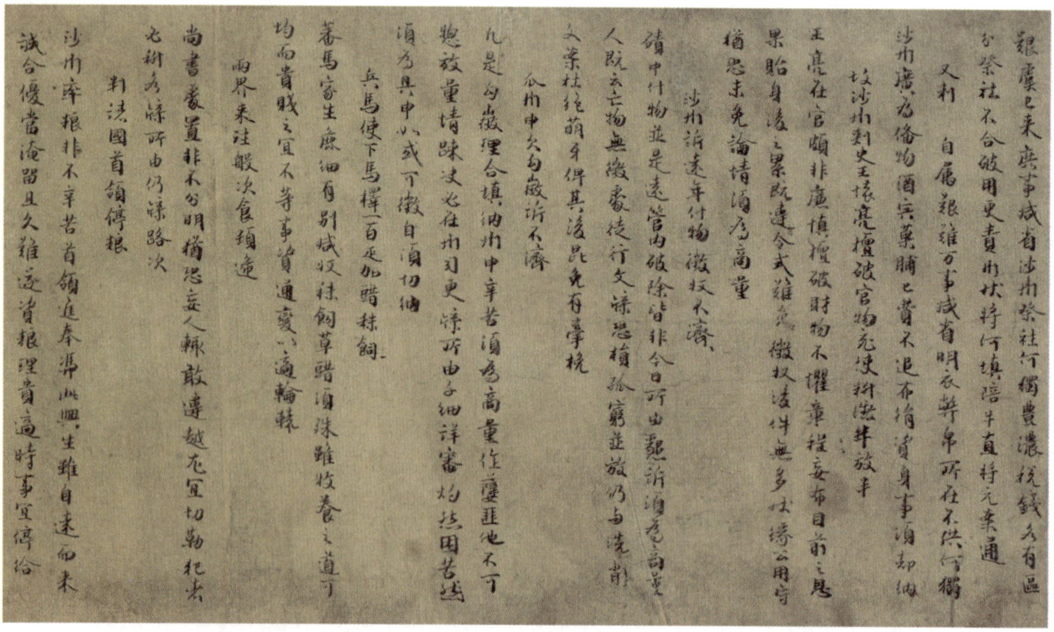

图4　P.2942-04

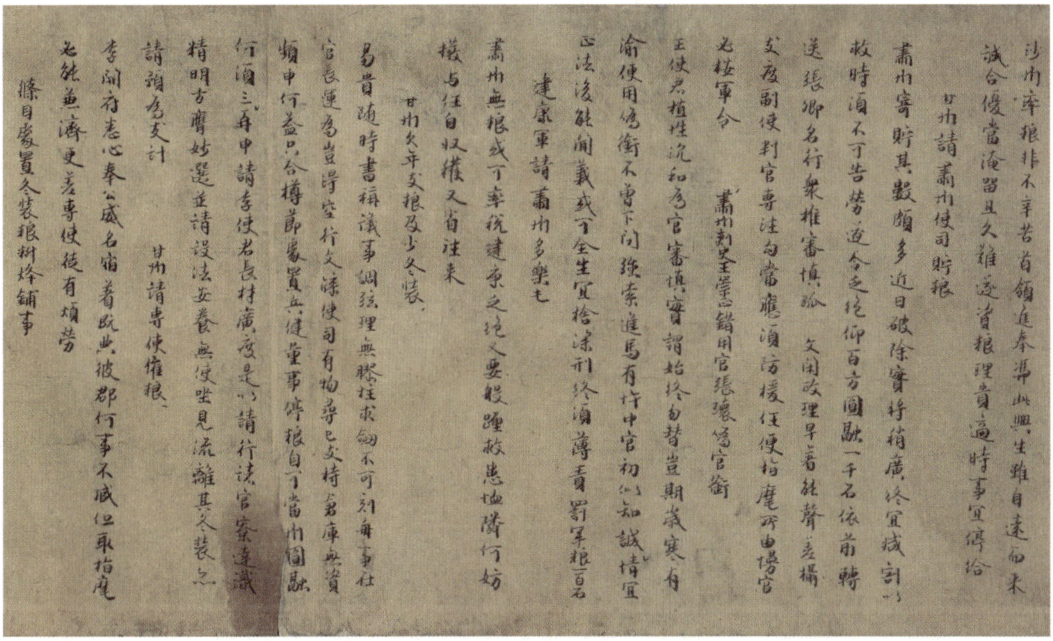
沙州率糧非不辛苦首領進奉準此興生雖自遠而來
誠合優當淹留且久雖送資糧理貴適時事宜停給
甘州請肅州使司貯糧
肅州寄貯其數頗多近日破除實將稍廣終宜裁割以
救時須不可告勞送令逐便仰百方圖融一千石依前轉
送張卿名行衆推審慎孤 文關政理早著能聲差攝
支度副使判官專注句當應須防援任便指麾所由陽官
兵權軍令
肅州刺史王崇正錯用官張瓌偽官銜
王使君植性純和為官審慎實謂始終自替豈期歲寒有
渝便用偽銜不曾下聞張瓌進馬有忤中官初以知誠情宜
正法後能聞義或可全生宜捨深刑終須薄責罰軍糧百石
建康軍請肅州多樂也
肅州無糧或可率稅建康之絕又要般運救患恤鄰何妨
撥与任自收權又省往來
甘州欠年支糧及少冬裝
曷嘗隨時書稱議事調弦理無膠柱求劬不可刻舟事在
官長運為豈得空行文牒使司有物尋已支持倉庫無資
頻申行益只合樽節處置兵健量事停糧自可當州圖融
行須三年中請李使君長材廣度是以請行諫官察達識
精明古贊妙選並請設法安養無使些見流離其冬裝急
請頻為支計
甘州請專使催糧
李副府志心奉公威名宿著既無彼郡何事不感但取指麾
乞能無濟更差專使徒有煩勞
條目處置冬裝糧料烽鋪事

图5　P.2942-05

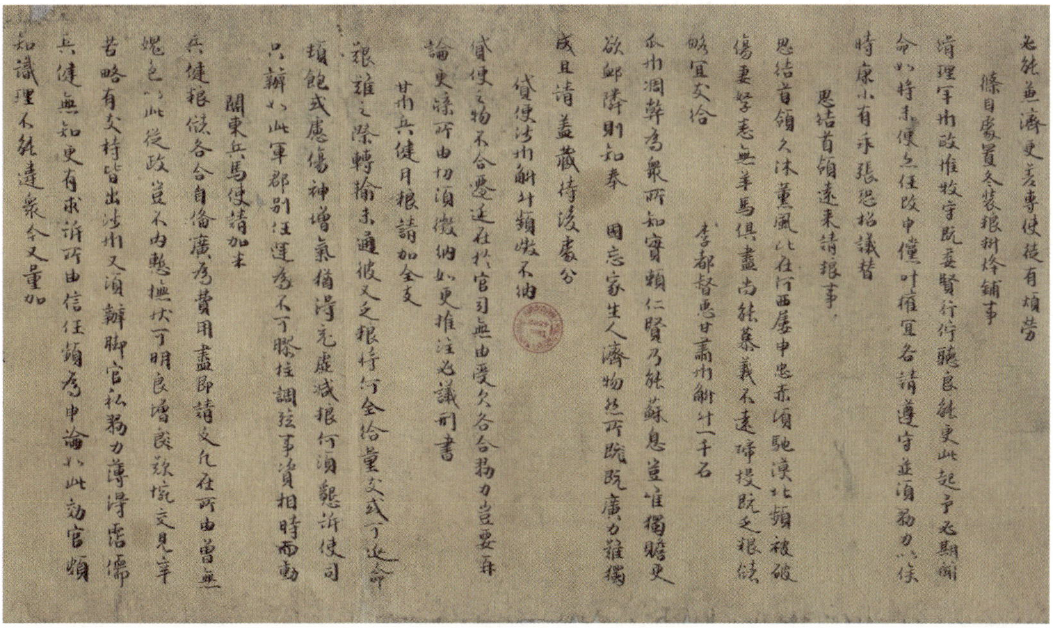
乞能無濟更差專使徒有煩勞
條目處置冬裝糧料烽鋪事
消理軍州政惟牧守既委賢行所聽良能更此起予必期循
命以將未便先任改中懂叶權宜名請遵守並須勠力以俟
時康小有承張思招議替
思結首領遠來請糧事
思結首領久沐薰風比在行西屢申忠赤須馳漠北頻被破
傷妻孥悉無羊馬俱盡尚能慕義不遠歸投既乏糧儲
略宜支給
李都督惠甘肅州斛斗一千石
瓜州凋弊為衆所知實賴仁賢乃能蘇息豈唯獨贍吏
欲卹隣則知奉 固忘家生人濟物然所既廣力雖獨
成且請蓋藏待後處分
貸便沙州斛斗頻徵不納
貸便之物不合遷延在於官司無由愛欠各合勠力豈要再
論更緣所由切須徵納如更推注必議刑書
甘州兵健月糧請加全支
糧雖之際轉輸未通彼又之糧得何全給量支或可延命
頻飽或慮傷神增氣猶得充虛減糧何須懇訴使司
只辦以此軍郡別任運為不可膠柱調弦事資相時而動
關東兵馬使請加米
兵健糧儲各合自備廣為費用盡即請支凡在所由曾無
愧色以此從政豈不內慙撫伏可明良增良歎恨文見辛
苦略有支持皆出沙州又須辦腳官私勠力薄得霑濡
兵健無知更有求訴所由信任頻為申論以此効官頗
知識理不能違衆今又量加

图6　P.2942-06

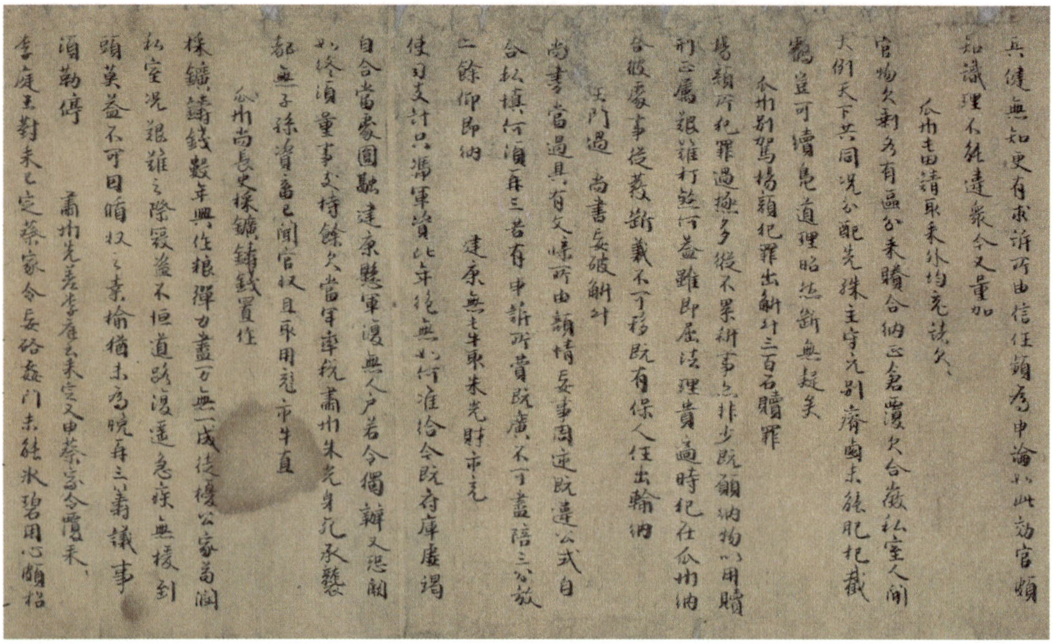

图7　P.2942-07

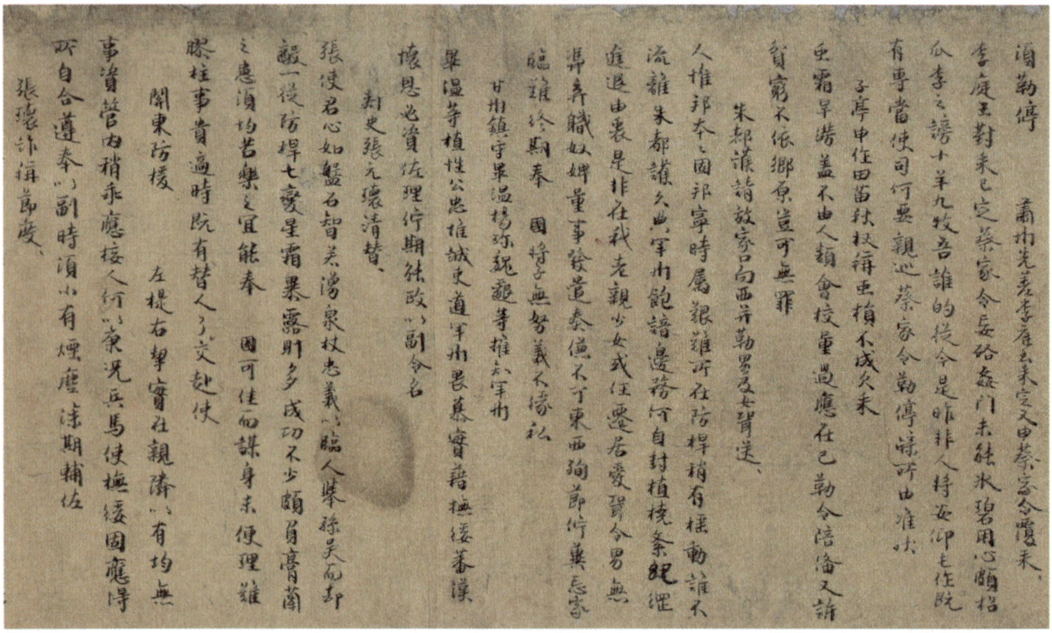

图8　P.2942-08

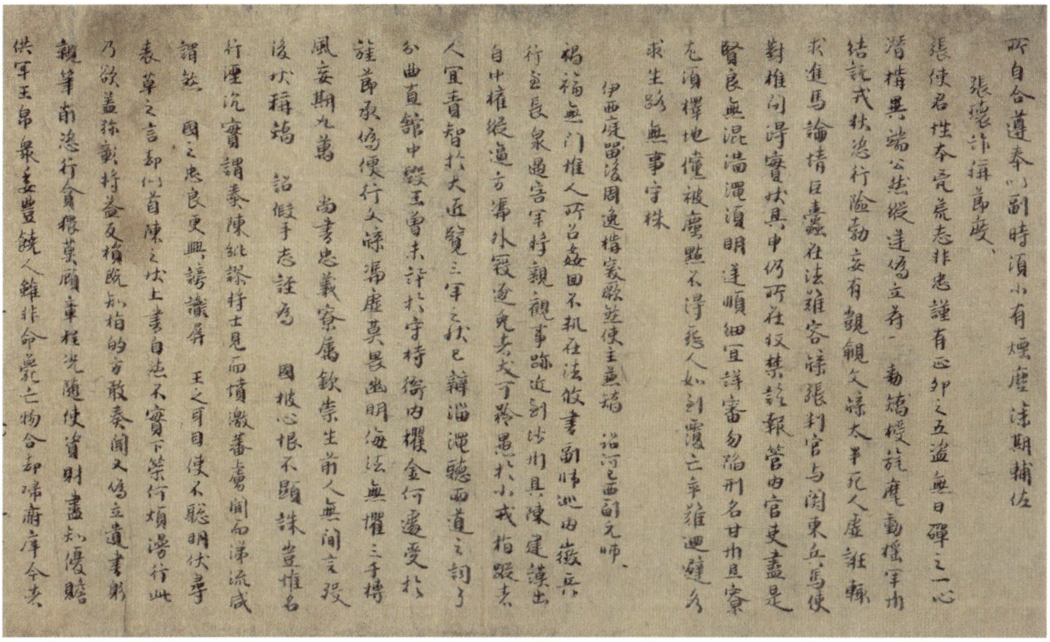

图 9　P.2942-09

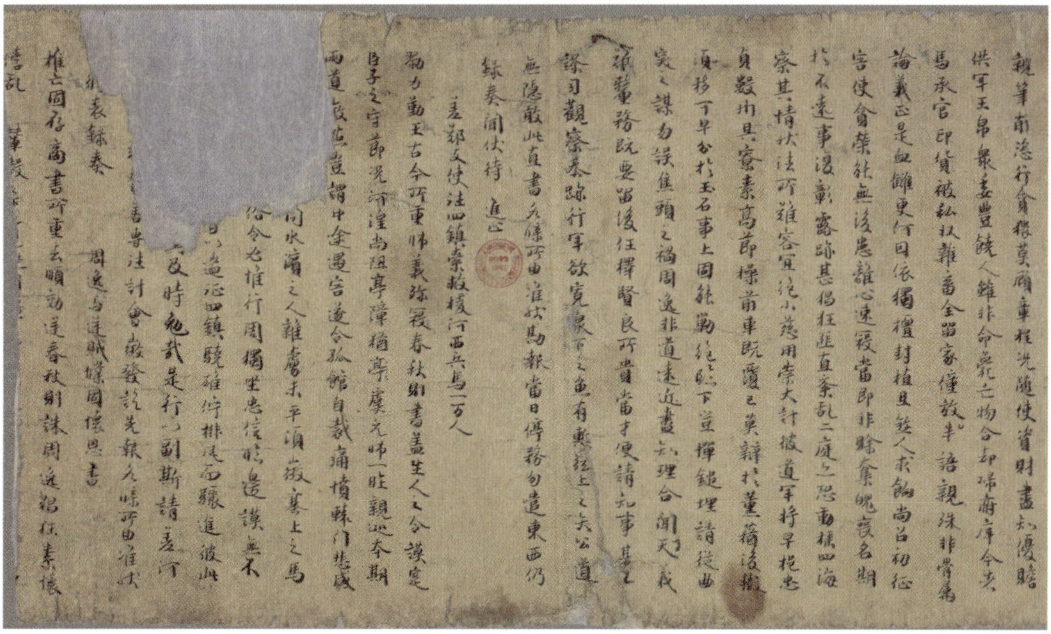

图 10　P.2942-10

二　P.2942所抄公文文体

关于P.2942所抄公文的文体，学界的讨论并不多。部分学者将所有公文皆视为判文，甚至引用时还在原卷自题之后皆加上“判”字。也有学者认为最后三件为牒状，其他皆为判文。例如，最早利用P.2942探讨伊西北庭节度使留后问题的唐长孺先生即认为，“伯2942号文书是判牍的集录，内容绝大部分是判，只有三件是牒及书札（公函）”。[1]

众所周知，在实际运作时，中古公文的文体常常是很难严格界定的，因而我们也只能就各公文主体进行大致推理。通过对各件公文的内容和形式进行分析比对，笔者认为它们至少包括下列几种情况。

其一，判文，大多集中抄录于原卷前部，如第1～169行所抄皆是，其后亦有，如第173～177行所抄《刺史张元瓌请替》亦是判文。无论从件数，还是从文字量来看，判文都是P.2942的主体。然而，这些判文原本都是针对下属为请示具体事务而上呈的状文判署的，故文字简短凝练，对史事背景的展示自然不会全面充分。今日那些状文均已不存，仅“事目”部分对事由略有揭示。因而，我们必须通过对“事目”和判文的认真梳理与反复推敲，才有可能克服原卷所存文句错杂隐晦的困难，推理出我们今日已无法看到，但确曾为判文依托的公文书状的大致内容，进而认知文字背后的史实。

其二，牒文，抄于原卷后部。例如，第170～172行所抄《甘州镇守毕温、杨珎、魏邈等权知军州》即应属牒文，其时甘州出现了刺史张瓌以辞职相要挟的情况，判案者在判理其请辞书状之前先以此牒下令三位甘州守将“权知军州”，以免甘州出现权力真空造成混乱。再如，第181～189行所抄《张瓌诈称节度》亦是明言“牒张判官与关东兵马使”的牒文。

其三，书状，亦抄于原卷后部。如第217～226行所抄《差郑支使往四镇，索救援河西兵马一万人》的主体便应是一件书状，系致书安西四镇的统领者，请求对方“以副斯请”，火速派兵救援突遭变乱的河西军，郑支使即是携此书状前往四镇议事的使者。

其四，同时具有多种文体特征和功用的公文，这类情况主要出现于原卷后部。例如，第178～180行所抄《关东防援》即兼具牒状语气。再如，第190～216行所抄《伊西庭留后周逸构突厥煞使主，兼矫诏河已西副元帅》也比较典型。该件公文的行文方式与语气用词颇为特殊，既具有奏状的某些特征，稍事修改便可用于上书奏事，即文末所言“仍录奏闻，伏待进止”；同时，这些文字又被抄录给相关下属，形成牒文，“各牒所由，准状勘报。当日

1　唐长孺：《敦煌吐鲁番史料中有关伊、西、北庭节度使留后问题》，《中国史研究》1980年第3期。

停务，勿遣东西”等语可以为证，而这正与应对重大突发事件时，相关责任者需要上报下达的状况相合。故笔者认为，在研究利用这件公文时，需同时关照它的多种文体特征。又如，第217～226行所抄《差郑支使往四镇，索救援河西兵马一万人》主体虽为书状，既要由郑支使携往四镇求助，但又需“各牒所由，准状□修(?)表录奏”。至于第226～228行所抄《周逸与逆贼仆固怀恩书》，因现存文字过少，难以遽断，若按常理，应与其前的两件公文相仿。

三　P.2942抄集目的与各公文排序

P.2942全卷字迹工整，形式规范，当为同一人集抄。

那么，这些公文为何会抄集在一起，或曰集抄的目的何在呢？史苇湘先生认为“这是一卷誊清存档的文件”，“系河西观察使判文的誊清录存，可能出于判官、录事之手”。[1]马德先生亦认为“它可能是一卷存档文书，也可能是节度使政权内部某工作人员学习书写的公文范文”。[2]

关于各文的抄集顺序，前揭马德先生文提出“这卷写本的誊抄中没有按照这些文件的时间顺序、地点区域或文件类别划分排列，大概是按堆放顺序抄写”。即认为集抄者未循一定之规，而是随机抄录。金滢坤先生则认为：“文集内容似乎不是按时间顺序，而是按内容排的。仔细阅读文集可以发现前40件判基本上是税收、闭籴、请借、催征、追征、节流、罚粮、没官等围绕解决军粮和物资的举措处理的判文。其后4件判文是有关稳定民心、整肃军纪、任免军镇将领、剪除叛将等整肃军队战斗力和加强军队控制一类问题的判文。最后的3件牒，其中2件是有关披露周逸弑杀副帅和通贼仆固怀恩罪证的牒文，1件是有关派人往四镇索救援河西援兵的牒文。因此，在整理当中出现了时间次序上的颠倒问题……文书前后字迹整齐，出自一人之手，显然是判文写完后，经他人整理抄写成集的，并对其进行了分类整理，于是出现了个别判文在时间上的错乱。”[3]即认为该卷是分类抄集而成，时间方面则有错乱。

关于上述第一个问题，笔者基本赞同前贤的观点，认为原卷确为河西节度文职僚佐录存的副本。

1　史苇湘：《河西节度使覆灭的前夕——敦煌遗书伯2942号残卷的研究》，原刊《敦煌研究》创刊号（总第3期），1983年12月出版，后全文收入《河西节度使覆灭与吐蕃王朝管辖沙州前后》，载氏著《敦煌历史与莫高窟艺术研究》，甘肃教育出版社，2002，第137～152页。

2　马德：《关于P.2942写卷的几个问题》，《西北师院学报（增刊）·敦煌学研究》，1984年10月出版。

3　金滢坤：《敦煌本〈唐大历元年河西节度观察使判牒集〉研究》，《南京师范大学学报》（社会科学版）2011年第5期。

至于第二个问题，仔细研读 P.2942 抄存的每一件公文，认真分析位置相邻或内容相关公文之间关系后，笔者逐渐形成了以下两点看法。

其一，该卷抄集的近 50 则公文按所涉事件性质可大致分为两类。一类主要与河西军下辖各军州的军资财政相关，皆属判文，集抄于前，即第 1 ~ 163 行所抄；另一类则主要与河西军人事政争相关，文体较为多样，集抄于后，即第 164 ~ 228 行所抄。两大类公文各成序列，内容偶有交叉。例如，第 97 ~ 100 行所抄《肃州刺史王崇正错用官张瓌伪官衔》因系惩处王崇正受张瓌之乱裹挟一事而与河西军人事政争相关，但最终的处罚措施是“罚军粮一百石”，与军资财政的关系更为密切，故被抄写者录存于原卷前部，此乃是当时河西军物资极度匮乏，相关举措更受关注的映照。

其二，两大序列内部皆按各文形成时间先后，也就是各文所涉史事发生时间先后排序，前后文之间时常有内在联系，通过对部分公文排列顺序的分析，可以推理出相关事件的发生时间与过程。至于分属两序列而又有内在联系的某些公文的最初形成时间孰先孰后，则需具体分析，第二序列公文有可能比第一序列相关判文略早。这一点值得特别注意，对正确解读各文，充分发挥该卷的史料价值至关重要。以张瓌之乱为例，P.2942 中至少有 7 件公文涉及唐代宗时期甘州历史上的这一重大事件，其中第 170 ~ 189 行集中抄录的 4 件公文虽属第二序列，揭示的却是当时掌理河西军的杨休明在处理突然爆发的张瓌之乱时所采取的各项应急措施，比分抄于第 43 ~ 50、59 ~ 66、97 ~ 100 行的涉及该事件影响的 3 件判文的形成时间要早。根据这些公文的内容与抄写顺序，我们可以梳理出张瓌之乱的基本情况与平定过程，并推算出该事件发生于永泰元年（765）。[1]

四　P.2942 所抄公文作者与撰作时间

关于 P.2942 所抄公文的作者，学界一直众说纷纭。对此，笔者曾刊发《法藏敦煌文书 P.2942 作者考辨》[2] 进行了介绍和探讨，今仅简述拙文结论：P.2942 所存各文笔迹一致只能说明为同一人所抄，但抄写者与原作者是完全不同的两个概念。该卷所存近 50 则公文的作者至少有三人：少量判文的判案者为广德年间（763 ~ 764）任河西兼伊西北庭节度使的杨志烈；大部分判文则为于杨志烈被沙陀人杀害于甘州

1　详参拙文《甘州刺史张瓌之乱索隐》，《形象史学与丝路文化学术论坛论文集》，张掖，2017 年 8 月。

2　详参拙文《法藏敦煌文书 P.2942 作者考辨》，《敦煌研究》2014 年第 1 期。

后接掌河西军的杨休明所判；卷子后部所抄某些牒状的作者则是时任观察副使、行军司马，有可能是在杨休明于长泉遇害后接手残局，后来继任河西节度使的周鼎。

关于P.2942抄存公文的撰作年代，学界同样没有取得一致意见。日本学者池田温先生怀疑为公元765年，唐长孺先生认为池田温将本卷年代“定在永泰元年左右也是有理由的”。前揭安家瑶先生文既推断“此卷文书写于广德二年闰十月到大历元年五月，文书所记的事情应当发生在这段时间里，或这之前不久，即广德、永泰到大历元年”，在为文书拟名时却明确定年为永泰元年（765）至大历元年（766）。史苇湘先生前揭文认为，本卷“时间应在永泰元年至大历初年”。马德先生前揭文则认为，“杨休明遇害和周鼎、宋衡起草、颁布牒文的时间，应该在大历元年的夏天或秋天”，“它汇集、誊抄的时间当在大历元年夏、秋之后。誊抄时间的下限，可能不会超过大历二年（767）。”近年，马燕云先生撰文将P.2942年代下限定在大历二年（767）至三年之间。[1]金滢坤先生前揭文则主张文书成文时间为大历元年(766)五至十二月。

以上诸说各执一词，长期相持不下。笔者认为，本文前面对原卷结构的分析可为撰作时间探讨提供一些便利。

显然，在该卷抄存的近50则公文中，最早撰成的当为第1～5行所抄《尚书判》，最晚的则为卷末的三篇牒状，考出它们的撰写时间即可确定全卷时间的上下限。

关于P.2942中的尚书，学界均认为是广德年间任河西节度使的杨志烈。《资治通鉴》卷二二三代宗广德二年（764）十月条记：“吐蕃围凉州，士卒不为用；志烈奔甘州，为沙陀所杀。”[2]同书卷二二四代宗永泰元年（765）条在记唐廷处理杨志烈被杀后遗留问题时亦注曰:“杨志烈死见上卷广德二年”，[3]再一次明确了杨志烈死于广德二年。因而，《尚书判》的撰作时间，即P.2942的撰作时间上限应为广德二年（764）冬杨志烈遇害前夕。

至于P.2942卷末所抄三件状牒，我们则可以通过对其所涉事件的分析来推定其撰写时间。这三件状牒均与杨休明被周逸谋害事密切相关。《伊西庭留后周逸构突厥煞使主，兼矫诏河已西副元帅》记述了杨休明遇害的有关过程，《差郑支使往四镇，索救援河西兵马一万人》是为应对

---

1 马燕云：《对〈河西巡抚使判集〉（P.2942）相关问题的思考》，《内蒙古农业大学学报》2007年第1期。

2 （宋）司马光：《资治通鉴》，中华书局，1956，第7168～7169页。《通鉴》于此处还引章钰《胡刻通鉴正文校宋记》曰：“十二行本‘杀’下有‘凉州遂陷’四字。”十二行本《通鉴》是刻印精良的宋本，该本于“杀”字之下所记“凉州遂陷”四字可证杨志烈被杀在先，凉州陷落在后，而史籍关于凉州陷落于广德二年年底的记载明确详尽，学界亦无异议，是知杨志烈的确被害于同年。

3 （宋）司马光：《资治通鉴》，第7185页。

杨休明被害后的危局而向安西四镇求援，《周逸与逆贼仆固怀恩书》则是控诉周逸的罪行。从状牒内容看，其时当杨休明被害不久，周逸尚未伏诛。而据明人胡广（谥号文穆）于永乐十三年所撰《记高昌碑》记录的《大唐故伊西庭节度使开府仪同三司刑部尚书宁塞郡王李公神道碑》（简称《李元忠神道碑》），[1] 杨休明遇害后，其亚将李元忠"誓报酬（仇），乃以师五千，枭周逸，戮强颙，雪江由之耻，报长泉之祸。义感四海，闻于九重，解褐授京兆洭道府折冲都尉。大历二年，遣中使焦庭玉，授伊西庭节度兼卫尉卿、瀚海军（押）蕃落等使"。既然大历二年时李元忠已因击杀周逸之功被朝廷授任伊西庭节度使，参酌当时的西北政局，尤其是吐蕃已占据河西陇右大片唐土，关山阻隔，交通不便，伊西庭与中原往来需要至少半年时间，而在被任命为节度使之前，李元忠已因功得授京兆洭道府折冲都尉，则李元忠为杨休明复仇事自当发生于大历元年（766）。换言之，P.2942 卷末所抄三件状牒的时间下限亦当为该年。

因而，笔者认为，P.2942 抄存各公文的撰写时间当为广德二年（764）至大历元年（766）。

五　P.2942 全卷的拟名

P.2942 为首尾俱缺的残卷，关于这件文书的拟名，学界存有多种说法，主要有以下几种。（1）《归义军时代瓜沙等州公文集》，见于王重民《伯希和劫经录》。[2]（2）《唐年次未详（765？）河西节度使判集》，见于前揭池田温《中国古代籍帐研究》。唐长孺先生并未专为 P.2942 拟名，只在评议池田先生拟名时表示基本赞同此说，并称"按判案内容涉及河西管内甘、肃、瓜、沙及建康、豆卢等州军赋税、兵士给养等事，并判州刺史及军使的处罚，拟为《河西节度使判集》是有理由的（也可能是实际掌权的留后）"。[3]（3）《唐永泰元年（765）—大历元年（766）河西巡抚使判集》，见于前揭安家瑶《唐永泰元年（765）—大历元年（766）河西巡抚使判集（伯二九四二）研究》。(4)《河西观察使判集》或《河西节度观察处置使判集》，见于前揭史苇湘《河西节度使覆灭的前夕——敦煌遗书伯 2942 号残卷的研究》。（5）《河西节度使公文集》，见于前揭马德《关于 P.2942 写卷的几个问题》。（6）《唐永泰年间河西巡抚使判集》，见于《法国国家图书馆藏敦煌西域文献》第 20 册。[4]（7）《河西巡抚

1　（明）胡广：《胡文穆公文集》卷一九《记高昌碑》，《四库全书存目丛书》集部第 29 册，第 159 页，齐鲁书社，1997。

2　王重民：《伯希和劫经录》，载《敦煌遗书总目索引》，商务印书馆 1962 年初版，中华书局 1983 年新 1 版，第 276 页。

3　前揭唐长孺《敦煌吐鲁番史料中有关伊、西、北庭节度使留后问题》。

4　《法国国家图书馆藏敦煌西域文献》第 20 册，上海古籍出版社，2002，第 180 ~ 185 页。

使判集》，见于前揭马燕云《对〈河西巡抚使判集〉（P.2942）相关问题的思考》。（8）《唐大历元年河西节度观察使判牒集》，见于前揭金滢坤《敦煌本〈唐大历元年河西节度观察使判牒集〉研究》。

上举几种拟名之间的差异可以归纳为三个方面。其一，文书年代，除王重民先生的推测早已被否定外，其他学者的推断虽然大体不出765～767年的范围，但不同学者的主张还是多有区别。其二，文书作者，这是拟名过程中冲突最大的方面，有节度使、巡抚使、观察使之别，而这正限定了前述对文书年代的推理。其三，文书文体，大多数研究者均突出了原卷前部所抄的判文而多以“判集”名之，实际上，文书后部所抄的几篇牒状的内容非常丰富具体，史料价值极高，拟名中应当予以涵盖。王重民先生的拟名已注意到P.2942所抄不仅有判文，还有其他文体，而以“公文集”这一外延更广的词语名之，但此点自池田温先生起即被忽略，至马德先生方又引起重视，惜其说流传不广。

笔者认为，为文书拟名至少要考虑以下几个因素：撰作年代、公文作者、内容性质、文体类别。如前所述，P.2942所存近50则公文并非作于同一时间，而是产生于唐代宗广德二年（764）至大历元年（766）之间；各文分别出自至少三人之手，这三人撰文时不管是否已获正授，但均在掌理河西军，握有节度使实权；各文或分别为判文、牒、状等，或兼具多种文体特征，但均属公文。因此，笔者试将P.2942拟名为《广德二年（764）至大历元年（766）河西节度使公文集》。

南越“文帝”宜为赵佗子

■ **张梦晗**（中国社会科学院研究生院历史系）

一般认为，南越王赵佗死于汉武帝建元四年（前137），之后传位于孙赵胡，赵胡即南越“文帝”。其依据是《史记·南越列传》：“然南越其居国窃如故号名，其使天子，称王朝命如诸侯。至建元四年卒。陀孙胡为南越王。”[1]《史记集解》引徐广曰：“皇甫谧曰越王赵佗以建元四年卒，尔时汉兴七十年，陀盖百岁矣。”这一点颇值得怀疑。《汉书》的记载省却了《史记》中的“卒”字：“至武帝建元四年，陀孙胡为南越王。”[2]只是说汉武帝建元四年，赵胡被立为南越王。泷川资言的《史记会注考证》引王鸣盛语：“案汉传无卒字，此疑衍。建元四年，陀孙胡嗣位之岁也。非陀卒于是岁，史汉皆不书陀子，盖外藩事略。”[3]吕思勉先生也说：“《史记》盖本无卒字，如（皇甫）谧者臆补之也。”“佗果至百十余岁，安得汉人绝无齿及者？”[4]

《公羊传·隐公三年》：“天子曰崩，诸侯曰薨，大夫曰卒。”[5]赵佗的地位相当于汉朝的诸侯王，使用“卒”是不合适的。参看赵胡、赵婴齐死后《史》《汉》均使用与他们身份相匹配的“薨”字，很难相信“至建元四年卒”中的“卒”是指赵陀的过世。根据出土的“赵眜”印，广州象岗发掘的西汉南越王墓的墓主是赵眜。许多学者由“墓主身上随葬九枚玺印，最大的一枚是‘文帝行玺’龙钮金印”，“确认‘文帝’与赵眜应是一人，赵眜即史汉中的赵胡”，并由此反推“依胡死，赐谥‘文王’例，赵佗死，汉廷很可能是追谥他为‘武王’的”。[6]这显然是自相矛盾的：

1　（汉）司马迁撰《史记》卷一一三《南越列传》，中华书局，1959，第2970页。

2　（汉）班固撰，（唐）颜师古注《汉书》卷九五《西南夷两粤朝鲜传》，中华书局，1962，第3853页。

3　［日］泷川资言：《史记会注考证》，文学古籍刊印社，1955年影印本，第4654页。

4　《吕思勉读史札记》，上海古籍出版社，1982，第620～621页。

5　（清）阮元等校刻《十三经注疏》，中华书局，1980，第2203页。

6　广州市文物管理委员会、中国社会科学院考古研究所、广东省博物馆编辑：《西汉南越王墓·上》，文物出版社，1991，第320～321页。

一方面认为“至建元四年卒”中的“卒”是指赵佗的死亡，以此作为赵佗死后传位赵胡的佐证；另一方面又把推论当作证据，以赵胡就是“文帝”为前提，认为既然赵胡谥号是“文王”，那么生前曾自称“武帝”的赵佗死后极有可能被赐予“武王”的谥号。又因南越武帝可能谥号“武王”，得出谥号“文王”的赵胡极有可能是南越“文帝”的结论，陷入了循环论证。试问：如果汉廷确曾赐予赵佗“武王”的谥号，《史》《汉》为何绝口不提？此其一。

其二，尽管现实生活中的确存在极少数活过百岁的人瑞，但生活腐朽、诸事劳神而能寿过百岁的帝王却极其罕见。除了传说中的圣贤，翻遍史书，也就仅有赵佗一人。这不能不令人怀疑其真实性。而比较符合常理的推断是：赵佗的确长寿，但实际也就活到了八九十岁。[1] 此后其子赵眜继位，并自称“文帝”。但由于相隔遥远，信息不通，汉朝政府当时并不了解个中详情。及至赵胡继位，考虑到国力渐衰，为了表示“归顺”，并掩盖其父继续称帝的事实，遂把此事皆推到朝廷早已知晓的祖父身上。这样才有了赵佗寿过百岁的说法。

其三，即使赵佗真的寿过百岁，从自然规律来说，实际在其晚年也不可能事必躬亲，而理当需要一个帮手。果真如此，那么这个帮手很可能就是他的一个儿子。赵眜的情况与此完全符合。他早先被立为“泰子”，后来又僭称“文帝”，乃是当时的实际政务处理者。再就政体来说，像这种共同执政的方式实际也比较常见，基本类似于后世太上皇和皇帝的执政方式。只不过太上皇往往死在前面，赵眜则不排除死于父亲赵佗之前罢了。

其四，认为赵胡就是南越“文帝”赵眜，既不合乎逻辑，也缺乏证据。显而易见，若赵胡确曾称帝，比照赵佗称帝之例，汉朝政府不可能不知情，又怎么可能在他死后赐予他“文王”的谥号？这岂不是变相地认可赵胡称帝并向南越让步甚至讨好吗？更何况此一时非彼一时，汉兴七十年至于武帝，正是鼎盛时期，与南越实力强弱悬殊，高下立判。赵胡也没有胆量公然称帝。

况且，赵胡侍奉汉朝一向毕恭毕敬。闽越入侵时，他请求汉朝出兵援助：“两越俱为藩臣，毋得擅兴兵相攻击。今闽越兴兵侵臣，臣不敢兴兵，唯天子诏之。”及兵罢，武帝遣庄助为使来到南越，赵胡又顿首谢曰：“天子乃为臣兴兵讨闽越，死无以报德！”并表示正“日夜装”准备“入见天子”。[2] 赵胡的这种表现，让人找不

1 辛德勇先生认为，《汉书•西南夷两粤朝鲜传》中“老夫处粤四十九年”（第3852页）存在文字错讹，“四十九”实为“三十六”之误。设若赵佗二十余岁成为龙川令，至文帝元年处粤三十六年，则“至建元四年卒”前后凡七十九年，赵佗大致享年百岁（参看辛德勇：《〈汉书〉赵佗“处粤四十九年”说订讹》，载氏著《纵心所欲——徜徉于稀见与常见书之间》，北京大学出版社，2011，第149～158页）。辛先生的观点可备一说，但似乎忽略了一点，即建元四年并不一定就是赵佗逝世的年份。如前所述，赵佗的地位相当于汉朝的诸侯王，死后应使用“薨”，用“卒”是不合适的。

2 以上皆见（汉）司马迁撰《史记》卷一一三《南越列传》，第2970～2971页。

到称帝的迹象。即使是《史记·西南夷列传》中提到建元六年唐蒙上书云“南越王黄屋左纛，地东西万余里，名为外臣，实一州主也”，[1]也只是说南越王的阳奉阴违，并没有说赵胡称帝，甚至还有可能说的不是赵胡。

从南越王墓随葬的“泰子”龟钮金印和“泰子”覆斗钮玉印来看，如果赵佗直接传位给赵胡的话，此事也很难解释。赵胡以赵佗之孙的身份作为王位继承人，是不可能被称为“太子”的，而应当被称为“太孙”。有学者提出：“墓中出土‘泰子’金印、玉印各一枚，原应是赵佗之子（赵眜之父）的遗物，因陀子未及嗣位而亡，印归赵眜掌管。眜死，又是婴齐把这二枚‘泰子’印随同‘文帝’金印一起入葬。”[2]既然如此，那为何就不能把赵眜视为赵佗之子呢？实际上，根据以上分析，赵佗之子也确曾做过南越王，而且正是所谓“文帝”。他死后传位于赵胡，自赵胡起，南越才去其“故号名”，这与南越前两代国王称帝的说法相吻合。而赵眜墓中发现的文帝金玺——“文帝行玺”（见图），则直接证明了赵眜就是南越“文帝”。何况《汉书》明确说过，“婴齐嗣立，即藏其先武帝、文帝玺”。[3]如果赵眜就是“武帝”赵佗的太子，那么在其墓中发现“泰子”印就自然顺理成章了。

因此，所谓“自尉佗王凡五世，九十三岁而亡”[4]所说的“五世”，如果指的是武王佗、文王胡（眜）、明王婴齐、王兴和王建德，则可能有两种误解。一是由于缺乏资料，《史记》《汉书》都做了错误记载，实际当为六世，即“武帝”赵佗、“文帝”赵眜、文王赵胡、明王赵婴齐和赵兴、赵建德兄弟。二是《史记》误记，《汉书》不误，使后人产生误解。关键乃在于：《汉书》的记载是《春秋》笔法，所谓“五世”指的是“武帝”、“文帝”、“文王”、“明王”和赵兴，本来就没有把赵建德算成一世，而后人却根据《史记》把他误算进来。因为具有越人血统的赵建德不仅是南越丞相吕嘉反叛的同谋，而且是弑杀其弟赵兴和王太后的帮凶，他的自立并没有得到汉廷的认可。如武帝下诏平叛即强调：“天子微，诸侯力政，讥臣不讨贼。今吕嘉、建德等反，自立晏如，令罪人及江淮以南楼船十万师往讨之。”[5]所以不宜把赵建德另算一世，

1　（汉）司马迁撰《史记》卷一一六《西南夷列传》，第 2994 页。

2　广州市文物管理委员会、中国社会科学院考古研究所、广东省博物馆编辑《西汉南越王墓·上》，第 321 ～ 322 页。

3　（汉）班固撰，（唐）颜师古注《汉书》卷九五《西南夷两粤朝鲜传》，第 3854 页。按：《史记·南越列传》的记载是“藏其先武帝玺”（第 2971 页），比《汉书》少了“文帝”二字。

4　（汉）班固撰，（唐）颜师古注《汉书》卷九五《西南夷两粤朝鲜传》，第 3859 页。按：《史记·南越列传》的记载是：“自尉佗初王后，五世九十三岁而国亡焉。”（第 2977 页）

5　（汉）司马迁撰《史记》卷一一三《南越列传》，第 2974 页。

而应当把他归并于赵兴之世。若就此补上赵佗之子“文帝”赵眜的话，则恰好符合“五世”之说，同时也有助于厘清赵佗何以寿过百岁、其晚年在南越国究竟如何执政的问题。

至于为什么《史》《汉》没有陀子“文帝”事可考，除了南越国的蓄意掩盖，王鸣盛说的“盖外藩事略”即可以解惑。

图 “泰子”“文帝行玺”金印（见《西汉南越王墓》下册彩版二）

四

妈祖文化与海洋史研究

试论妈祖神格嬗变对于当前妈祖学科构建的意义

■ 黄　婕（莆田学院文化与传播学院，福建省妈祖文化传承与发展协同创新中心）

千百年来，经过人们的集体记忆与塑造，妈祖从一普通民女嬗变为天后圣母。从其神格嬗变、提升的历史过程来看，妈祖已成为集中华传统美德为一身的代表，妈祖文化已成为中华优秀传统文化的重要组成部分，与社会主义核心价值观具有高度的契合性。在此本文拟从学科建设的角度和继承与弘扬妈祖文化的视野，对妈祖神格嬗变的历史线索进行勾勒。

大致而言，自宋以降，妈祖受到宋、元、明、清皇帝的30多次褒封，从“夫人”、“妃”、“天妃”直至“天后”，并被列入“春秋致祭”的国家祭典。

一　宋代：妈祖从民女到“夫人”“妃”

有宋一代，官方对于民间信仰采取“禁与疏”的政策，一方面对民间“淫祠”泛滥的势头严厉打击，另一方面又“扶祀百神”，对较有影响的“淫祠”以赐封的方式纳入官方的管制范围。妈祖便是其中最为著名的实例。妈祖在宋代先后被赐封达13次之多。宣和五年（1123），因出使高丽途中受到妈祖护佑而平安得返的给事中路允迪的奏请，圣墩妈祖庙被赐“顺济庙”庙额，意味着妈祖庙从民间的“淫祠”华丽转身，成为朝廷认可的庙宇。此后妈祖屡获封赐。高宗绍兴二十六年（1156），封“灵惠夫人”；绍兴三十年（1160），封“灵惠昭应夫人”。孝宗乾道三年（1167）封“灵惠昭应崇福夫人”；孝宗淳熙十一年（1184），封“灵惠昭应崇福善利夫人”。光宗绍熙元年（1190），封“灵惠妃”。妈祖由夫人晋升为妃是神格的一次极大提升，此后皆循例封“妃”。宁宗庆元四年（1198），封“灵惠助顺妃”；宁宗嘉定元年（1208）封“存灵惠助顺显卫妃”；宁宗嘉定十年（1217），封“灵惠助顺显卫英烈妃”。理宗嘉熙三年（1239），封“灵惠助顺嘉应英烈妃”；理宗宝祐二年（1254），封“存灵惠助顺嘉应英烈协正妃”；理宗宝祐三年（1255），封“灵惠助顺嘉应慈济妃”；宝祐四年（1256），封“灵惠嘉应协正善庆妃”；理宗景定三年（1262），封“灵惠显济嘉应善庆妃”。

二　元代：妈祖从“妃”到“天妃”

在不到一百年的时间里，元朝对妈祖总共褒封五次，平均每20年1次，妈祖的地位也从人间神祇跃升为天上尊神（天妃）。世祖至元十八年（1281）封妈祖为“护国明著天妃”，据现有资料来看，这是妈祖第一次被进爵“天妃”，并予以“护国”的神圣职能。成宗大德三年（1299），又进封妈祖为“护国庇民明著天妃”，赋予其教化的政治功能。仁宗延祐元年（1314），封“护国庇民广济明著天妃”。文宗天历二年（1329），封“护国庇民广济福惠明著天妃”。惠宗至正十四年（1354），封“护国辅圣庇民广济福惠明著天妃”。

元代之所以给妈祖屡上尊号，与当时关系到国计民生的海运有直接的关系。历朝历代，“天下至计，莫于食”。同样，以漕粮为生命线的元朝，对于海上守护神——妈祖，更是尊奉有加，累次加封，并于沿岸主要港口皆建天妃庙，祷祭以求海运顺利。诚如元人王敬方《褒封水仙记》中所说：“国家漕运，为事最重，故南海诸神，有功于漕运者皆得祀。惟天妃功大号尊，在祀最重。”可以说，在元朝，妈祖信仰与国家的利益紧紧地结合在一起了。今天，被列为国家级文保单位的有天津的天后宫遗址、泉州的沙格灵慈宫等多处。

三　明代：妈祖信仰传播至东南亚

明朝是宋代以来对妈祖褒封最少的朝代，仅有三次。太祖洪武五年（1372），封妈祖为“昭孝纯正孚济感应圣妃”；成祖永乐七年（1409），封“护国庇民妙灵昭应弘仁普济天妃”；思宗崇祯十七年（1644），封“为护国庇民妙灵昭应弘仁普济安定慈惠天妃”。之所以出现上述情况，应与朱元璋对百神封号的态度有关。他认为神的英灵不是国家封号所能彰显的，故下令去掉前代所封名号，还其原本名称。开国帝王对诸神的态度如此，后继帝王自然也要遵循其祖训。[1]此外，太祖朱元璋倡导“三教”并立，和谐发展。他所作的《三教论》认为，“天下无二道，圣人无两心”，以此为三教并立提供依据。明太祖坚持以儒为主、以佛道为辅的策略，认为佛道二教可以阴翊王化，暗助天纲。[2]道教投其所

1　从洪武三年（1370）六月《诏定岳镇海渎城隍诸神封号诏》中可知一二：“考诸祀典，如五岳五镇四海四渎之封，起自唐世，崇名美号，历代有加。在朕思之，则有不然。夫岳镇海渎，皆高山广水，自天地开辟以至于今，英灵之气，萃而为神，必皆受命于上帝，幽微莫测，岂国家封号之所可加？渎礼不经，莫此为甚。至如忠臣烈士，虽可加以封号，亦惟当时为宜。夫礼所以明神人、正名分，不可以僭差。今宜依古定制，凡岳镇海渎，并去其前代所封名号，止以山水本名称其神。郡县城隍神号一体改正，历代忠臣烈士亦依当时初封以为实号，后世溢美之称皆宜革去。惟孔子善明先王之要道，为天下师，以济后世，非有功于一方一时者可比，所有封爵宜仍其旧。庶几神人之际，名正言顺，于礼为当，用称朕以礼事神之意。”《明太祖实录》卷五三，洪武三年六月癸亥，台湾中研院史语所校勘，1962年影印本，第1033～1035页。

2　参看刘增光《寻求权威与秩序的统一——以晚明阳明学之“明太祖情结”为中心的分析》，《文史哲》2017年第1期，第125页。

好，把宋、元时期历代皇帝尊崇的妈祖纳入神仙体系中去。《太上老君说天妃救苦灵验经》便在这一时期出现，标志着妈祖正式进入道教系统，[1]与之相应的谱系也大体建立起来了。

明代对妈祖敕封的次数虽然最少，但不等于明代皇帝不重视妈祖的影响与作用，如明成祖朱棣曾亲撰《御制弘仁普济天妃宫之碑》，这自然与郑和七下西洋有关。1934 ~ 1938 年任福建第一行政区督察专员兼长乐县县长的王伯秋曾在《明郑和天妃灵应碑亭记》中写道："往读《明史》至郑和奉使西洋，未尝不叹和之伟绩。拥无训练之舟师，航未探测之海洋，虽以成祖命踪迹建文，迫不得已，然卒能远致南洋历三十余国，相率而朝贡于明。和之功与张骞、班超抗矣。"1992 年建设福州机场时，在位于福建福州长乐市漳港街道仙岐村的显应宫发现了埋藏地下数百年之久的彩塑组群。其中最为引人注目是"显应宫"地宫前殿中左右侧分别供奉妈祖与郑和群塑，这种同殿祀奉的规制为当前国内唯一所见。

各地方志中，明代所建妈祖庙数目也远比宋元两朝为多，[2]明代所留下的妈祖神迹也很多，在妈祖的传说与故事中，有药救吕德等，其中以妈祖与郑和的故事更为引人入胜，如在马六甲等地有与郑和七下西洋相关的天妃庙。

四　清代：妈祖神格从天妃到天后的定位

有清一代对妈祖的敕封多达 16 次。康熙十九年（1680），封"护国庇民妙灵昭应弘仁普济天妃"；康熙二十三年（1684），晋封妈祖天后；乾隆二年（1737），封"护国庇民妙灵昭应弘仁普济福佑群生天后"；乾隆二十二年（1757），加"诚感咸孚"；乾隆五十三年（1788），加"显神赞顺"；嘉庆五年（1800），加"垂慈笃祜"；，道光六年（1826），加"安澜利运"，；道光十九年（1839），加"泽覃海宇"；道光二十八年（1848），加"恬波宣惠"；咸丰二年（1852），加"导流衍庆"；咸丰三年（1853），加"靖洋锡祉"；咸丰五年（1855），加"恩周德溥"，同年，复加"卫漕保泰"；咸丰七年（1857），加"振武绥疆"；同治十一年（1872），加"嘉佑"；光绪元年（1875）加"敷仁"。

在清廷对妈祖的历次敕封中，有不少是因战事所需。如康熙十九年，因福建水师提督万正色攻厦大捷而加封妈祖。康熙二十二年（1683）又因福建水师提督施琅攻占澎湖而晋封妈祖为"天后"。第二次鸦片战争期间，咸丰帝为鼓舞士气而加封妈祖"振武绥疆"。

1　罗春荣：《妈祖传说研究——一个海洋大国的神话》，天津古籍出版社，2009，第 17 页。

2　参看张珣《海不扬波：妈祖与其信仰在台之传播》，载上海中国航海博物馆主办《国家航海》第 9 辑，上海古籍出版社，2014，第 123 页。

五 余语

近年来，随着对妈祖文化研究的不断深入，人们充分认识到妈祖是东方海洋文化的代表，妈祖文化包含着仁爱、正义、勇敢、和平、包容、共赢的精神元素。人们称妈祖是“海峡和平女神”、“世界和平女神”，体现了人们追求真、善、美与和平的强烈愿望，诠释了妈祖作为中国海洋文化象征的意义。

妈祖文化源于海洋，兴于海洋。深入研究妈祖文化在古代海上丝绸之路中的意义与作用，对于构建我国的海洋文明具有一定的历史价值。为此，便需要有学科建构的视野与眼光，需要系统性整理妈祖文献；加强对妈祖文化遗产的保护、挖掘、传承和利用，丰富民间民俗文化活动载体；加强对妈祖民间文学、民俗文化、民间音乐舞蹈等遗产项目的收集；加强与国外学者合作，收集流散在国外的妈祖文化资料，共同打造世界性、开放性、共享性的妈祖文化资料库。

本文认为，妈祖文化是一种活态文化，具有中华优秀传统文化的二重结构特点，既有历代知识阶层的广泛参与而形成的精英文化，累积了丰富的历史资料，内容涉及政治、经济、历史、宗教信仰、民俗、建筑、文学艺术、民俗体育、军事、外交、航海、商贸、移民等众多的领域，又有口耳相传的民间文化，诸如各类传说故事、民间工艺雕塑，等等。作为精英文化或是民间文化的妈祖文化，其内容广博，数量极多。要充分挖掘妈祖文化的内涵，挖掘妈祖文化中的农耕文明、海洋文明的元素，便须要从中国文化的精髓与人类命运共同体的视角推动妈祖文化研究，从理论层面、学科层面来建构新时代的妈祖文化和妈祖学。

14 世纪蒙古体系变动下的青花瓷
——元青花与伊利汗国伊斯兰转向关系梳论

■ 刘中玉（中国社会科学院历史研究所）

自“一带一路”倡议推进实施以来，丝绸之路研究又掀起一个新的高潮。所谓丝绸之路，实际上是对古代东西方之间远程贸易网络的指称，除此之外，虽然还有“香料之路”、“丝瓷之路”以及“金玉之路”（指史前）等不同的称呼，但究其命名原则都是一致的，即以国际主流贸易商品作为命名原则。就中国方面而言，事实上从公元 8 世纪以后，中国丝绸产品在国际市场上已退居为一般性丝织产品，不再占据主导性。继之而起的瓷器跃升为国际市场上的热销产品，受到东西方买家的追捧，并因此成为中国（China）的代名词。

与 8 世纪以前国际市场上大量出现仿制的中国丝绸产品一样，大约从 12 世纪开始，冒充“中国货”的仿制瓷频现于西方市场，希腊旅行家雅库特（yakut,1179 ~ 1229）便在国内见到当时冒充“中国货”的印度瓷，他在游记中写道:“这里(指下文提及的故临）制造陶瓷器皿，销售给我们国家，声称是中国货，其实不然。因为中国的粘土比这里的粘土要坚实得多，耐火性也好。用该城的粘土制造与中国器皿相同的器皿，点火焙烧三日，而耐火性超不过三日，然而中国粘土可在炉中连续焙烧十日。故临（今印度西南海岸奎隆一带）瓷器是黑色，而来自中国的瓷器无论透明与否均为白色或其他彩色。”[1]大约一个世纪之后，在伊利汗国的制瓷中心你沙不儿（Nishapur，今伊朗霍腊散省内沙布尔）和卡尚（Kashan，位于今伊朗中部扎格罗斯山东麓卡尚绿洲中），出现了仿制中国青瓷的高潮（详见下文）。与此同时，为了投合西方对于白底彩釉系列瓷器的审美趣味，中国的瓷器制造业又开发出一款新产品——青花瓷，随后风靡整个伊斯兰世界以及欧洲市场。或正因于青花瓷的这种国际性特点，学界不乏有“青花瓷非中国发明，而是由国际市场催生出来的”观点。如《哈佛

1 ［希腊］雅库特:《阿布·杜拉夫·米萨尔·本·麦哈黑尔游记》，详见［法］费琅编《阿拉伯波斯突厥人东方文献辑注》，中华书局，1989，第 246 页。

中国史》在论及元明瓷器时便称："瓷器是中国人的发明，但是青花却不是。这种跨文化的审美趣味是由一个国际性的陶瓷市场催生出来的。对白底蓝纹的偏好最早起源于波斯。波斯工匠没有烧制真瓷的技术，但拥有能够在器物表面绘制生动花纹的钴类染料。了解了波斯人喜好的中国工匠利用自己超凡绝伦的上釉工艺，生产出了深受14世纪波斯市场欢迎的精细瓷器。"[1]

事实上，对于青花瓷制造工艺何以在元代产生并发展起来的问题，学界意见颇不统一，大体可归为三类：一类是内因说，即主张青花瓷乃中国传统制瓷业发展的结果。从近年来的考古发现可知，唐之巩县窑，宋之龙泉、绍兴一带窑口已开始烧制青花釉瓷器（图1-1、图1-2），不过无论釉色、纹饰皆甚粗糙，与元代青花瓷器不可等同而语，是以学界普遍视元代为青花瓷器的真正开始期。[2]二是外因说。青花瓷乃域外伊斯兰风格影响所致，如上引文。三是综合说，即认为青花瓷在传统工艺的基础上又融汇了外来因素。在本文看来，无论坚持或赞成哪种成因说，都绕不开产地、市场和技术等几个关键环节，是以在阐论元青花的烧造与伊利汗国伊斯兰转向的关系之前，有必要先对其产地——14世纪时的景德镇稍加梳介。

一

景德镇（今江西省景德镇市）[3]在唐玄宗天宝以前，先后有新平、昌南、新昌之谓，天宝元年（742）始改浮梁，至宋真宗景德元年（1004），因此地贡器精美，甚称上意，乃以年号为名置景德镇，[4]并沿用至今。宋室南迁后，北方定窑、磁窑的工匠流寓至此，大大提升了该地窑口的烧造技术，景德镇遂成为南方瓷器制造业的核心区域之一。至元十三年（1276），伯颜大军攻取江南后，景德镇在行政上隶属于江浙行省江东建康道饶州路浮梁县。[5]至元十五年（1278），置浮梁瓷局，设大使、副使各一员，[6]其主要职能是"掌烧造磁器，并漆造马尾棕藤笠帽等事"，品秩较低（正

1　〔加〕卜正民：《哈佛中国史·挣扎的帝国（元与明卷）》，潘玮琳译，中信出版社，2016，第197页。

2　目前元代起源说稍占上风。一是尚未发现更早的青花瓷材料出土，二是目前所见最早记载青花瓷器的是元代人汪大渊的《岛夷志略》中记述当时有中国贸易瓷的地方达五十余处，提到一种"青白花瓷器"有十六处之多，相关地点分别属于今天的菲律宾、马来西亚、印度尼西亚、泰国、缅甸、孟加拉国、印度、巴基斯坦、伊朗和沙特阿拉伯等国。大多数学者认为书中所言的青白花瓷器即是青花瓷器。

3　景德镇位于今江西省的东北部，地处怀玉山脉、黄山与鄱阳湖平原过渡的丘陵地带，红壤土质优良。据考古发现，景德镇陶瓷烧制的历史可追溯至东汉时期。

4　参见《宋会要辑稿》方域一二，上海古籍出版社，2014，第9526页。

5　元成宗元贞元年（1295），浮梁县升格为州。

6　详见（明）宋濂等撰《元史》卷九十八《百官志四》，中华书局，1976，第2227页。

图 1-1　唐青花残片（扬州出土，扬州博物馆藏）

图 1-2　唐青花人物塔式罐（河南省郑州市文物考古研究院藏）

图 2　攻占巴格达，14 世纪伊朗（柏林国家图书馆藏）

九品）。初置时由将作院下诸路金玉人匠总管府直辖，不过在实际运作中，基本上由地方来负责监陶督造。从文献记载来看，至少从英宗至治年间（1321 ~ 1323）开始，浮梁瓷局便由饶州路总管负责监陶，[1]而监陶的主要职责便是课税，即“官籍丈尺，以第其税”（蒋祈：《陶记》）。清代景德镇人蓝浦在《景德镇陶录》中亦云：“（元）改宋监镇官为提领，至泰定后又以本路总管监陶。皆有命则贡，否则止，课税而已，故惟民窑著盛。”[2]

降宋之初，伯颜即着手安排“籍选匠户”事宜。《元史·张惠传》载：“宋降，伯颜命（张）惠与参知政事阿剌罕等入城（南宋行在临安），按阅府库版籍，收其太庙及景灵宫礼乐器物、册宝、郊天仪仗。籍江南民为工匠凡三十万户，惠选有艺业者仅十余万户，余悉奏还为民。”[3]所谓“籍选匠户”，即按册搜罗工匠之意，这也是蒙古人每战之后的一贯做法。征伐之初，蒙古军力有限，为了减轻驻防和叛乱再起的压力，多采取隳城屠民的极端手段（图 2），以确保军队连续进攻的战力。同时出于扩充人户和弥补手工业之缺等考虑，乃拣选俘虏中的妇幼及各色匠人（其中包括伊斯兰经师、学者、儒士等），带回高原或他处安置。参照志费尼、拉施特等人的记载可知，仅成吉思汗西征时从撒马尔罕、玉龙杰赤、马鲁、八鲁湾等地收聚的工匠便在 15 万人以上，[4]其中大多被带回蒙古高原。这一措施在统一江南的战争中依然采用，只不过鉴于当时已天下归一，无须再悉数北迁，而是多就地安置。景德镇窑口林立，[5]窑户聚集，自唐代以降，所烧瓷色便以“尚白”著称，蒋祈的《陶记》云：“（景德镇）埏埴之器，洁白不疵，故鬻于他所，皆有‘饶玉’之称。”又云：“江、湖、川、广器尚青白，出于镇之窑者也。”元人孔克齐在谈到“饶州御土”时称：“饶州御土，其色白如粉垩，每岁差官监造器皿以供，谓之御土窑，烧罢即封土不敢私也。或有贡余土，作盘盂、碗碟、壶注、杯盏之类，白而莹，色可爱。底色未着油药处，

1　可以查证的督陶官有段廷珪、堵闰。段廷珪在至治泰定间任饶州路总管。并于至治年间主持修纂《浮梁州志》，参见（元）杨奂《还山遗稿》附录段廷珪《题东游记后》，北京图书馆古籍珍本丛刊 93；同治《饶州府志》卷十二《职官志四》，中国方志丛书影印本，台湾成文出版社，1975。

2　（清）蓝浦：《景德镇陶录》卷五，《中国陶瓷名著汇编》，中国书店，1991，第 41 页。

3　参见（明）宋濂等撰《元史》卷一六七，第 3924 页。。

4　〔伊朗〕志费尼：《世界征服者史》（上），何高济译，翁独健校订，内蒙古人民出版社，1981，第 140、189 页。

5　南宋时有窑口三百余座。参见（宋）蒋祈《陶记》（白焜校注本），见江西省陶瓷工业公司编《景德镇陶瓷》（陶记研究专刊），1981 年 4 月第 1 期，第 38 页。关于蒋祈所处时代，《浮梁县志》《饶州府志》《江西通志》等历代载记均为元代，刘新园等人认为文献载记有误，蒋祈应为南宋时人。详参氏著《蒋祈〈陶记〉著作时代考辨——兼论景德镇南宋与元代瓷器工艺、市场与税制等方面的差异》，《陶记研究专刊》，第 5 ~ 35 页。

犹如白粉。甚雅薄，难爱护，世亦难得佳者。今货者皆别土也，虽白而垩□耳。”[1] 曹昭《格古要论》亦云：“（饶州）御土窑者，体薄而润，最好。有素折腰样、毛口者，体虽厚，色白且润，尤佳。”[2]

可以说，景德镇陶瓷（以下简称“镇瓷”）的瓷色与蒙古人的审美趣味相合，这也是设立瓷局的要件之一。[3] 元代“国俗尚白，以白为吉”。[4] 每逢节庆大宴之日，王室重臣贵戚等皆服“质孙”，[5] 其中又以白色最为显贵。马可波罗有幸目睹宫廷庆贺元旦的场景，其描述道：“是日，依俗大汗及一切臣民皆衣白袍，以至男女老少皆衣白色，盖其似以白衣为吉服，所以元旦服之，俾此新年全年获福。”[6]（忽必烈及蒙古官吏，图 3-1、图 3-2）白色之外，青（蓝）之色亦有特别重要的含义，即青蓝为长生天之色，寓意神圣和洁净。通天巫阔阔出被成吉思汗处死时，便是以青帐覆盖其遗体，藉口天谴而收之。[7] 合赞汗去世时，《史集》描述当时的悲痛气氛为“苍天披上了青衣”，其遗体则在洁净后以白衣殓之，由后妃、异密们护送回首都帖必力思。“当神圣的灵柩运到京城帖必力思外的一个通道上（的地方），城内居民，男女老少，都垂头丧气、无限悲痛地一下子穿上青衣走了出来”[8]（图 4-1、图 4-2、图 4-3）。镇瓷的青白釉色恰好兼合了蒙古人的尚色风俗。

二

前文已略及，镇瓷的烧制技术在靖康之难后迎来了一次大的革新。为免遭金人所掳，当时北方定窑的大批工匠南下避难，其中一部分辗转至景德镇，并在此烧制定器，由此形成了南定、北定之分。通俗来讲，河北定州所烧者曰北定，南渡后在江西景

1　（元）孔齐：《至正直记》卷二，庄敏点校，上海古籍出版社，1987，第 80 页。

2　（明）曹昭著，杨春俏编校《格古要论》卷下《古饶器》，中华书局，2012，第 231 页。

3　对于元廷选在景德镇设立瓷局的原因，学界意见不一。尚刚认为，景德镇烧造白瓷正与蒙古人崇尚白色相合，遂因地制宜（氏著《元代工艺美术史》，辽宁教育出版社，1999，第 172 页）。王光尧亦认为“当时对瓷器生产的管理则能做到因地制宜，即在瓷器生产地设窑并置署管理烧造”（参见氏著《杭州老虎洞瓷窑遗址对研究官、哥窑的启示》，《中国古代官窑制度》，第 88 ~ 101 页）。刘新园则认为，蒙古皇帝对景德镇烧造的洁白不疵的瓷器有某种特殊的偏好，是在此设局的主因［刘新园:《元代窑事小考（一）——兼致约翰·埃惕思爵士》，《景德镇陶瓷学院学报》1981 年第 1 期，第 68 ~ 69 页］。

4　（元）陶宗仪：《南村辍耕录》卷一，“白道子”条，四部丛刊三编本。

5　又写作“只孙”等，即“一色衣”之意。张昱《辇下曲》之一：“只孙官样青红锦，裹肚圆文宝相珠。羽仗执金班控鹤，千人鱼贯振嵩呼。”

6　〔意〕马可波罗《马可波罗行纪》，冯承钧译，中华书局，2004，第 356 页。

7　札奇斯钦：《蒙古秘史新译并注译》，第 245 节，台湾联经出版事业公司，1979，第 368 页。

8　〔波斯〕拉施特主编《史集》第 3 卷，余大钧、周建奇译，商务印书馆，1986，第 344 ~ 345 页。

图 3-1　元 刘贯道 元世祖忽必烈画像
（台北故宫博物院藏）

图 3-2　元代官吏像（安徽博物馆藏）

图 4-1　葬礼场景，14 世纪早期伊朗
（柏林国家图书馆藏）

图 4-2　送葬图，14 世纪 30 年代，伊朗《诸王之书》
（波士顿美术馆藏）

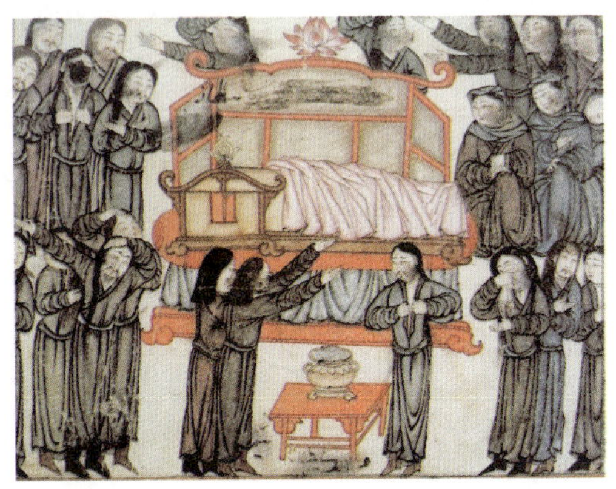

图 4-3　送葬图，14 世纪 30 年代，伊朗《诸王之书》
（美国大都会博物馆藏）

图 5-1　景德镇造青白瓷注子温碗（上海博物馆藏）

图 5-2　景德镇造青白釉印花月映梅纹碗
（耶律铸夫妇墓出土，首都博物馆藏）

图 6-1　卵白釉王、白款枢府瓷
（耶律铸夫妇墓出土，首都博物馆藏）

图 6-2　卵白釉龙纹高足杯（首都博物馆藏）

德镇所烧者曰南定。[1]南北定之间的区别不是在造型、烧造方法上，而是在花纹与釉色方面。至于纹样图案方面，吴仁敬、辛安潮所编《中国陶瓷史》中对于南北定纹样之差异有清晰的表述：“北定以政和宣和时作品为最佳，南定则多系有花者，北定亦有花，但较南定为少耳。其花纹之式，多作牡丹、萱花、飞凤、蟠螭、双鱼之类，仿自古铜镜，典雅妍丽，美乃绝伦。其装饰纹之法，有划花、堆花、印花、绣花等类之分别，就其中以划花者最佳，绣花者为下。”[2]简言之，即南定多花。近年来研究表明，镇瓷青花纹样与磁州窑、吉州窑也存在某种密切的联系，如有学者认为：“景德镇瓷器以刻印花装饰为主，并无雄厚的笔绘基础，洒脱的笔绘纹样的处理手法则与磁州窑系的釉下黑彩一脉相承。”[3]

在釉色方面，湖田窑的考古发掘表明，景德镇窑创造了有别于定瓷的粉白（青白，图5-1、图5-2）。[4]“二元配方”法是烧造青花瓷的基础，从近年来对杭州老虎洞所发现的南宋官窑以及郊坛下官窑出土瓷片的研究发现，这一方法早在宋代就已运用在青瓷烧造上，只不过当时用的是瓷土加紫金土。[5]镇瓷或受官窑的启发，因地制宜，采用瓷土加特产高岭土，烧造出质地上乘的青白器。或正由于镇瓷的以上特性，才被元政府列入贡御瓷名单。

景德镇贡瓷多为卵白器，器底题枢府款，故习惯上称之为“枢府瓷”（图6-1、图6-2）。《格古要论·古饶器》云：“元朝烧小足印花者，内有枢府字者高。新烧者足大，素者欠润。”《景德镇陶录·枢府窑》亦云：“元之进御器，民所供造者，有命则陶，地土必细白埴腻，质尚薄，式多小足印花，亦有戗金五色花者，其大足则莹素，又高足碗……各名式器内皆作枢府字号，当时民亦仿造，然所贡者千中选十，百中选一，终非民器可逮。”[6]

学界对于“枢府瓷”究竟该如何界定看法非一，日本学者爱宕松男、金沢陽认为镇瓷上的“枢府”与枢密院无关，应是“禁秘之府”的意思，即这些瓷器是专门供应宫廷御用的。[7]另一种观点则认为，元代所

1　吴仁敬、辛安潮：《中国陶瓷史》，商务印书馆，1936，第36页。

2　吴仁敬、辛安潮：《中国陶瓷史》，第36页。余家栋：《从高安、乐安两处瓷器窖藏看元代景德镇的烧制工艺》（《南方文物》1984年第1期）一文，第51～56页。

3　罗学正：《青花瓷产生与发展规律探讨》，《江西文物》1990年第2期，第11～16页。

4　参看江西省轻工业厅陶瓷研究所编《景德镇陶瓷史稿》，第67页。

5　参考周少华等：《南宋官窑青瓷原料的研究与中国青瓷器二元配方起源的探讨》，上海硅酸盐研究所2002年国际研讨会。

6　（清）蓝浦：《景德镇陶录》卷五，《中国陶瓷名著汇编》，第42页。

7　〔日〕金沢陽：《景德鎮湖田窯燒造の“樞府手”碗に見る元代“官搭民燒”の傍證》，《出光美术馆纪要》2006年第6期，第149页。

谓“枢府”即枢密院的简称，[1]乃沿袭宋代旧称。如《景德镇陶瓷史稿》称：“景德镇在南宋还是遣官制瓷贡京师，但那种贡瓷不叫景德镇器，不叫景德窑，而叫它是‘枢府窑’。”[2]而从近年来菲律宾、印尼以及韩国新安州等海域沉船发掘结果来看，元代外销瓷中“枢府瓷”占有一定的比例（图7）。这说明当时镇瓷中带有“枢府”字号者并非仅限于贡御禁府，而由于“枢府瓷”素有“千中选十，百中选一”的严选标准，在海外市场中颇受青睐，是以外销瓷且非独出自官窑，“民亦仿造”。这也正是当时“惟民窑著盛”的原因所在。

综上来看，对于元代“枢府瓷”的认识不应拘碍于称谓之原义，而应从当时市场贸易的层面加以界定，如冯先铭便主张：“从国外留存的大批元代外销的卵白釉瓷看，这类瓷器决非全部为官窑产品。因此，长期以来把元代的卵白釉瓷统称为‘枢府窑’器是不恰当的，但为了照顾历史上的习惯称呼，以称这类卵白釉瓷为‘枢府’瓷比较妥当。”[3]“枢府瓷”现象正表明了当时国内的瓷器生产与国际市场之关联非常紧密。而一旦国际市场需求有变，国内制瓷业便会及时调整生产，迎合跟进，其后青花瓷取代“枢府瓷”成为镇瓷生产的主打项，便是对当时伊斯兰世界市场需求的能动反应。客观而言，穆斯林的审美趣尚一直为国际市场所知，更何况穆斯林商人长期掌控着东西方商品流动的主导权，那么青花瓷何以在元代才开始被伊斯兰市场所“催生”（参前引《哈佛中国史》），恐非简单一句“为迎合穆斯林的审美需求”所能解释的。本文认为，青花瓷之所以在元代勃兴，乃是受当时蒙古世界体系内政局变动的影响，更进一步来说，是由与元朝关系密切的伊利汗国合赞汗改革所推动的伊斯兰转向引发的。

三

众所周知，元代是穆斯林来华最多的历史时期，时称穆斯林为木速蛮或木速鲁蛮（Musalman），汉文典籍中则概以“回回”称之。[4]从社会等级上来看，他们属于色目人，

1 （元）脱脱等撰《宋史》卷一六二《职官二》载：“宋初，循唐、五代之制，置枢密院，与中书对持文武二柄，号为‘二府’。”

2 江西省轻工业厅陶瓷研究所编《景德镇陶瓷史稿》，生活·读书·新知三联书店，1959，第57页。

3 冯先铭：《中国陶瓷》，上海古籍出版社，2001，第449页。

4 宋末元初人周密笔记中便称穆斯林为“回回”，并说他们“皆以中原为家，江南尤多，不复回首故国也。”（宋）周密著、吴企明点校《癸辛杂识》续集卷上《回回沙碛》，中华书局，1988，第138页。需要说明的是，当时的回回并非只指穆斯林，而是泛指来华的中亚、西亚、东欧各民族，大体可分为五类：一是蒙古西征掠回的中亚、波斯、东欧、西欧等地的民众（主要是工匠、妇女儿童，参前注）。二是入仕元廷的官员和学者。三是从伊利汗国等地签调过来的军队，如通事军、伊利汗国阿八哈汗派遣支援元军攻打襄阳的回回炮手，以及“回回军”、“西域亲军”及“探马赤军”等。四是唐宋时来华的波斯、大食人后裔，主要会集在扬州、泉州、杭州、广州等地。五是畏吾儿等西域各族信仰伊斯兰教的人。

图 7　白瓷高足杯（景德镇造，新安沉船出土，韩国光州博物馆藏，引自日本民俗博物馆编《东亚中世纪海道》）

图 8-1　元 刘贯道 世祖出猎图（台北故宫博物院藏）

图 8-2　世祖出猎图（局部）

是蒙古人的重要伴当（图 8–1、图 8–2，刘贯道《世祖出猎图》中所绘色目人），在政治和经济领域发挥着不可替代的作用，时人谓之“柄用尤多，大贾擅水陆利，天下名域区邑，必居其要津，专其膏腴”。[1]

穆斯林凭借着贸易之能，交通海内外，其中留居中国业儒者亦夥，然究其风俗信仰，“求其善变者，则无几也”。“历事七朝，垂五十年”之久的许有壬（1286 ~ 1364）对此深有体会，他在为穆斯林哈只哈心所撰碑记中，便指出穆斯林的这一特性：“居中土也，服食中土也，而惟其国俗是泥也。”[2] 概凡穆斯林流寓之地，必聚族而居，必兴建礼拜寺。据时人记载，至元惠宗至正八年（1348），“近而京城，远而诸路，其

1　（元）许有壬：《至正集》卷五十三《西域使者哈只哈心碑》，《元人文集珍本丛刊》（7），新文丰出版公司，1985 年影印本，第 251 页下。

2　（元）许有壬：《至正集》卷五十三《西域使者哈只哈心碑》，《元人文集珍本丛刊》（7），第 251 页下。

寺万余，俱西向以行拜天之礼”。[1]礼拜寺遍及全国的事实，一方面反映了当时在元朝境内生活、经商的穆斯林人数之众，后世有“元时回回遍天下”之说；[2]另一方面也反映出所谓元朝“兼容并蓄”的世界特征并非虚词。而正是这种开放性，塑造了元代社会文化的多元面貌。这一点在时尚潮流方面体现得尤为明显，当时无论是宫廷市井、漠北江南，都流行着不同民族、不同国家和地域的时尚元素，试列举如下。

建筑装饰方面，伊斯兰风格为蒙元宫廷所采用。穆斯林在色彩方面素以“白”为尊贵，以“蓝”为纯净，男子好“雪布”缠头为衣。[3]这恰与蒙古人的尚色之风相合。故而除了穆斯林自己所修建的宅第、清真寺等伊斯兰风格建筑外，元代帝王也颇好这种装饰色彩。窝阔台汗在位时，曾令伊斯兰工匠在距哈拉和林一天行程的迦坚茶寒（Khzjahan）为其建造宫殿。[4]2000年，德国波恩大学考古队在和林万安宫遗址发现，这座建于1235年的“合儿失”（蒙古语，宫殿之意），地面都是用伊斯兰风格的蓝色琉璃方砖铺就的。[5]旭烈兀进驻西亚后，在今塔赫特－苏莱曼地区（Takht-i Sulaiman，位于伊朗西北部）兴建了伊斯兰风格的宫殿，今遗址尚存。元朝大内中亦不乏伊斯兰建筑风格的殿阁，仅陶宗仪所记就有寝殿（“覆以白瓷瓦，碧琉璃饰其檐脊”）、延华阁（“重阿，十字脊，白琉璃瓦覆，青琉璃瓦饰其檐”）、芳碧亭（“重檐，十字脊，覆以青琉璃瓦，饰以绿琉璃瓦”）等多处。[6]

音乐方面。回回乐器浑不似（即火不思）所演奏的《伉里》《马黑某当当》《清泉当当》等回回曲，胡琴（即二胡）等达达乐器所演奏的《哈八儿图》《哈儿火失哈赤》等曲目在大江南北广为流传。[7]宫廷之内，西天法曲（即藏地佛乐）频频奏于大宴之时；高丽歌曲《井即梨》等传唱于宫廷卫士之口。[8]

1　参见孙贯文《重建（中山府，今河北省定县）礼拜寺记碑跋》，《文物》1961年第8期，第36～39页

2　语出（清）张廷玉等撰《明史》卷三三二《西域四》，中华书局，1974，第8598页。

3　对其这一风俗爱尚，宋人便十分了解。参见（宋）周去非《岭外代答》“大食诸国”，中华书局，1999，第99～100页；（宋）赵汝适《诸蕃志》，中华书局，2000，第110页。

4　〔波斯〕拉施特主编《史集》第2卷，余大钧、周建奇译，第69～70页。

5　参见林梅村《大朝春秋——蒙元考古与艺术》，故宫出版社，2013，第101页。

6　（元）陶宗仪:《南村辍耕录》卷二十一《宫阙制度》。

7　（元）陶宗仪:《南村辍耕录》卷二十八《乐曲》。

8　张昱的《辇下曲》载：“西天法曲曼声长，璎珞垂衣称艳妆。大宴殿中歌舞上，华严海会庆君王。”“玉德殿当清灏西，蹲龙碧瓦接榱题。卫兵学得高丽语，连臂低歌《井即梨》。”

服饰方面。元代进口商品中，珠宝为一大项，时称“宝货”“宝物”“细色”等。在《大德南海志》、《至正四明续志》、陶宗仪《南村辍耕录》等元代史籍中均有详细的分类记载。[1] 当然，这些宝物非供应国内一般市场，而是供御皇室。皇帝御服上所使用的宝石饰缀，“多以大珠盘龙形，嵌以奇珍，曰鸦忽，曰喇者，出自西域，有直数十万定者”。[2] 鸦忽，即《南村辍耕录》中所提到的“鸦鹘”，有红亚姑、马思艮底、青亚姑、你蓝、屋扑你蓝、黄亚姑、白亚姑等多种。喇，即“剌”（波斯方言），红宝石的一种。[3] 民间穿戴亦流行异国时尚，如在当时的江南地区，紫藤帽子、高丽靴等“高丽样”，皆“一时所尚”。[4]

日常用器方面。在进口产品中，从伊利汗国舶来的陶瓷制品颇受欢迎，时称“大食窑”。[5] 惠宗朝集贤大学士吴直方（1275 ~ 1356）之子、江南大儒吴莱（1297 ~ 1340）曾对这种金碧灿烂的瓷器大加称赞，[6] 认为其工艺虽与士大夫所好重的定窑器、邛窑器不同，不过在“大寰幸混一，四海际幅员”的国势影响之下，民众生活习惯和饮食用器均发生了很大变化，所谓“礼图日以变”。元明鼎革后，明代社会虽然“去胡化”之风颇盛，但是一些外来习惯已混融于中国传统，成为人们日常生活的一部分了。明人曹昭便云：“古人用汤瓶、酒注，不用胡瓶及有嘴折盂、茶钟、台盘，此皆外国所用者，中国始于元朝。汝、定、官窑俱无此器。”[7]

以上国际时尚元素在元朝境内的流行说明，当时无论是进口市场还是出口市场，都已然融入一个“前全球化”状态的国际贸易体系之中，并自觉或不自觉地成为这个体系的组成部分。前面所提到的大食窑器描金

---

1 详参高荣盛《元代海外贸易》第三章“进口商品概况”一节，四川人民出版社，1998，第 128 ~ 132 页。

2 （元）柯九思的《宫词十五首》载：“官家明日庆生辰，准备龙衣熨帖新。奉御进呈先取旨，隋珠错落间奇珍。”

3 （元）陶宗仪：《南村辍耕录》卷七《回回石头》。

4 （元）陶宗仪：《南村辍耕录》卷二十八《处士门前怯薛》。

5 （明）曹昭著，杨春俏编校《格古要论》卷下《大食窑》云：“以铜作身，用药烧成五色花者，与拂郎嵌（东罗马帝国錾胎珐琅）相似。尝见香炉、花瓶、合儿、盏子之类，但可妇人闺阁中用，非士夫文房清玩也。又谓之鬼国窑。”第 236 页。

6 （元）吴莱：《大食瓶》载：“西南有大食，国自波斯传。兹人最解宝，厥土善陶埏。素瓶一二尺，金碧灿相鲜。晶莹龙宫献，错落鬼斧镌。粟纹起点缀，花穟蟠蜿蜒。定州让巧薄，邛邑斗清坚。脱指滑欲堕，凝瞳冷将穿。逖哉贾胡力，直致鲛鳄渊。常嗟古器物，颇为世所捐。幞衫易冠衮，盘盎改豆笾。礼图日以变，戎索岂其然。在时苟适用，重译悉来前。大寰幸混一，四海际幅员。县度缚绳絙，娑夷航革船。凿空发使节，随俗混民编。汉玉堆椟笥，蕃罗塞鞍鞯。城池信不隔，服食奈渠迁。轮囷即上据，鼎釜畴能肩。插葩夺艳冶，盛酪添馨膻。当筵特见异，博识无庸诠。藏之或论价，裹此犹吾毡。珊瑚尚可击，碛路徒飞烟。彼还彼互市，我且我棬圈。角端独不出，记取征西年。”参见《渊颖吴先生文集》卷二，四部丛刊初编本。《南村辍耕录》卷二十八《乐曲》。

7 （明）曹昭著，杨春俏编校《格古要论》卷下，第 238 页。

胡瓶，其样式与风格在当时的伊利汗国国内也都是非常热销的产品。伊利汗国在合赞汗（1271 ~ 1304）时推行了全面的伊斯兰化，这一变化对于当时伊斯兰艺术的再繁荣起到了非常关键的作用。[1] 以日常用器为例。伊斯兰转向之后，蒙古君王转变为伊斯兰君王，受《古兰经》禁用金银器的影响，同时也是出于政治宣传的需要，王室在传统金银用器的基础上，增加了陶瓷器皿的使用比重（图 9-1、图 9-2、图 9-3）。这种示范效应非常显著，迅速在贵族、异密等上层社会中刮起一股尚瓷之风。在审美趣味上，越来越追求瓷色的光泽明亮，不过虹彩、描金等波斯传统工艺已难以满足巨大的市场需求。而中国瓷器素有"瓷玉"之称，光彩耀目，具有极强的视觉冲击力，因此大受王室贵族的追捧。一向敏锐的穆斯林商人很快从中嗅出了巨大的商机，他们在将伊利汗国的畅销产品带入中国市场的同时，也将其国内的需求信息传送给中国的瓷器制造商。而在这种巨大的外销商机的带动下，各窑口自然会迎合市场之需，在器型、图案、用料等方面下足功夫。青花瓷便是在这一国际环境下应运而生的。

四

本文之所以认为元青花的兴盛与合赞汗的改革效应有关，并非是一种臆断。从伊利汗国方面来说，合赞汗改革发生在 13 世纪末 14 世纪初，他本人虽于 1304 年去世，然其改革方略并没有中断，而是被其弟完者都汗继承并推进。因此确切地说，合赞汗改革应包括合赞朝、完者都朝两个阶段（1298 ~ 1316）。参上文，伊斯兰转向的效应对于中国瓷器的进口及其国内制瓷业的发展起到了非常显著的影响。[2] 伊利汗国从中国大量进口龙泉青瓷、青花瓷等瓷器，正是在这一时期。这些进口瓷器的订购方既有王室贵族，也有清真寺和医院（主要用作建筑装饰和日常使用）。在合赞汗《御制捐献书》中所开列的清真寺、经学院、医院经费使用项目里，就明确有购置陶器的专用费。[3] 从土耳其托普卡帕宫博物馆、伊朗德黑兰考古博物馆、伊朗阿迪别尔寺等处所藏（图 10-1、图 10-2、图 10-3），以及波斯湾卡伊斯（kish）、忽鲁谟斯（Hormuz）岛等处考古发现来看，当时从中国进口的青花器

1　相关论述可参考以下两书，兹不赘述：Arthur Upham Pope, editor, Phyllis Ackerman, assistant editor., *A Survey of Persian Art:from Prehistoric Times to the Present,* London: Oxford University Press, 1958. Volume Ⅲ , the Fourteenth Century.The Metropolitan Museum of Art.,*The Legacy of Genghis Khan:Courtly Art and Culture in Western Asia*,1256-1353,New Haven Yale University Press,2002。

2　可参看 Stefano Carboni.,Synthesis:Continuity and Innovation in Ilkhanid Art,The Metropolitan Museum of Art.,*The Legacy of Genghis Khan:Courtly Art and Culture in Western Asia*,1256-1353, pp.197 ~ 202。

3　如对沙非派和哈尼非派伊斯兰经学院的补充经费明确列出是"地毯、织物费，照明、香料、陶器等费用"；对医院的补充经费中亦包括陶器费。参见《史集》第 3 卷，第 391 ~ 392 页。

图 9-1　宴饮图（《史集》插图，14 世纪初，德国国家图书馆藏，引自美国大都会编《成吉思汗的遗产》）

图 9-2　使者觐见窝阔台（《史集》插图，14 世纪初，德国国家图书馆藏）

图 9-3　虹彩磁盘（卡尚烧制，13 世纪后期，丹麦哥本哈根大维德基金会藏，引自美国大都会编《成吉思汗的遗产》）

图 10-1　青花双凤纹菱花口大盘（伊朗国家博物馆藏）

图 10-2　青花焦叶瓜果圆口折沿盘（伊朗国家博物馆藏）

图 10-3　青花云肩凤纹菱口大盘（伊朗国家博物馆藏）

数量颇为可观。[1]与此同时，伊利汗国还在其制瓷中心你沙不儿和卡尚进行仿制，在装饰风格和纹样主题上注重吸收龙凤题材（图 11–1、图 11–2、图 11–3），在技术上引进龙泉青瓷的釉下彩技术（图 12–1、图 12–2）。其中，被旭烈兀带去的中国工匠及其后代发挥了不可替代的作用。蒙古君主看重汉人的工艺技术，把汉人工匠分配给各个王族。[2]

而从元朝方面来看，青花瓷开始烧制的时间不会早于仁宗延祐年间（1314 ~ 1320），其成熟期则在惠宗至正年间（1341 ~ 1368），学界因此又将元青花分为“延祐型”和“至正型”两个类型时期。如 1964 年河北省保定市出土了 11 件精致酒器（卵白釉器 2 件、钴蓝戗金器 3 件、青花器 6 件），[3]其中的钴蓝戗金器（包括匜和杯盘，图 13–1、图 13–12）是典型的伊斯兰风格。有学者推测这批窖藏可能是仁宗分别于皇庆元年（1312）和延祐六年（1319）御赐重臣张珪（1263 ~ 1327）之物。[4]倘这一推测属实的话，那么其制作年代至迟不会晚于延祐六年。1972 年湖北省黄梅县西池窑厂元墓出土了两件青花牡丹纹塔盖瓶（图 14–1，图 14–2，分别藏于湖北省博物馆、江西省九江市博物馆），据墓券记载，墓主凌氏殁于延祐戊午（即延祐五年，1318），次年（即延祐六年）下葬。由是不难推测，该件青花器的制作年代应不会晚于延祐六年，这也是目前所见有明确纪年的最早元青花，因此成为判定“延祐型”的标准器。本文以为，[5]伊利汗国的伊斯兰改革时间与宗主国元朝的青花器生产时间恐非简单的重合，而是直接相关的。

（1）从政治层面来说，武宗、仁宗时期（1308 ~ 1320）为了解决财政危机，先后实施了“至大新政”和“延祐经理”，其着眼点都是为了增加税收。在海外贸易方面，加强对市舶提举司的管理，除了对海商重新计税外，并采取了限制私商、开展官船贸易等举措。如延祐元年（1314），中书右丞相铁木迭儿奏：“……又往时富民，往诸蕃商贩，率获厚利，中国物轻，蕃货反重。今

---

1 可参看土耳其外交部编《伊斯坦布尔的中国宝藏》，伊斯坦布尔，2001。另可参考〔日〕四日市康博《元代集宁路古城遗址与“陶瓷之路”——研究展望以及今后的课题》，《中国古陶瓷研究》第十一辑（2006），青格力译，第 94 ~ 100 页。

2 〔日〕松田孝一：《**モンゴル**帝国**における**工匠**の**確保**と**管理**の**諸相》，转引自〔日〕四日市康博《元代集宁路古城遗址与“陶瓷之路”——研究展望以及今后的课题》，《中国古陶瓷研究》第十一辑（2006），青格力译，第 94 ~ 100 页。

3 河北省博物馆：《保定市发现一批元代瓷器》，《文物》1965 年第 2 期，第 17 ~ 22 页。

4 参见林梅村《元朝重臣张珪与保定出土元代宫廷酒器》，《故宫博物院院刊》2009 年第 3 期，第 24 ~ 41 页。

5 参见吴水存《“延祐型”与“至正型产品”纹饰对比初探》（《中国陶瓷》1984 年第 5 期，第 30 ~ 38 页）、《元代纪年青花瓷器的研究》（《江西文物》1990 年第 2 期，第 40 ~ 48 页）。

图 11-1　凤纹褐釉碗（伊利汗国烧制，14 世纪，法国卢浮宫藏，引自美国大都会编《成吉思汗的遗产》）

图 11-2　龙纹双五星瓷砖（13 世纪末至 14 世纪初，英国凯尔收藏，引自美国大都会编《成吉思汗的遗产》）

图 11-3　龙凤纹八角形和十字型瓷砖（伊利汗国 13 世纪后期烧制，美国洛杉矶艺术博物馆藏，引自美国大都会编《成吉思汗的遗产》）

图 12-1　鱼纹青瓷碗（伊利汗国烧制，14 世纪上半叶，美国大都会博物馆藏，引自美国大都会编《成吉思汗的遗产》）

图 12-2　鱼纹描金蓝釉盘(伊利汗国烧制，13 世纪末至 14 世纪初，法国卢浮宫藏，引自美国大都会编《成吉思汗的遗产》）

图 13-1　戗蓝描金匜（河北省博物馆藏）

图 13-2　戗蓝描金梅花纹杯（河北省博物馆藏）

图 14-1　元青花牡丹纹塔式盖瓶
（湖北省博物馆藏）

图 14-2　元青花牡丹纹塔式盖瓶
（江西省九江市博物馆藏）

请以江浙右丞曹立领其事，发舟十纲，给牒以往，归则征税如制；私往者，没其货。”[1]其所提到的“中国物”中，瓷器是主打产品之一。因此不排除为了满足伊利汗国伊斯兰文化复兴后的市场需求和审美趣味，由将作院画局负责制样、浮梁瓷局负责烧制来建立官方生产线的可能，并且事实上也的确如此。从景德镇所烧制的青花器的器型（如匜、

1　（明）宋濂等撰《元史》卷二〇五《铁木迭儿传》，第 4578 页。

茶钟、台盘等）、纹样（如莲池纹、云龙纹等）便可看出，其与尚衣局、织染局、文绮局等所制作的御服与宫廷用具之间的关联，[1]如目前在托普卡帕宫博物馆及其他各馆藏传世与出土（水）元青花瓷器中，池塘小景"满池娇"是最为常见的纹样，而"满池娇"正是当时元代帝王御服的流行纹样（图15-1、图15-2）。[2]

（2）再从回回青（即苏麻尼青，波斯语称苏来麻尼 Soleimani，或以主要成分名之曰钴料）这一从伊利汗国进口的矿物颜料来看，[3]其主要由将作院负责采买，最初用于皇家寺院雕塑、御容等的制作上。[4]考古发现，元代最早使用钴料的瓷器（青白釉钴蓝观音像，共3件，图16）见于浙江省杭州市文三路出土的至元丙子（即至元十三年，1276）的墓葬中，[5]不过据相关研究来看，该钴料并非是进口的回回青，[6]而回回青被广泛地用于瓷器生产则是始于仁宗延祐年间。换言之，刺激景德镇诸窑在青白釉的基础上生产钴蓝器的主要因素，便是伊利汗国伊斯兰化后对日用瓷器的大量需求。

钴料是波斯制作工艺中的常用颜料，它被浮梁瓷（磁）局用来大批量地制作瓷器至少说明三点：其一，钴料进口基本上专供官需，且价格昂贵，从景德镇能在短时间内烧制出大量青花器来看，其供料充足，与官方（主要是将作院）的支持不无关系。其二，钴料是元代才有的进口原料，故而其最初运用时必需有熟悉它的穆斯林工匠的参与，进一步来说，浮梁瓷局中有穆斯林工匠直接参与了青花器的制作或提供了技术支持。元代穆斯林工匠之多自不必言，且有不少出任匠人管理机构主官。如世祖忽必烈朝波斯人也黑迭儿（即亦黑迭儿丁，欧阳玄作"伊克德勒"）任茶迭儿（欧阳玄作"察卜达尔"）局诸色人匠总管府达鲁花赤，兼领监宫殿，后其子、孙继任其职。时人欧阳玄所撰之碑文即直

1　可参看刘新园《元青花特异纹饰和将作院所属浮梁磁局与画局》（《景德镇陶瓷学院学报》1982年第3卷第1期，第9～20页），吴水存、吴芳：《江西元代窖藏瓷器及相关问题的研究》（《中国古陶瓷研究》第十一辑，紫禁城出版社，2005，第145～161页）。

2　可参看扬之水《满池娇源流——从鸽子洞元代窖藏的两件刺绣说起》（《丝绸之路与元代艺术国际学术讨论会论文集》，艺纱堂/服饰工作队（香港），2005）及拙文《元代池塘小景纹样流行背景略论》（《荣宝斋》2009年第2期）等文。

3　对于元青花钴料的来源，虽然没有直接的文献资料，不过《元代画塑记》中多次提到的回回青，毫无疑问便是苏来麻尼。陈尧成、郭演仪、陈虹等通过化学分析认为，元青花钴料很可能来自于中亚和欧洲，也可能来自于与中亚同一地质构造的我国甘肃、新疆地区。（《中国元代青花钴料来源探讨》，《中国陶瓷》1993年第5期，第57～62页。另可参看张福康《中国古代钴蓝的来源》，《文物保护与考古科学》，1989年第1期。）

4　详参《饮膳正要》、《元代画塑记》，如《元代画塑记》在述及绘制御容时，回回青为不可或缺的颜料。

5　参看吴水存《元代纪年青花瓷器的研究》，《江西文物》1990年第2期，第40～48页。

6　参前引吴水存文。

图 15-1　满池娇菊花纹青花大碗（托普卡帕宫博物馆藏）

图 15-2　满池娇圆口大盘（伊朗国家博物馆藏，原藏阿迪比尔陵寺）

书其身份源流：“西域有国，大食故壤。地产异珍，户饶良匠。匠给将作，以实内帑。人用才谞，邦周攸爽。”[1]从托普卡帕宫及其他馆藏元青花来看，一些瓷器上带有波斯文签名（图 17），这种情况在当时的你沙不儿、卡尚更为常见。其三，从技术层面来说，高岭土二元配方的瓷器制模技术在宋代便已成熟，且从整个蒙元帝国的视野来看，钴蓝工艺和回回青也早在蒙古汗国时期便已被用来装饰宫廷和制作塑像、御容（图 18），[2]迨过渡到元世祖忽必烈和成宗铁穆耳时期，无论是从技术层面还是人才层面来看，烧制青花器都不是问题。然而青花器时代的开启却延缓至仁宗延祐年间，较为合理的解释只能是市场因素的影响。

（3）元青花的主要市场在国外（外销）而非国内（内销）。这也是学术界通过对近几十年国内外考古发现的反复论证后所达成的共识。诚然，贡御宫廷仍是景德镇官窑的一个根本属性，不过由于其贡瓷在宫廷用器中所占的比重非常小，青花器更是难得一见，因此元代烧制青花的主要动因并非贡御内廷，[3]虽然也用以赏赉诸王公主（特别是已改奉伊斯兰教的黄金家族成员）和朝廷重臣（如保定张氏家族、大都耶律家族）。从民间层面来看，今已发现的各地青花窖藏，要么处于丝绸之路上（如元亦集乃路，今甘肃省黑水城遗址）为远销之过渡，要么因战乱（如保定和江西高安等地）而就地处置；而一般墓葬所见，则多为庶民百姓作为宗教供器和明器之用

1 （元）欧阳玄：《圭斋文集》卷九《玛哈穆特实克碑》，四部丛刊初编本。

2 详参（元）佚名撰《元代画塑记》之“御容”，人民美术出版社，1964。

3 元大都相关考古发现也佐证了这一点。1972 年，故宫博物院工程队在挖灰池取土时发现了一批元代琉璃质料的建筑遗物和各类瓷器残件，其中青花瓷器残件仅占出土瓷器总量的 3.9%，远低于青白瓷残件（32%）、龙泉青瓷（7.4%）、钧窑瓷器（3.8%）、磁州窑（52.9%）的比例（李知宴：《故宫元代皇宫地下出土陶瓷资料初探》，《中国历史博物馆馆刊》第 8 号，1986，第 78 页）。再从北京其他地方如后英房居住遗址、旧鼓楼大街窖藏、西直门瓮城等处的出土情况来看，镇瓷的数量也少于龙泉窑、钧窑、磁州窑等窑器（详参中国科学院考古研究所元大都考古队、北京市文物管理处元大都考古队《元大都的勘查和发掘》，《考古》1972 年第 1 期；《北京后英房元代居住遗址》，《考古》1976 年第 6 期；等等）。至于皇室祭器、礼器亦绝不用青花。《元史》中对于祭器、礼器有规定。元代皇家祭祀分几种情况，郊祀、庙祀、影堂祭祀，其用器各不相同。比如郊祀尚质，以显诚心，故历代器用陶匏，所用香鼎、笾、豆等乃陶瓦之质（可兼用青瓷盘器），以象征天地之性。元亦袭之，这与蒙古人的天性亦相吻合。“元与朔漠，代有拜天之礼，衣冠尚质，祭器尚纯，帝后亲之，宗戚助祭。其意幽深玄远，报本反始，出于自然，而非强为之也”（《元史》卷七十二《郊祀上》）。庙祀方面。蒙古人祭享祖宗之礼，割牲、奠马湩，并以蒙古巫祝致辞，则设簠、簋、笾、豆、尊、罍、彝、斝等器，铜质（《元史》卷七十四《宗庙上》）。祭器最初是用从金、宋宫廷收缴的。《元史》记曰：“中统以来，杂金、宋祭器而用之。至治初，始造新器于江浙行省，其旧器悉置几阁。”（《元史》卷七十四《宗庙上》）影堂祭祀方面。祭器以金银、水晶、玛瑙器为主。“黄金缾斝盘盂之属以十数，黄金涂银香合碗楪之属以百数，银壶釜杯匜之属称是”。其他如“玉器、水晶、玛瑙之器为数不同，有玻璃瓶、琥珀勺。世祖影堂有真珠帘，又皆有珊瑚树、碧甸子山之属”（《元史》卷七十二《祭祀一 郊祀上》）。祭器中亦有少量瓷器，有所需则命江浙行省烧造，且多为卵白瓷。从目前杭州老虎洞和郊坛两处烧造礼器的南宋官窑遗址发掘情况来看，其中有大量元代用器残件出土，说明其烧制礼器的功能在元代仍继续发挥作用（参看秦大树《杭州老虎洞窑址考古发现专家论证会纪要》，《文物》2001 年第 8 期；王光尧：《杭州老虎洞瓷窑遗址对研究官、哥窑的启示》，《中国古代官窑制度》，紫禁城出版社，2004，第 88 ~ 101 页）。

图 16　青白釉钴蓝观音像（浙江省杭州市博物馆藏）

图 18　元仁宗爱育黎拔力八达像
（台北故宫博物院藏）

图 17　缠枝牡丹纹青花梅瓶（伊朗国家博物馆藏）

图 19　元青花玉兔纹净瓶（安徽青阳县庙前镇出土，青阳县博物馆藏）

的（图 19）。士大夫用瓷则倾向于古雅纯正之色，如“古定官窑、剔红、旧青、古铜之器”，[1] 而视这种异域风情浓郁的白底青花瓷器“以为俗甚，不堪使用”。这恐怕也是元人文集中鲜少提及青花瓷的主要原因。即使后来到了青花大盛的明代，士大夫之家也多不会置用，其原因一如曹昭所言，即“有青色及无色花者且俗甚矣”。[2] 所谓青色，便是指“青花”，概如蓝浦所云：“古人说陶但通称青色耳。景德镇诸窑称青亦不同，有云青者，乃白地青花也。”[3]

五

再回溯至元仁宗，这位在历史上因“以儒治国”而获得当时及后世高度赞誉的皇帝，却在其统治的近十年间流行起青花之风，似乎颇耐人寻味。在本文看来，在决策上受答己太后和蒙古权贵掣肘的情况下，在财政危机和一系列变革措施失败的灰暗格局下，或许受同宗伊利诸汗改革成功的触动，激发了其向海外市场寻求开源的冀望。至少从客观事实上来看，元青花之勃兴是与其变革之策直接相关。虽然这种开源的尝试最终也因铁木迭儿的弄权以失败告终，不过青花瓷却“幸存”了下来，并因海外热销而日益蓬勃，成为后来至正朝外贸的主打产品之一。

综上所论似可得出，正是由于合赞汗改革后，伊利汗国的伊斯兰转向为中国瓷器提供了广阔的市场前景和创新空间，并因而刺激了宗主国——元朝青花瓷的规模化生产。

1 （元）孔齐：《至正直记》卷四《莫置玩器》，庄敏点校，第 124 页；《窑器不足珍》，第 156 页。

2 （明）曹昭著，杨春俏编校《格古要论》卷上《古饶器》。

3 （清）蓝浦：《景德镇陶录》卷一〇《中国陶瓷名著汇编》，第 80 页上。

《形象史学》征稿启事

《形象史学》是由中国社会科学院历史研究所文化史研究室主办、面向海内外征稿的中文集刊，每年出版两辑。凡属中国古代文化史研究范畴的专题文章，只要内容充实，文字洗炼，并有一定的深度和广度，均在收辑之列。尤其欢迎利用历史上流传下来的各类形象材料进行专题研究的考据文章，以及围绕中国古代文化史学科建构与方法探讨的理论文章。此外，与古代丝路文化和碑刻文献研究相关的文章，亦在欢迎之列。具体说明如下。

一、本刊常设栏目有理论探讨、名家笔谈、器物与图像、考古与文献、妈祖文化与海洋史研究等，主要登载专题研究文章，字数以 2 万字以内为宜。对于反映文化史研究前沿动态与热点问题的综述、书评、随笔，以及相关领域国外学者的最新研究成果（须提供中文译本），亦适量选用。

二、来稿文责自负。请提供 word 电子版，使用简化字（请参照国家语言文字工作委员会 1986 年重新发布的《简化字总表》）。如为打印稿，须同时提供电子版。文中附图须提供清晰的照片、底片或翻转片（图片大小应在 3M 以上），并确保无版权争议。

三、来稿章节层次应清晰明了，序号一致，不建议采用英文、拉丁文等字母（包括大小写）标列序号，建议采用汉字数字、阿拉伯数字。举例如下。

第一级：一　二　三；

第二级：（一）（二）（三）；

第三级：1. 2. 3.；

第四级：（1）（2）（3）。

四、中国历代纪年（1912 年以前）在文中首次出现时，须标出公元纪年。涉及其他国家的非公元纪年，亦须标出公元纪年。如清朝康熙六年（1667），越南阮朝明命元年（1820）。

五、来稿请采用脚注，如确实必要，可少量采用夹注。引用文献资料，古籍须注明朝代、作者、书名、卷数、篇名、版本；现当代出版的论著、图录等，须注明作者（或译者、整理者）、书名、出版地点和出版者、出版年、页码等；期刊论文则须注明作者、论文名、刊物名称、卷期等。同一种文献被再次或多次征引时，只须注出书名（或论文名）、卷数、篇名、页码即可。外文文献标注方法以目前通行的外文书籍及刊物的引用规范为准。具体格式举例如下。

（1）（清）张金吾编《金文最》卷一一，光绪十七年江苏书局刻本，第 18 页 b。

（2）（元）苏天爵辑《元朝名臣事略》卷一三《廉访使杨文宪公》，姚景安点校，中华书局，1996，第 257 ~ 258 页。

（3）（清）杨钟羲：《雪桥诗话续集》卷五上册，辽沈书社，1991 年影印本，第 461 页下栏。

（4）金冲及：《二十世纪中国史纲（简本）》上册，社会科学文献出版社，2012，第 295 页。

（5）苗体君、窦春芳：《秦始皇、朱元璋的长相知多少——谈中学〈中国历史〉教科书中的图片选用》，《文史天地》2006 年第 4 期，第 46 页。

（6）林甘泉：《论中国古代民本思想及其历史价值》，《光明日报》2003 年 10 月 28 日。

（7）Marc Aurel Stein, *Serindia* (London: Oxford Press, 1911), p.5.

（8）Cahill, Suzanne, "Taoism at the Song Court: The Heavenly Text Affair of 1008." *Bulletin of Sung-Yuan Studies* 16(1980): 23-44.

六、来稿一律采用匿名评审，自收稿之日起三个月内，将通过电话或电子邮件告知审稿结果。稿件正式刊印后，将赠送样刊两本。

七、本刊地址：北京市建国门内大街 5 号中国社会科学院历史研究所，邮编：100732。联系电话：010-85196443。电子邮箱：xxshx2011@yeah.net。

图书在版编目(CIP)数据

形象史学. 2017. 上半年：总第九辑 / 刘中玉主编
. -- 北京：社会科学文献出版社, 2017.12
ISBN 978-7-5201-2084-5

Ⅰ. ①形… Ⅱ. ①刘… Ⅲ. ①文化史－中国－文集
Ⅳ. ①K203-53

中国版本图书馆CIP数据核字(2017)第320448号

形象史学 2017上半年（总第九辑）

主 办 / 中国社会科学院历史研究所文化史研究室
主 编 / 刘中玉

出 版 人 / 谢寿光
项目统筹 / 郑庆寰
责任编辑 / 郑庆寰 吕心翠 徐琳琳

出 版 / 社会科学文献出版社 · 皮书出版分社 (010) 59367127
地址：北京市北三环中路甲29号院华龙大厦 邮编：100029
网址：www.ssap.com.cn
发 行 / 市场营销中心 (010) 59367081 59367018
印 装 / 三河市东方印刷有限公司

规 格 / 开 本：787mm×1092mm 1/16
印 张：13 字 数：255千字
版 次 / 2017年12月第1版 2017年12月第1次印刷
书 号 / ISBN 978-7-5201-2084-5
定 价 / 78.00元

本书如有印装质量问题，请与读者服务中心（010－59367028）联系